智能网联汽车
车载网络技术

主 编 王兆海
副主编 邓志君
参 编 黄文伟 赵建峰

机械工业出版社

本书系统地介绍了智能网联汽车车载网络技术，包括智能网联汽车的网络体系、车载网络的分类、车载网络模型、数据传输、车载网络拓扑结构、汽车电子电气架构、车载网络常用术语，以及 CAN 总线、LIN 总线、FlexRay 总线、MOST 总线、车载以太网和 SENT 总线、车联网体系架构与特点、车载自组织网络技术、V2X 通信技术、车路协同控制技术、比亚迪汽车典型车载网络、长安汽车典型车载网络、宝马汽车典型车载网络、奥迪汽车典型车载网络等；重点介绍了 CAN 总线的标准、分层结构、帧类型、基本组成与工作原理、物理层、数据链路层、应用层、时间触发通信和 CAN FD 总线、CAN 总线测试等。

本书的内容与目前智能网联汽车的发展相吻合，列举的汽车最新网络应用示例，特别是汽车电动化、智能化和网联化所涉及的车载网络技术，体现了智能网联汽车车载网络与传统汽车车载网络的区别。

本书内容新颖、图文并茂、通俗易懂、实用性强，可作为高等职业教育本科汽车工程技术专业以及普通高等院校车辆工程和智能车辆工程专业的教材，还可供汽车行业的工程技术人员及汽车爱好者参考和阅读。

本书配有电子课件、试卷及答案等，凡使用本书作为授课教材的教师可登录机械工业出版社教育服务网（www.cmpedu.com），注册后免费下载。咨询电话：010-88379375。

图书在版编目（CIP）数据

智能网联汽车车载网络技术 / 王兆海主编 . -- 北京：机械工业出版社，2025.4. -- ISBN 978-7-111-78214-8
Ⅰ. U463.67
中国国家版本馆 CIP 数据核字第 2025MS8262 号

机械工业出版社（北京市百万庄大街 22 号　邮政编码 100037）
策划编辑：葛晓慧　　　　　　　责任编辑：葛晓慧
责任校对：蔡健伟　李　婷　　　封面设计：马若濛
责任印制：李　昂
北京利丰雅高长城印刷有限公司印刷
2025 年 6 月第 1 版第 1 次印刷
184mm×260mm・13.75 印张・361 千字
标准书号：ISBN 978-7-111-78214-8
定价：59.00 元

电话服务　　　　　　　　　　网络服务
客服电话：010-88361066　　　机　工　官　网：www.cmpbook.com
　　　　　010-88379833　　　机　工　官　博：weibo.com/cmp1952
　　　　　010-68326294　　　金　书　网：www.golden-book.com
封底无防伪标均为盗版　　　　机工教育服务网：www.cmpedu.com

前　言

　　《新能源汽车产业发展规划（2021—2035 年）》明确提出，"坚持电动化、网联化、智能化发展方向""以融合创新为重点，突破关键核心技术""优化产业发展环境，推动我国新能源汽车产业高质量可持续发展，加快建设汽车强国"。目前，新能源汽车和智能网联汽车（L2 级）的新车渗透率都超过了 20%，而且正在快速发展。电动化、网联化、智能化必然对汽车车载网络技术提出更高的要求，车载网络技术又是汽车转型过程中的最大热点之一，未来车载网络将发生质的变化。

　　本书内容完全按照智能网联汽车车载网络技术新的知识和体系构建，同时考虑新工科的建设要求以及 2023 年实施的控制器局域网新标准对总线的新要求，全面系统地介绍了智能网联汽车车载网络技术。全书共分 6 个模块，模块 1 主要介绍智能网联汽车的网络体系、车载网络的分类、车载网络模型、数据传输、车载网络拓扑结构、汽车电子电气架构和车载网络常用术语；模块 2 主要介绍 CAN 总线的发展历程、CAN 总线的特点、CAN 总线的标准、CAN 总线的分层结构、CAN 总线的帧类型以及 CAN 总线的基本组成与工作原理、CAN 总线物理层、CAN 总线数据链路层、CAN 总线应用层、时间触发通信、CAN FD 总线和 CAN 总线测试；模块 3 主要介绍 LIN 总线的发展历程、LIN 总线的特点、LIN 总线的标准、LIN 总线的分层结构以及 LIN 总线的基本组成与工作原理、LIN 总线协议；模块 4 主要介绍 FlexRay 总线、MOST 总线、车载以太网、SENT 总线的发展历程、总线特点、总线标准和总线协议等；模块 5 主要介绍车联网定义、车联网体系架构、车联网特点、车联网发展趋势以及车载自组织网络技术、V2X 通信技术和车路协同控制技术；模块 6 主要介绍比亚迪汽车典型车载网络、长安汽车典型车载网络、宝马汽车典型车载网络和奥迪汽车典型车载网络。

　　通过本书的学习，读者能够掌握智能网联汽车车载网络所涉及的新知识、新技术和新标准，为从事智能网联汽车的相关工作奠定基础。

　　本书由深圳职业技术大学王兆海任主编，邓志君任副主编，黄文伟和赵建峰参与了编写。

　　本课程的教学参考时数为 48 学时，各学校可根据实际情况进行删减，灵活安排。

　　本书在编写过程中，引用了一些企业技术资料，参考了国内出版的有关教材和资料文献中的部分内容，特向相关企业和作者表示深切的谢意。

　　由于编者学识有限，书中不当之处在所难免，恳盼读者给予指正。

编　者

INDEX

二维码索引

名称	图形	页码	名称	图形	页码
1.1 智能网联汽车的网络体系		2	2.3 CAN 总线物理层		54
1.2 车载网络的分类		6	2.4 CAN 总线数据链路层		73
1.3 车载网络模型		10	2.5 CAN 总线应用层		85
1.4 数据传输		12	2.6 时间触发通信		100
1.5 车载网络拓扑结构		18	2.7 CAN FD 总线		107
1.6 汽车电子电气架构		20	2.8 CAN 总线测试		118
1.7 车载网络常用术语		24	3.1 LIN 总线概述		128
2.1 CAN 总线概述		29	3.2 LIN 总线的基本组成与工作原理		131
2.2 CAN 总线的基本组成与工作原理		43	3.3 LIN 总线协议		136

（续）

名称	图形	页码	名称	图形	页码
4.1　FlexRay 总线		146	5.3　V2X 通信技术		184
4.2　MOST 总线		155	5.4　车路协同控制技术		192
4.3　车载以太网		165	6.1　比亚迪汽车典型车载网络		198
4.4　SENT 总线		171	6.2　长安汽车典型车载网络		200
5.1　车联网概述		176	6.3　宝马汽车典型车载网络		201
5.2　车载自组织网络技术		180	6.4　奥迪汽车典型车载网络		203

CONTENTS 目 录

前言

二维码索引

模块 1　绪论 ⋯⋯ 1
   单元 1　智能网联汽车的网络体系 ⋯⋯ 2
   单元 2　车载网络的分类 ⋯⋯ 6
   单元 3　车载网络模型 ⋯⋯ 10
   单元 4　数据传输 ⋯⋯ 12
   单元 5　车载网络拓扑结构 ⋯⋯ 18
   单元 6　汽车电子电气架构 ⋯⋯ 20
   单元 7　车载网络常用术语 ⋯⋯ 24
   复习思考题 ⋯⋯ 27

模块 2　CAN 总线 ⋯⋯ 28
   单元 1　CAN 总线概述 ⋯⋯ 29
   单元 2　CAN 总线的基本组成与工作原理 ⋯⋯ 43
   单元 3　CAN 总线物理层 ⋯⋯ 54
   单元 4　CAN 总线数据链路层 ⋯⋯ 73
   单元 5　CAN 总线应用层 ⋯⋯ 85
   单元 6　时间触发通信 ⋯⋯ 100
   单元 7　CAN FD 总线 ⋯⋯ 107
   单元 8　CAN 总线测试 ⋯⋯ 118
   复习思考题 ⋯⋯ 125

模块 3　LIN 总线 ⋯⋯ 127
   单元 1　LIN 总线概述 ⋯⋯ 128
   单元 2　LIN 总线的基本组成与工作原理 ⋯⋯ 131
   单元 3　LIN 总线协议 ⋯⋯ 136
   复习思考题 ⋯⋯ 144

模块 4　其他总线技术 ⋯⋯ 145
   单元 1　FlexRay 总线 ⋯⋯ 146

单元2　MOST 总线 ··· 155
　　　单元3　车载以太网 ··· 165
　　　单元4　SENT 总线 ··· 171
　　　复习思考题 ··· 174

模块5　车联网技术 ·· 175
　　　单元1　车联网概述 ··· 176
　　　单元2　车载自组织网络技术 ··· 180
　　　单元3　V2X 通信技术 ·· 184
　　　单元4　车路协同控制技术 ·· 192
　　　复习思考题 ··· 197

模块6　典型汽车车载网络系统 ··· 198
　　　单元1　比亚迪汽车典型车载网络 ·· 198
　　　单元2　长安汽车典型车载网络 ·· 200
　　　单元3　宝马汽车典型车载网络 ·· 201
　　　单元4　奥迪汽车典型车载网络 ·· 203
　　　复习思考题 ··· 204

附录　中英文对照表 ·· 205

参考文献 ··· 210

模块 1
绪　　论

【学习目标】

通过对本模块的学习，学生能够掌握智能网联汽车网络体系的构成与特点、车载网络的分类；了解车载网络主要模型；掌握网络数据传输方式和车载网络拓扑结构；了解汽车电子电气架构的发展历程及趋势；理解网络常用术语的含义，为后续学习奠定基础。

通过对本模块的学习，培养学生敬业精神和服务意识；培养学生沟通、协调、合作的能力，逐步养成良好的心理素质。

【教学要求】

知识要点	能力要求	参考学时
智能网联汽车的网络体系	掌握智能网联汽车网络体系的构成——车载网络、车载自组织网络和车载移动互联网，了解车载网络的发展变化——早期的车载网络、传统汽车的车载网络和智能网联汽车的车载网络，掌握智能网联汽车网络体系的特点	2
车载网络的分类	掌握车载网络的分类方法，以及 CAN 总线、LIN 总线、FlexRay 总线、MOST 总线和以太网在智能网联汽车上的应用，能够识别车载网络的类型	
车载网络模型	了解开放系统互连网络模型和物理层、数据链路层、网络层、传输层、会话层、表示层和应用层的含义，了解 TCP/IP 模型	
数据传输	掌握数据传输方式分类——按数据传输的顺序、数据传输的同步方式、数据传输的流向和时间关系进行分类，掌握数据传输控制方式——程序直接控制方式、程序中断控制方式、直接存储器存取控制方式和通道控制方式	2
车载网络拓扑结构	掌握车载网络常见的拓扑结构——总线型、星形、环形和混合型以及它们的应用场景，能够识别车载网络拓扑结构的类型	
汽车电子电气架构	了解汽车电子电气架构的定义、分布式电子电气架构、汽车电子电气架构的演进趋势、汽车电子电气架构的升级	2
车载网络常用术语	掌握车载网络常用术语——位/字节和字、帧、节点/模块、数据总线、网络、网关、通信协议、比特率和波特率、差分电压和终端电阻	

【导入案例】

图 1-1 所示为某智能网联汽车电子控制单元（ECU）布置，汽车行驶时，这些电子控制单元通过网络体系传输信息，保障汽车安全行驶。

智能网联汽车网络体系是怎样的？车载网络包括哪些总线？电子控制单元之间数据是如何传输的？车载网络拓扑结构有哪些？汽车电子电气架构的发展之路是怎样的？通过对本模块的学习，读者可以得到答案。

图 1-1　某智能网联汽车电子控制单元（ECU）布置

单元 1　智能网联汽车的网络体系

智能网联汽车是指搭载先进的车载传感器、控制器和执行器等装置，并融合现代通信与网络技术，实现车与X（车、路、行人、云端等）智能信息交换、共享，具备复杂环境感知、智能决策、协同控制等功能，可实现车辆"安全、高效、舒适、节能"行驶，并最终可实现替代人来操作的新一代汽车。《汽车驾驶自动化分级》（GB/T 40429—2021）把智能网联汽车驾驶自动化分为 0 级（应急辅助）、1 级（部分驾驶辅助）、2 级（组合驾驶辅助）、3 级（有条件自动驾驶）、4 级（高度自动驾驶）和 5 级（完全自动驾驶）。智能网联汽车与传统汽车的网络体系不同，不同级别的智能网联汽车网络体系也不相同，驾驶自动化级别越高，对车载网络的要求越高。随着汽车智能化和网联化的发展，汽车网络体系也在不断变化。

1.1　智能网联汽车的网络体系

一、智能网联汽车网络体系的构成

智能网联汽车主要包括三种网络：以车内总线通信为基础的车内网络，也称为车载网络；以短距离无线通信为基础的车载自组织网络；以远距离通信为基础的车载移动互联网络。因此，智能网联汽车网络是融合车载网络、车载自组织网络和车载移动互联网的一体化网络系统，如图 1-2 所示，而传统汽车网络主要是车载网络。

图 1-2　智能网联汽车网络体系构成

1. 车载网络

车载网络是基于 CAN 总线、LIN 总线、FlexRay 总线、MOST 总线、以太网等总线技术建立的标准化整车网络，实现车内各电器、电子控制单元间的状态信息和控制信号在车内网上的传输，使汽车具有状态感知、故障诊断和智能控制等功能。总线是指所有节点都是被动连接并允许双向传输的通信网络的拓扑。

2. 车载自组织网络

车载自组织网络是基于短距离无线通信技术自主构建的车辆与车辆（V2V）和车辆与基础设施（V2I）之间的无线通信网络，实现 V2V 和 V2I 之间的信息传输，使汽车具有行驶环境感知、危险辨识、智能控制等功能，并能够实现 V2V 和 V2I 之间的协同控制。

3. 车载移动互联网

车载移动互联网是基于远距离通信（4G/5G）技术构建的汽车与互联网（Internet）之间连接的网络，实现汽车信息与各种服务信息在车载移动互联网上的传输，使智能网联汽车用户能够开展商务办公、信息娱乐服务等。

车载自组织网络和车载移动互联网目前在汽车上的体现主要是车联网。

二、车载网络的发展变化

随着汽车功能的不断丰富和发展，各种电子控制系统在汽车上的应用与日俱增，传统的线路连接方式已经无法满足电气系统日益丰富的要求，由此车载网络系统应运而生。车载网络随着汽车技术的发展而不断发展。

1. 早期的车载网络

早期的车载网络是指汽车内部传感器、控制器和执行器之间的通信用点对点的连线方式连成复杂的网状结构。采用点对点的单一通信方式，不同功能的电子控制单元之间基本没有信息的共享和传输。图1-3所示为发动机控制单元与自动变速器控制单元之间的通信，共有五条数据线进行数据传输，即每项信息都需要一个独立的数据线。早期汽车中各种电子电气设备之间用导线和插接件连接。从发动机控制到传动系统控制，从行驶系统、制动系统、转向系统控制到安全系统和仪表报警系统控制，从电源管理到舒适系统控制，每种功能的控制操作都集中在驾驶室进行，各个系统都必须使用导线和插接件连接到驾驶室的操控台。随着汽车安全系统、舒适系统和信息娱乐系统内各种电子控制系统的不断增加，这些连接所需要的导线和插接件随之急剧增加，如1960年，平均每台汽车使用各种导线200m，插接件200芯；1985年，平均每台汽车使用各种导线1400m，插接件1000芯；1990年，平均每台汽车使用各种导线2000m，插接件1800芯。

图 1-3 点对点连接通信

2. 传统汽车的车载网络

为了解决导线和插接件增加带来的问题，20 世纪 80 年代出现了基于数据通信的车载网络，为提高汽车性能和减少线束数量提供了有效的解决途径。车载网络系统可以简化线束的同时，更能提高各电子控制单元之间数据和信号的共享，避免没有必要的浪费，节约了空间。

特别是德国博世公司与英特尔公司推出的 CAN 总线具有突出的可靠性、实时性和灵活性，得到了业界的广泛认同，并成为国际标准和行业标准。1991 年，第一辆取代点对点通信、通过 CAN 总线传输的车载网络在奔驰 S 级汽车上诞生。目前每辆汽车上都装配有车载总线网络，车载总线网络以 CAN 总线、LIN 总线网络为主，部分高端汽车搭载 MOST 总线、FlexRay 总线等。

图 1-4 所示为 CAN 总线连接通信，发动机控制单元和自动变速器控制单元之间的所有信息都通过两根数据线进行交换，大大减少了导线和插接件。

图 1-4　CAN 总线连接通信

现代汽车电子控制系统都尽可能要求控制系统综合化、信息共享化、操作功能智能化，有些数据信息需要在不同的控制系统中共享，大量的控制信号也需要实时进行相互交换，以提高系统资源的利用率和工作可靠性。因而，必须采用车载网络系统，提高信息传输的速度和可靠性，降低故障发生率。汽车使用车载网络系统减少了线束的使用，改善了系统的灵活性，通过系统的软件可以实现系统功能的变化和数据共享，提高对系统故障的诊断能力，可以将汽车的行驶状态参数传送到显示屏上，提高驾驶安全性。

传统汽车网络拓扑结构如图 1-5 所示，它主要由 CAN 总线和 LIN 总线组成，车内分布式电子控制单元按照功能划分为动力总成 CAN（或动力 CAN）、车身 CAN（或车身控制 CAN）、辅助驾驶 CAN 等总线区域；车窗、车灯和天窗等则通过 LIN 总线接入 CAN 总线网络。需要注意的是，不同企业划分方式不同，分类也不同，即使是同一控制单元，也可能分在不同的 CAN 总线中。

图 1-5　传统汽车网络拓扑结构

3. 智能网联汽车的车载网络

目前，智能网联汽车正在快速发展，智能网联汽车的特点是智能化和网联化。智能网联汽车可以提高乘员的舒适性、优化乘员的安全性、提供最现代的信息娱乐服务及更便利的汽车服务。

智能化分为外界环境感知智能化（道路检测、汽车检测、行人检测、交通标志检测和交通信号灯检测等）、汽车控制智能化（车道保持辅助控制、自动紧急制动控制、自适应巡航控制、智能泊车辅助控制等）、娱乐信息系统智能化等。感知智能化意味着汽车上要配备更多智能化的检测设备，如高清摄像头、超声波雷达、毫米波雷达和激光雷达等；汽车控制智能化意味着汽车有大量的控制相关的精准数据需要交互；娱乐信息系统智能化意味着汽车上有更多高清音视频数据需要传输。

网联化即车联网，可通过网联化实现智能交通、大数据和云计算等。网联化意味着将众多的汽车行驶状态数据、汽车故障数据、汽车采集的外界环境感知数据通过无线网络传输给外界媒体或云端。

汽车的智能化和网联化意味着汽车上有高于传统汽车百倍、千倍甚至万倍的数据需要传输，需要更高带宽的车载网络来适应大数据传输。传统的 CAN 总线常用传输速率（传输速率是一种泛指，指的是数据从一点向另一点传输的速率，包含比特率、波特率等）为 500kbit/s，最大传输速率为 1Mbit/s；新型 CAN FD 总线最大传输速率为 5Mbit/s；FlexRay 总线的传输速率可达 10Mbit/s，但价格较高，除了奥迪、宝马，多数汽车厂商未使用；MOST 总线采用价格昂贵的光纤，仅奥迪、宝马等少数车厂应用。急需一种廉价、可靠、高带宽的车载网络解决大数据传输问题。以太网承担汽车大数据传输将成为趋势。车载以太网具备更高的传输速率（100Mbit/s 和 1000Mbit/s），适应严苛的汽车电子应用环境（温度、应力、复杂电子环境），成本更低、重量更轻，可靠性高、功耗低，电磁辐射低，满足电磁兼容性标准。

智能网联汽车网络拓扑结构如图 1-6 所示，以车载以太网作为骨干网络，将核心域控制器（动力域、车身域、娱乐域和辅助驾驶域）连接在一起。各个域控制器在实现专用的控制功能的同时，还提供强大的网关功能。在各个域控制器的下方，各部件之间通信基本是通过 CAN FD 总线来实现数据共享，类似于传统车载网络架构（除娱乐域，娱乐域控制器与其子部件的通信将通过以太网实现）。

图 1-6　智能网联汽车网络拓扑结构

未来智能网联汽车的网络架构将以以太网作为主网络，娱乐系统和辅助驾驶系统选用以太网充当子网络，兼容传统动力总成 CAN 及车身控制 CAN 子网络。辅助驾驶系统选用以太网传输高清摄像头、高精度雷达的数据，娱乐系统选用以太网传输音视频影音数据。汽车的相关数据（汽车状态数据、道路环境高清视频数据、雷达数据）可通过远距离通信模块或 V2X 方式等传输到外界云端、基站和数据控制中心等。汽车的娱乐系统控制器可通过 Wi-Fi、蓝牙等方式下载音视频，使乘客在汽车上就可以享受家庭影院的效果。车载网络技术会逐渐向智能化、高速化和统一化方向发展。

三、智能网联汽车网络体系的特点

智能网联汽车网络体系具有复杂化、异构化、层次化和多变化等特点。

1. 复杂化

智能网联汽车网络体系结构复杂，它包含上百个电子控制单元通信节点，电子控制单元被划分到不同的网络子系统中，由电子控制单元产生的需要进行通信的信号多达数千个。与传统汽车相比，随着自动驾驶级别的提高，智能网联汽车的产品模块数量急剧增加。

2. 异构化

为满足各个功能子系统在网络带宽、实时性、可靠性和安全性方面的不同需求，CAN 总线、LIN 总线、FlexRay 总线、MOST 总线、以太网、自组织网络、移动互联网等多种网络技术都将在智能网联汽车上得到应用，因此，不同网络子系统中所采用的网络技术之间存在很大程度的异构性。这种异构性不仅体现在网络类型的不同方面，而且同种类型的网络在带宽和传输速率方面也存在异构性。网关用来实现不同网络子系统之间的互联和异构网络的集成，所以在网关内需要对协议进行转换。

3. 层次化

智能网联汽车电控系统和先进驾驶辅助系统（ADAS）的网络体系结构具有层次化特点，它同时包括同一网络子系统内不同电子控制单元之间的通信和两个或多个网络子系统所包含的电子控制单元之间的跨网关通信等多种情况。未来汽车网络体系将实现层次化结构。无人驾驶汽车自动安全行驶的实现依赖于安全子系统、底盘控制子系统、车身子系统以及 V2V 和 V2I 之间的交互和协同控制。

4. 多变化

智能网联汽车的网络体系结构中包含的通信节点和体系结构的拓扑结构是变化的。拓扑主要有星形结构、环形结构、总线结构、树形结构、网状结构以及混合型结构等。

单元 2　车载网络的分类

车载网络可以按性能和协议进行分类。

一、车载网络按性能分类

美国汽车工程师学会（SAE）将车载网络划分为五种类型，分别为 A 类低速网络、B 类中速网络、C 类高速网络、D 类多媒体网络和 E 类安全网络。不同类型的车载网络需要通过网关进行信号的解析交换，使不同的网络类型能够相互协调，保证汽车各系统正常运转。

1.2　车载网络的分类

1. A类低速网络

A类低速网络最大传输速率为20kbit/s，不能单独使用，一般是与B类中速网络或C类高速网络结合使用，适用于对实时性要求不高的场合。A类低速网络有多种通信协议，但汽车上使用的主流协议是LIN总线。LIN总线是用于连接传感器、执行器的低成本串行通信网络。LIN总线采用串行通信接口（SCI）、通用异步收发传输器等通用硬件接口，配以相应的驱动程序，成本低廉、配置灵活、适应面较广，主要用于电动门窗、电动座椅、车内照明系统和车外照明系统等。

2. B类中速网络

B类中速网络传输速率为20～125kbit/s，对实时性要求不太高，主要面向独立模块之间数据共享的中速网络。该类网络的主流协议是低速CAN总线，主要用于故障诊断、空调和仪表显示等。

3. C类高速网络

C类高速网络传输速率为125～1000kbit/s，对实时性要求高，主要面向高速、实时闭环控制的多路传输网。该类网络的主流协议是高速CAN总线、FlexRay总线等协议，主要用于驱动力控制、发动机控制、防抱死制动控制、车身稳定控制和主动悬架控制等。

4. D类多媒体网络

D类多媒体网络传输速率为250kbit/s～150Mbit/s，该类网络协议主要有MOST总线、以太网、蓝牙、紫蜂（ZigBee）技术等，主要用于要求传输效率较高的多媒体系统和导航系统等。

5. E类安全网络

E类安全网络传输速率为10Mbit/s，是主要面向汽车安全系统的网络。

二、车载网络按协议分类

按协议将车载网络划分为CAN总线网络、LIN总线网络、FlexRay总线网络、MOST总线网络和以太网等，其中，CAN总线网络和LIN总线网络是目前汽车的主要车载通信网络。

1. CAN总线网络

CAN总线是德国博世公司在1985年为了解决汽车上众多测试仪器与电子控制单元之间的数据传输问题而开发的一种支持分布式控制的串行数据通信总线。国际标准化组织（ISO）在1993年提出了CAN总线的国际标准——ISO 11898，使CAN总线的应用更标准化和规范化。目前，CAN总线已经是国际上应用最广泛的网络总线之一，它的数据信息传输速率最大为1Mbit/s，属于中速网络，通信距离（无须中继）最远可达10km，已经成为世界标准的汽车局域网。

目前，汽车上的网络连接方式需采用两条CAN总线：一条是用于驱动系统的高速CAN总线，速率达到500kbit/s；另一条是用于车身系统的低速CAN总线，速率为100kbit/s。高速CAN总线主要连接发动机、自动变速器、防抱死制动系统（ABS）、驱动防滑控制系统（ASR）及电动助力转向系统（EPS）等对通信实时性要求较高的系统，低速CAN总线主要连接灯光、电动车窗、自动空调及信息显示系统等对通信实时性要求较低的系统。不同速度的CAN总线网络之间通过网关连接。对汽车CAN总线上的信号进行采集时，需要确定所采集的信号处于哪个CAN总线网络中，以便于设置合适的CAN

总线通道传输速率。

汽车 CAN 总线一般分为动力 CAN 总线、底盘 CAN 总线、车身 CAN 总线、娱乐 CAN 总线和诊断 CAN 总线。

(1) 动力 CAN 总线　动力 CAN (P-CAN) 总线主要负责汽车动力信号传输,是整车 CAN 总线网络中网络信号优先级、安全等级和传输速率最高的一条 CAN 总线。动力 CAN 总线上的电子控制单元一般包括发动机控制单元、安全气囊控制单元和电子驻车控制单元等。动力 CAN 也称为动力总成 CAN。

(2) 底盘 CAN 总线　底盘 CAN (C-CAN) 总线主要负责汽车底盘及四个车轮的制动、稳定和转向等,其信号优先级也是比较高的。底盘 CAN 总线上的电子控制单元一般包括防抱死制动系统控制单元、车身电子稳定系统控制单元和电动助力转向系统控制单元等。

(3) 车身 CAN 总线　车身 CAN (B-CAN) 总线主要负责控制车上辅助设备,网络信号优先级比较低。车身 CAN 总线上的电子控制单元一般包括空调控制单元、车身控制单元(控制天窗、车窗、雾灯、转向灯和刮水器等)、发动机防盗系统控制单元和胎压监控系统控制单元等。车身 CAN 也称为车身控制 CAN。

(4) 娱乐 CAN 总线　娱乐 CAN (I-CAN) 总线主要负责控制车上娱乐性的智能硬件,网络信号优先级比较低。娱乐 CAN 总线上的电子控制单元一般包括车载娱乐系统控制单元和组合仪表控制单元等。娱乐 CAN 也称为信息娱乐 CAN。

(5) 诊断 CAN 总线　诊断 CAN (D-CAN) 总线提供远程诊断功能,是只有一个远程控制模块的电子控制单元。

各企业生产的汽车采用的 CAN 总线都不相同,名称也不相同,没有统一的使用标准,这种分类只能供参考,最终应以企业提供的车载网络为准。

2. LIN 总线网络

LIN 总线是专门为汽车开发的一种低成本串行通信网络,用于实现汽车中的分布式电子系统控制。LIN 总线的数据传输速率为 20kbit/s,属于低速网络,辅助 CAN 总线工作。在不需要 CAN 总线的带宽和多功能的场合,使用 LIN 总线可大大降低成本。

由于一个 LIN 总线网络通常由一个主节点、一个或多个从节点组成,所以 LIN 总线网络为主从式控制结构。各个 LIN 总线主节点是车身 CAN 总线上的节点,通过 CAN 总线连接成为低速车身 CAN 总线网络,并兼起 CAN/LIN 总线网关的作用。引入带 CAN/LIN 总线网关的混合网络有效地降低了主干网的总线负载率。LIN 总线网络主要应用于车门、转向盘、座椅、空调系统和防盗系统等。LIN 总线网络将模拟信号用数字信号代替,实现对汽车低速网络的需求,结构简单,维修方便。

3. FlexRay 总线网络

FlexRay 总线是一种用于汽车的高速可确定性的、具备故障容错的总线系统。汽车中的控制器件、传感器和执行器之间的数据交换主要是通过 CAN 总线网络进行的。而新的 X-by-Wire (电子线控) 设计思想的出现,导致汽车系统对信息传输速率尤其是故障容错与时间确定性的需求不断增加。FlexRay 总线通过在确定的时间槽中传输信息,以及在两个通道上的故障容错和冗余信息的传输,可以满足这些新增加的要求。FlexRay 总线网络在高级汽车上有应用。

4. MOST 总线网络

MOST 总线是使用光纤或双绞线作为传输介质的环形网络,可以同时传输音/视频流数据、异步数据和控制数据，支持高达 150Mbit/s 的传输速率。MOST 总线标准已经发展到第三代。MOST25 是第一代总线标准，最高可支持 24.6Mbit/s 的传输速率，以塑料光纤作为传输介质；第二代标准 MOST50 的传输速率是 MOST25 的 2 倍，除了采用塑料光纤作为传输介质，还可采用非屏蔽双绞线作为传输介质；第三代标准 MOST150，不仅最高可支持 147.5Mbit/s 的传输速率，还解决了与以太网的连接等问题，MOST150 将成为 MOST 总线技术发展的趋势。

5. 以太网

以太网（Ethernet）是由美国施乐（Xerox）公司创建、并由施乐、英特（Intel）和 DEC（数字装备）公司联合开发的基带局域网规范，是当今现有局域网采用的最通用的通信协议标准。以太网包括标准以太网（10Mbit/s）、快速以太网（100Mbit/s）、千兆以太网（1000Mbit/s）和万兆以太网（10Gbit/s）。以太网在汽车上的应用刚刚开始，但它优越的性能得到汽车业界的重视，未来将成为重要的车载网络。随着先进传感器、高分辨率显示器、先进驾驶辅助系统及其数据传输和控件的加入，汽车电子产品正变得更加复杂。采用标准的以太网协议将这些设备连接起来，可以帮助简化布线，节约成本，减小线束质量并增加续驶里程。

目前还没有一种通信网络可以满足汽车的所有成本和性能要求，将继续采取多种协议相结合，以实现汽车上的网络信息传输，保障汽车安全行驶。随着智能网联汽车自动驾驶级别的提高，未来车载网络有可能以高速以太网作为骨干，将动力总成、底盘控制、车身控制、娱乐和先进驾驶辅助系统共五个核心域控制器连接在一起，各个域控制器在实现专用的控制功能的同时，还提供强大的网关功能，如图 1-7 所示。

图 1-7 未来汽车的车载网络

五种车载网络的比较见表 1-1。

表 1-1 五种车载网络的比较

类型	CAN 总线	LIN 总线	FlexRay 总线	MOST 总线	车载以太网
最大传输速率/(Mbit/s)	1	0.02	20	150	各链路 100
最大网络长度/m	40	40	24	1280	15
最大节点数	30	16	22	64	仅受交换机端口限制
主要拓扑结构	总线	总线	总线、星形、混合型	环形	星形、树形

(续)

类型	CAN 总线	LIN 总线	FlexRay 总线	MOST 总线	车载以太网
错误检测功能	强	强	强	强	强
电缆	非屏蔽双绞线	单线	非屏蔽双绞线	光纤、非屏蔽双绞线	非屏蔽双绞线
主要应用	普通总线	门窗	安全系统	信息娱乐	安全系统

单元 3 车载网络模型

车载网络模型主要有开放系统互连（OSI）网络模型和传输控制协议/网际互连协议（TCP/IP）网络模型，其他车载网络模型都是以它们为基础演变而来的。

一、OSI 网络模型

OSI 网络模型是国际标准化组织定义的国际通用标准模型，其目的是为了制定全球统一的网络模型标准，让全球内的国家、组织可以实现网络互通。OSI 网络模型如图 1-8 所示。

OSI 网络模型将计算机网络体系结构划分为七层，即物理层、数据链路层、网络层、传输层、会话层、表示层和应用层。每一层实现各自的功能和协议，并完成与相邻层的接口通信，即每一层扮演固定的角色，互不打扰。

1.3 车载网络模型

1. 物理层

物理层的主要功能是利用传输介质为数据链路层提供物理连接，实现相邻节点之间比特流（比特流是指一种内容分发协议）的透明传输，尽可能屏蔽掉具体传输介质和物理设备的差异，使其上面的数据链路层不必考虑网络的具体传输介质是什么。物理层主要是和硬件有关，与软件关系不大。

简单地说，物理层为数据端设备提供原始比特流的传输通路，例如，网络通信的数据传输介质由电缆与设备共同构成，常见的有中继器、集线器、网线和 RJ-45 接口等。

7	应用层
6	表示层
5	会话层
4	传输层
3	网络层
2	数据链路层
1	物理层

图 1-8 OSI 网络模型

2. 数据链路层

链路是指无源的点到点的物理连接。有线通信时，链路是指两个节点之间的物理线路，如电缆或光纤；无线通信时，链路是指基站和终端之间传播电磁波的路径空间。

数据链路层（DLL）负责建立和管理节点间的链路，其主要功能是通过各种控制协议，将有差错的物理信道变为无差错的、能可靠传输数据帧（帧是传输数据的最小单位）的数据链路。数据链路层通常又被分为媒介访问控制（MAC）子层和逻辑链路控制（LLC）子层。媒介访问控制子层的主要任务是解决共享型网络中多用户对信道竞争的问题，完成网络介质的访问控制；媒介访问控制子层也受一个名为"故障界定"的管理实体监管，此故障界定为自检测机制，以便把永久故障和短时扰动区别开。逻辑链路控制子层的主要任务是建立和维护网络连接，执行差错校验、流量控制和链路控制。数据链路层的具体工作是接收来自物理层的位流形式的数据，并封装成帧，传送到上一层；同样，也将来自上层的数据帧，拆装为位流形式的数据转发到物理层；并且还负责处理接收端发回的确认帧的信息，以便提供可靠的数据传输。

简单地说,数据链路层在通信的实体间建立数据链路连接,例如,将数据分帧并处理流控制(流控制是指数据在传输过程中容易出现数据丢失的现象)、物理地址寻址、重发等,常见的有网卡、网桥和二层交换机等。

3. 网络层

网络层是 OSI 网络模型中最复杂的一层,也是通信子网的最高一层。它在下两层的基础上向资源子网提供服务。其主要任务是通过路由选择算法,为报文或分组通过通信子网选择最适当的路径。该层控制数据链路层与传输层之间的信息转发,建立、维持和终止网络的连接。具体来说,数据链路层的数据在这一层被转换为数据包,然后通过路径选择、分段组合、顺序、进/出路由等控制,将信息从一个网络设备传送到另一个网络设备。一般数据链路层解决同一网络内节点之间的通信,而网络层主要解决不同子网间的通信。在广域网之间通信时,必然会遇到路由(即两节点间可能有多条路径)选择问题。

简单地说,网络层为数据在节点之间传输创建逻辑链路,并分组转发数据,例如,对子网间的数据包进行路由选择,常见的有路由器、多层交换机、防火墙、网际互连协议、互联网分组交换协议(IPX)、路由信息协议(RIP)和开放式最短路径优先协议(OSPF)等。

4. 传输层

OSI 模型下 3 层的主要任务是数据通信,上 3 层的主要任务是数据处理。传输层是通信子网和资源子网的接口和桥梁,起到承上启下的作用。传输层的主要功能有传输连接管理和处理传输差错,其中,传输连接管理是指提供建立、维护和拆除传输连接的功能,传输层在网络层的基础上为高层提供"面向连接"和"面向无接连"的两种服务;处理传输差错是指提供可靠的"面向连接"和不太可靠的"面向无连接"的数据传输服务、差错控制和流量控制。在提供"面向连接"服务时,通过这一层传输的数据将由目标设备确认,如果在指定的时间内未收到确认信息,数据将被重发。

简单地说,传输层提供应用进程之间的逻辑通信,例如,建立连接、处理数据包错误、数据包次序等。常见的有传输控制协议(TCP)、用户数据报文协议(UDP)、序列分组交换协议(SPX)、进程(一段程序的执行过程)和端口等。

5. 会话层

会话层是用户应用程序和网络之间的接口,具体功能有会话管理、会话流量控制、寻址和出错控制,其中,会话管理是指允许用户在两个实体设备之间建立、维持和终止会话,并支持它们之间的数据交换,如提供单方向会话或双向同时会话,并管理会话中的发送顺序,以及会话所占用时间的长短;会话流量控制是指提供会话流量控制和交叉会话功能;寻址是指使用远程地址建立会话连接;出错控制是负责纠正错误。

简单地说,会话层建立端连接并提供访问验证和会话管理,例如,使用校验点可使会话在通信失效时从校验点恢复通信,常见的有服务器验证用户登录和断点续传等。

断点续传是指在上传/下载时,将任务(一个文件或压缩包)人为地划分为几个部分,每一个部分采用一个线程进行上传/下载,如果碰到网络故障,可以从已经上传/下载的部分开始继续上传/下载未完成的部分,而没有必要从头开始上传/下载,可以节省时间,提高速度。

6. 表示层

表示层是对来自应用层的命令和数据进行解释,对各种语法赋予相应的含义,并按照一定的格式传送给会话层。其主要功能是处理用户信息的表示问题,如编码、数据格式转换和加密解密等。

简单地说，表示层提供数据格式转换服务，如解密与加密、图片解码和编码、数据的压缩和解压缩，常见的有URL加密、口令加密和图片编解码等。

7. 应用层

应用层是计算机用户以及各种应用程序和网络之间的接口，其功能是直接向用户提供服务，完成用户希望在网络上完成的各种工作。它负责完成网络中应用程序与网络操作系统之间的联系，建立与结束使用者之间的联系，并完成网络用户提出的各种网络服务及应用所需的监督、管理和服务等各种协议。此外，该层还负责协调各个应用程序间的工作。

简单地说，应用层是访问网络服务的接口，如为操作系统或网络应用程序提供访问网络服务的接口，常见的有远程登录协议、文件传输协议（FTP）、超文本传输协议（HTTP）、简单网络管理协议（SNMP）和域名系统（DNS）协议等。

由于OSI是一个理想的模型，因此一般网络系统只涉及其中的几层，很少有系统能够具有所有的七层，并完全遵循它的规定。

二、TCP/IP 网络模型

TCP/IP协议于1973年公布，1984年，TCP/IP协议得到美国国防部的肯定，成为多数计算机共同遵守的一个标准。TCP/IP协议是指能够在多个不同网络间实现信息传输的协议簇，也称为网络通信协议，对互联网中各部分进行通信的标准和方法进行了规定，使不同型号、不同厂家、运行不同操作系统的计算机之间通过TCP/IP协议栈实现相互间的通信。

OSI模型由七层组成，从下到上依次是物理层、数据链路层、网络层、传输层、会话层、表示层和应用层。而在TCP/IP协议中，它们被简化为了四个层次，如图1-9所示。TCP/IP模型分为四层结构，依次是应用层、传输层、网络层和网络接口层。

图1-9 开放系统互连网络模型与TCP/IP模型

可以看出，TCP/IP模型就是一个协议群包含各层的协议，应用层提供应用程序网络接口，为各种应用程序服务提供输出接口；传输层建立端到端连接；网络层提供寻址和路由选择；网络接口层提供物理媒介访问和数据流传输服务。

单元 4 数据传输

数据传输是指数据在信道上传送所采取的方式。信道是指为数据信号传输提供的通路，分为狭义信道和广义信道。狭义信道仅指传输介质本身，能够传输信号的任何抽象的或具体的通路，如电缆、光纤、微波、短波等；

1.4 数据传输

广义信道包含传输介质和完成各种形式的信号变换功能的发送及接收设备，可看成是一条实际传输线路及相关设备的逻辑部件。

一、数据传输方式分类

数据传输方式是指数据在信道上传送所采取的方式，可以按数据传输的顺序、数据传输的同步方式、数据传输的流向和时间关系进行分类，如图1-10所示。

图 1-10　数据传输方式

1. 按数据传输的顺序分类

按数据传输的顺序，数据传输可以分为并行传输和串行传输。在计算机中，通常是用8位的二进制代码表示一个字符。二进制代码是由两个基本字符0和1组成的代码。

（1）并行传输　并行传输是将数据以成组的方式在两条以上的并行通信信道上同时传输。并行传输的优点是速度快；缺点是传输信道多，设备复杂，成本较高，仅适合于近距离和高速率的通信。

（2）串行传输　串行传输是数据流以串行方式在一条信道上传输。串行传输的优点是易于实现；缺点是要解决接收方和发送方码组或字符的同步，需外加同步措施。

采用串行传输方式只需要在收发双方之间建立一条通信信道；采用并行传输方式，收发双方之间必须建立并行的多条通信信道。对于远程传输，在同样传输速率的情况下，并行传输在单位时间内所传送的码元（承载信息量的基本信号单位）数是串行传输的 n 倍（此例中 $n=8$）。由于需要建立多个通信信道，并行传输方式的造价较高，因此，在远程传输中，一般采用串行传输方式。

2. 按数据传输的同步方式分类

按数据传输的同步方式，数据传输可分为异步传输和同步传输。

（1）异步传输　异步传输每次传送一个字符代码，在发送每一个字符代码的前面均加上一个"起"信号，后面均加一个"止"信号。它以连续的字节流传输数据。通常，发送字符的大小为8位，其中，添加了奇偶校验位，即一个起始位和一个终止位，所以总共为10位。图1-11所示为异步传输。

图 1-11　异步传输

异步传输可用于微信、电子邮件、论坛、电视和收音机等。

（2）同步传输　同步传输是以固定时钟节拍来发送数据信号的，在串行数据流中，各字符之间的相对位置都是固定的，因此不必对每字符加"起"信号和"止"信号，只需在一串字符流前面加一个起始字符，后面加一个终止字符，表示字符流的开始和结束。

同步传输有字符同步和帧同步两种同步方式。图1-12所示为字符同步传输方式，在一串字符流前面加SYN作为同步字符，SOH作为起始字符，后面加EOT作为终止字符。图1-13所示为帧同步传输方式，数据的发送是以一帧为单位，在一帧的前面加起始标志，表示一帧的开始，后面加终止标志，表示一帧的结束。数据在网络中传输时是以帧为单位进行传输的，不同网络使用不同的协议封装数据帧，它们定义的帧格式也不一样。

图1-12　字符同步传输方式

图1-13　帧同步传输方式

3. 按数据传输的流向和时间关系分类

按数据传输的流向和时间关系，数据传输可以分为单工数据传输、半双工数据传输和全双工数据传输。

（1）单工数据传输　单工数据传输是两数据站之间只能沿一个指定的方向进行数据传输，如图1-14所示，如灯塔发出光信号，航船只能接收信号。

（2）半双工数据传输　半双工数据传输是两数据站之间可以在两个方向上进行数据传输，但不能同时进行，如图1-15所示。每一端的数据终端设备既可作为数据源，也可作为数据宿，但不能同时作为数据源与数据宿。实际上是一种切换方向的单工数据传输，例如A能发信号给B，B也能发信号给A，但这两个过程不能同时进行。

图1-14　单工数据传输

图1-15　半双工数据传输

（3）全双工数据传输　全双工数据传输是在两数据站之间可以在两个方向上同时进行传输，如图1-16所示。每一端的数据终端设备均可同时作为数据源与数据宿。通常四线线路实现全双工数据传输，二线线路实现单工或半双工数据传输。全双工数据传输比半双工数据传输又进了一步，在A给B发送信号的同时，B也可以给A发送信号。典型的例子就是打电话，双方都能说，对方也能听到。

图1-16　全双工数据传输

在单工数据传输模式下，信号向一个方向发送；在半双工数据传输模式下，信号双向发送，但一次发送一个；在全双工数据传输模式下，信号同时在两个方向上发送。在单工数据传输模式下，只有一个设备可以传输信号；在半双工数据传输模式下，两个设备都可以传输信号，但一次一个；在全双工数据传输模式下，两个设备可以同时传输信号。全双工数据传输的性能优于半双工数据传输的性能，而半双工数据传输的性能又优于单工数据传输的性能。

二、数据传输控制方式

按照输入/输出（I/O）控制功能的强弱以及和中央处理器（CPU）之间联系方式的不同，输入/输出设备的数据传输控制方式主要有程序直接控制方式、程序中断控制方式、直接存储器存取（DMA）控制方式和通道控制方式。

1. 程序直接控制方式

程序直接控制方式如图 1-17 所示。程序直接控制方式也称为查询控制方式。

图 1-17 程序直接控制方式

以完成一次读操作为例，程序控制按以下流程进行：

1）中央处理器通过控制线向 I/O 控制器发出一个读指令，I/O 控制器会根据中央处理器的要求启动相应的设备，并将这个设备相应的状态设置为 1，表示设备忙碌（未就绪）。

2）设备准备中央处理器想要输入的数据，但由于设备和中央处理器处理速度的差异，在设备还没有完成 I/O 之前，中央处理器会一直不断地轮询检查设备的状态，若状态寄存器的值一直是 1，说明设备还没有准备好要输入的数据，于是中央处理器会不断轮询。

3）如果设备已经准备好了输入的数据，设备会向 I/O 控制器传送要输入的数据，并且报告自身的装填状态是已就绪状态。

4）I/O 逻辑将要输入的数据放到数据寄存器中，并且将状态寄存器的值改为 0（已就绪）。

5）在状态寄存器改为 0 时，中央处理器轮询检查到了数据已经准备好，设备已就绪，即可将数据寄存器中的内容读入中央处理器自己的寄存器中，再把寄存器的内容放入内存的值（数据从设备到内存需要经过中央处理器），这样就完成了一次读操作。

程序直接控制方式的优点是实现简单，在读/写指令之后加上实现循环检查的一系列指令即可。

程序直接控制方式的缺点是中央处理器和 I/O 设备只能串行工作,中央处理器需要一直轮询检查,长期处于"忙等"状态,中央处理器利用率低。

程序直接控制方式具体实现又可分为无条件传输和查询传输。无条件传输方式适用于能随时读写的设备,查询传输方式适用于中央处理器不太忙、传输速率要求不高的场合。

2. 程序中断控制方式

对于程序控制方式中央处理器利用率低的问题,引入了中断机制。当外部设备准备好时,由外部设备通过接口电路向中央处理器发出中断请求信号,中央处理器在允许的情况下,暂停执行当前正在执行的程序,响应外部设备中断,转入执行相应的中断服务子程序,与外部设备进行一次数据传输,数据传输结束后,中央处理器返回继续执行原来被中断的程序。

程序中断控制方式的优点是 I/O 控制器会通过中断信号主动报告 I/O 已完成,中央处理器不再需要不停地轮询。中央处理器可以和 I/O 设备并行工作,中央处理器利用效率明显提升。

程序中断控制方式的缺点是每个字在 I/O 设备和内存之间传输,都需要经过中央处理器,而频繁地中断处理会消耗较多的中央处理器时间。

程序中断控制方式适用于中央处理器的任务较忙、传输速率要求不高的场合,尤其适合实时控制中的紧急事件处理。

3. DMA 控制方式

DMA 控制方式如图 1-18 所示。DMA 控制器主要由中央处理器控制器接口、I/O 控制逻辑、块设备控制器接口组成。数据寄存器暂存从设备到内存或者从内存到设备的数据。在设备向内存输入数据时,内存地址寄存器表示输入的数据应该存放到内存的什么位置;在内存向设备输出数据时,内存地址寄存器表示输出的数据应该存放到内存的什么位置。数据计数器表示剩余要读/写的字节数。命令/状态寄存器用于存放中央处理器发来的 I/O 命令或设备的状态信息。

图 1-18 DMA 控制方式

DMA 控制方式过程:首先中央处理器给 I/O 模块一个指令,中央处理器指明此次要进行的操作(如读操作),并说明要读入多少数据、数据存放在内存什么地方,以及数据在外部设备上的地址等,之后中央处理器就可以去做其他事了。接下来 DMA 控制器就可以根据中央处理器的命令参数来完成一系列的读工作，DMA 控制器从磁盘的指定位置读取一个字（DMA 一次读取的也是一个字），然后存储在数据寄存器中，再从数据寄存器写入中央处理器指定的内存位置中，当一个（多个）块的数据读完后，DMA 控制器会向中央处理器发出一个中断信号，中央处理器检测到中断信号后会处理这个中断。由此可见，DMA 控制器直接与内存进行高速数据传送并不经过中央处理器（中央处理器不参与数据传送工作），总线控制权不在中央处理器处，而由 DMA 控制器控制。

DMA 控制方式的优点是数据传输以"块"为单位，中央处理器介入的频率进一步降低。数据的传输不再需要先经过中央处理器再写入内存，数据传输效率进一步增加，中央处理器和 I/O 设备的并行性能提升。

DMA 控制方式的缺点是中央处理器每发出一条 I/O 指令，只能读/写一个或多个连续的数据块。如果要读/写多个离散的块，或者要将数据分别写到不同的内存区域时，中央处理器要分别发出多条 I/O 指令，进行多次中断操作。

DMA 控制方式适用于存储器与存储器之间、存储器与外部设备之间的大批量数据传送的场合。

4. 通道控制方式

通道是一种硬件，可以把通道理解为一种"低配版的中央处理器"。通道可以识别并执行一系列通道指令。通道控制方式如图 1-19 所示。

图 1-19 通道控制方式

通道控制方式过程：当中央处理器要完成一组相关的读（或写）操作及相关控制时，只需向 I/O 通道发送一条 I/O 指令，以给出其所要指向的通过程序的首地址和要访问的 I/O 设备，之后中央处理器就可以去执行其他操作了。通道在接收到该指令后，根据通道程序首地址来找到通道程序在内存中的位置并执行通道程序，当通道程序完成数据传送后就会向中央处理器发出一个中断信号，中央处理器检测到中断信号后会处理这个中断。在通道控制方式中，读/写入多少数据，数据存放的位置都是通道控制的。通道控制方式就是中央处理器告诉通道去执行一个任务，中央处理器把任务的清单已经放在内存中，具体的任务并不是中央处理器告诉通道的，而是直接读取通道程序中的内容知道的。

通道和中央处理器的区别在于通道能识别的指令单一，通道没有自己的内存，需要和中央处理器共享内存，所以说可以把通道看作"低配版的中央处理器"。

通道控制方式和 DMA 控制方式的区别在于 DMA 控制方式需要中央处理器来控制传输的数据块的大小、传输的位置，而通道控制方式中的这些信息是由通道控制的。另外，每个 DMA 控制器对应一台设备与内存传输数据，而一个通道可以控制多台设备与内存数据交换。

通道控制方式的优点是中央处理器、通道、I/O 设备可并行工作，资源利用率很高。

通道控制方式的缺点是实现复杂，需要专门的硬件支持。

程序直接控制方式和程序中断控制方式适用于数据传输率比较低的外部设备，而 DMA 控制方式和通道控制方式适用于数据传输率比较高的外部设备。

单元 5　车载网络拓扑结构

车载网络拓扑结构是指展示汽车所有控制器是如何连接到数据总线上的，同时也展示控制器是通过哪些总线互相交换信息的。

车载网络拓扑结构直接关系到汽车通信系统的稳定性和可扩展性等，进而关系到整车的质量、安全与开发成本等。车载网络拓扑结构的类型主要有总线型、星形、环形和混合型等。

1.5　车载网络拓扑结构

1. 总线型网络拓扑结构

总线型网络拓扑是在汽车拓扑布局中最常见的一种，采用总分结构。在 CAN 总线通信模块数量较少且网络负载率在设计阈值范围内，通常采用单路 CAN 总线拓扑结构，即一条 CAN 双绞线主干线，各分支线分别与 CAN 主干线连接。总线型网络拓扑结构如图 1-20 所示。

图 1-20　总线型网络拓扑结构

2. 星形网络拓扑结构

星形网络拓扑越来越多地应用于汽车网络拓扑中，即所有模块最终汇集于一点，再通过集线器接在一起，所有模块之间的通信都需要经过中心点，图 1-21 所示为一款汽车的星形网络拓扑结构。

在星形网络拓扑结构中，每个模块通过点对点连接到中央点，任何两站之间通信通过中央点进行。和总线型拓扑结构一样，由于 CAN 总线是个多主站结构的通信网络，只要总线是空闲的，任何一个端接节点都可以发送数据。

3. 环形网络拓扑结构

环形网络拓扑结构是将所有模块依次连接在一起，每个模块即需要负责各自的通信，同时也要承担整个网络通信的需求，如果一个模块出了问题，会导致整个网络瘫痪。MOST 总线经常应用环形网络拓扑结构。图 1-22 所示为环形网络拓扑结构，在 MOST 总线环形路上装有六个控制单元，分别为信息电子控制单元 1J794、组合仪表控制单元

J285、前风窗玻璃投影控制单元 J898、DVD 影碟机 R161、TV 调谐器 R78 和数字音响包控制单元 J525。信息电子控制单元 1J794 除了当 MOST 总线的系统管理器外，还承担诊断管理器的作用。

图 1-21 汽车的星形网络拓扑结构

图 1-22 环形网络拓扑结构

4. 混合型网络拓扑结构

车载网络经常采用混合型网络拓扑结构。混合型网络拓扑结构融合了总线型、星形和环形的优点，具体布置网络拓扑时要根据实际情况进行适当的调整，以达到高效合理的网络拓扑。例如，如果总体双绞线长度无法保证 40m 以内就不能单纯地采用总线型，但又出于低成本的考虑，可以采用混合型网络拓扑。

单元 6 汽车电子电气架构

电子电气架构（EEA）为汽车底层架构打下坚实基础，如今的汽车底盘架构不仅是机械架构，为实现辅助驾驶功能和其他智能化功能，整车上需要安装大量的传感器和控制器，还需要大量线束将它们连接起来，汽车电子电气架构的重要性就显现出来了。汽车电子电气架构将汽车上的各类传感器、控制器、线束硬件和汽车上的软件有机结合起来，使汽车的架构达到简化的同时，还能够提高运行效率。汽车电子电气架构会随着汽车功能的增多而随之演变。

1.6 汽车电子电气架构

1. 汽车电子电气架构的定义

汽车电子电气架构是把汽车中的各类传感器、执行器、电子控制单元、线束和电子电气分配系统整合在一起完成运算、动力和能量的分配，进而实现整车的各项功能。通过电子电气架构的设计，可以将车身、热管理、动力、底盘、信息娱乐、智能驾驶、内外饰及安全等信息转化为实际分配的物理布局、信号网络、数据网络、诊断和电源管理等电子电气解决方案。

汽车电子电气架构是随着芯片和通信技术的发展而不断发展，从分布式到域控制再到集中式，汽车电子电气架构正在发生巨大的变化。

2. 分布式电子电气架构

20 世纪 80 年代，随着 IT 技术的起步和兴起，汽车电子化迅猛发展，电子控制单元逐渐成为汽车的重要组成部分。电子控制单元最早的应用是控制发动机工作，之后逐渐占领了整个汽车，从防抱死制动系统、电控自动变速器、驱动力控制系统、主动悬架系统、安全气囊系统、汽车电子稳定控制系统等，到现在逐渐延伸到了车身、驾驶辅助、娱乐等控制系统。电子控制单元大多数是连接至一个或多个系统总线的网络节点，最后由 CAN 总线、LIN 总线和（或）FlexRay 总线等与其连接的各种总线系统构成了汽车中的分布式电子电气架构。图 1-23 所示为由 CAN 总线、LIN 总线、MOST 总线和以太网构成的分布式电子电气架构。

图 1-23 分布式电子电气架构

电动化、智能化浪潮来袭，汽车分布式电子电气架构不堪重负已不能适应汽车智能化的进一步进化。智能驾驶、智能座舱是消费者能感知到的体验，背后需要强大的传感器、芯片，更需要先进的电子电气架构的支持，电子电气架构决定了智能化功能发挥的上限。

如果没有先进的电子电气架构做支撑，再多表面智能功能的搭载也无法支持汽车的持续更新和持续领先，更无法降低汽车成本和高效生产研发。

分布式电子电气架构的极限是 L2 级别的自动驾驶，L3 级别已经超出承受范围。以大众分布式 MQB 平台为例，CAN 总线上已经挂了很多电子控制单元，如果再挂雷达，通信协议总量将不支持，把全部的 CAN 总线换成 2Mbit/s 的传输速率，相当于做了半个架构的改造。

智能座舱和自动驾驶需要更多的电子控制单元和传感器，但分布式电子电气架构已经达到瓶颈，算力和总线信号传输速率还远远不能满足，因此必须引入搭载更高性能车规级芯片的域控制器、车载以太网和集中式电子电气架构。

3. 汽车电子电气架构的演进趋势

汽车电子电气架构的升级路径表现为分布式电子电气阶段（模块化→集成化）、（跨）域集中电子电气架构（域控制集中→跨域融合）、车辆集中电子电气架构（车载计算机→车-云计算），即分布式电子控制单元（每个功能对应一个电子控制单元）逐渐模块化和集成化，向域控制器（一般按照动力域、底盘域、车身域、信息娱乐域和先进驾驶辅助系统域等）方向发展，然后部分域开始跨域融合发展（如底盘域和动力域功能安全、信息安全相似），并发展整合为中央计算平台（即一个计算机），最后向云计算和车端计算（中央计算平台）发展。其中，车端计算主要用于车内部的实时处理，而云计算作为车端计算的补充，为智能汽车提供非实时性（如座舱部分场景可允许微秒级别的延迟）的数据交互和运算处理。目前，正处于从过去的分布式电子电气架构迈向域集中式电子电气架构的转变过程中。电子电气架构的发展之路如图 1-24 所示。

图 1-24 电子电气架构的发展之路

（1）模块化阶段　在模块化阶段，一个电子控制单元对应一个具体功能，如车上的灯光对应有一个控制器，门对应有一个控制器，无钥匙系统对应有一个控制器，电子控制单元嵌入软件，线束布置复杂，通信成本高。随着汽车功能增多，这种架构日益复杂无法持续。

（2）集成化阶段　在集成化阶段，电子控制单元进行合并，单个电子控制单元负责多个功能，电子控制单元数量较模块化阶段减少，线束布置和通信成本有所降低。在模块化阶段和集成化阶段，汽车电子电气架构仍处于分布式阶段，电子控制单元功能集成度较低。

（3）集中化阶段　域集中后根据功能划分域控制器（DCU），如动力总成域、底盘域、车身域、座舱域和自动驾驶域等。域控制器间通过以太网和CAN FD总线相连，其中，座舱域和自动驾驶域由于要处理大量数据，算力需求逐步增长。动力总成域、底盘域、车身域主要涉及控制指令计算及通信资源，算力要求较低。在集中化阶段，电子控制单元功能弱化，主要由域控制器主导，域控制器功能更强大，搭载多核处理器。

（4）域融合阶段　在集中化阶段基础上，为进一步降低成本和增强协同，出现了跨域融合，即将多个域融合到一起，形成多域控制器（MDC），可以将不同功能域的数据整合在一起进行融合处理。比如将动力总成域、底盘域、车身域合并为整车控制域，从而将五个功能域（自动驾驶域、动力总成域、底盘域、座舱域、车身域）过渡到三个中央计算+位置域阶段。

在集中化阶段和域融合阶段，汽车电子电气架构属于集中式，电子控制单元功能集成度较高。博世公司开发的域集中式电子电气架构如图1-25所示。

图1-25　博世公司开发的域集中式电子电气架构

（5）车载计算机阶段　车载计算机阶段即中央计算+位置域阶段。随着功能域的深度融合，功能域逐步升级为更加通用的计算平台，从功能域跨入位置域（如中域、左域、右域）。区域控制器平台（ZCU）是整车计算系统中某个局部的感知、数据处理、控制与执行单元。它负责连接车上某一个区域内的传感器、执行器以及电子控制单元等，并负责该位置域内的传感器数据的初步计算和处理，还负责本区域内的网络协议转换。位置域实现就近布置线束，降低成本，减少通信接口，更易于实现线束的自动化组装，从而提高效率。传感器、执行器等就近接入附近的区域控制器中，能更好实现硬件扩展，区域控制器的结构管理更容易。区域接入+中央计算保证了整车架构的稳定性和功能的扩展性，新增的外部部件可以基于区域网关接入，硬件的可插拔设计支持算力不断提升，充足的算力支持应用软件在中央计算平台迭代升级。中央计算+区域控制电子电气架构如图1-26所示，按照车身区域进行控制区分（中域、左域和右域），而不是按照功能区分，省去一些电子控制单元，线束布置和通信成本大幅降低。ECUs代表多个ECU。

图 1-26　中央计算+区域控制电子电气架构

(6)车-云计算阶段　在车-云计算阶段,将区域控制器中的部分复杂算法集成在云端,由云端算法来控制汽车的功能,从而实现车-云计算,使车内架构进一步简化,车的各种传感器和执行器可被软件定义和控制,汽车的零部件逐步变成标准件,彻底实现软件定义汽车功能。车-云计算阶段也是电子电气架构演进的最高阶段,未来随着汽车智能化技术的不断发展,电子电气架构将逐步朝着最高阶段进发。

4. 汽车电子电气架构的升级

汽车电子电气架构的升级主要体现在硬件架构升级、软件架构升级和通信架构升级。

(1)硬件架构升级　硬件架构升级是从分布式向域控制向中央集中式方向发展。硬件架构升级具有以下优势:

1)硬件架构升级有利于提升算力利用率,减少算力设计总需求。一般芯片在参数设计时按照需求值设计并留有余量,以保证算力冗余,主要是因为汽车在实际运行过程中,大部分时间仅部分芯片执行运算工作,而且并未满负荷运算,导致对于整车大部分运算处理能力处于闲置中,算力有效利用率较低。例如泊车使用的倒车影像仅泊车等部分时段才执行运算操作。采用域控制器方式可以在综合情况下,设计较低的总算力,仍能保证整车在工作时总算力满足设计要求。

2)硬件架构升级有利于数据统一交互,实现整车功能协同。传统主机厂方案采用一个功能对应一套感知-决策-执行硬件,感知数据难以交互,也无法协同执行。而实现真正意义上的高级自动驾驶,不仅需要多传感器共同感知外部环境,还需要对车内部各运行数据进行实时监控,统一综合判断,并且执行机构协同操作。域控制/中央集中架构可对采集的数据信息统一处理,综合决策,协同执行。

3)硬件架构升级有利于缩短线束,降低故障率,减轻重量。采用分布式架构,电子控制单元增多后线束会更长,错综复杂的线束布置会导致互相电磁干扰,故障率提升,此外也意味着整车更重;域控制/中央集中架构可减少线束长度,减轻整车重量。

(2)软件架构升级　软件架构升级是从软硬件高度耦合向分层解耦方向发展。软件架构升级具有以下优势:

1)软件架构升级有利于软硬件解耦分层,有利于实现软件/固件的在线升级、软件架构的软实时、操作系统可移植。传统汽车嵌入式软件与硬件高度耦合,为应对越来越复杂的自动驾驶应用和功能安全需要,以汽车开放系统架构(AUTOSAR)为代表的软件架构提供接口标准化定义,模块化设计,促使软件通用性,实现软件架构的软实时、在线升级、操作系统可移植等。

2)软件架构升级有利于采集数据信息多功能应用,有效减少硬件需求量,真正实现软件定义汽车。若未实现软硬件解耦,一般情况下增加一个应用功能则需要单独增加一套硬件装置，采集的数据信息仅一个应用功能可以利用。现阶段，自动泊车超声波雷达和自适应巡航的摄像头、毫米波雷达采集的数据不可交互，若打通整个汽车软件架构，各数据特征有效利用，实现多个应用共用一套采集信息，有效减少硬件需求数量。

（3）通信架构升级　通信架构升级由CAN/LIN总线向以太网方向发展。通信架构升级具有以下优势：

通信架构升级可以满足高速传输和低延迟等性能需求。由于智能网联汽车应用越来越复杂，大量的非结构化数据（如图片、视频等）虽然携带的信息非常丰富，但其对数据传输要求极高，例如一个激光雷达模块产生约70Mbit/s的数据流量，一个摄像头产生约40Mbit/s的数据流量，一个毫米波雷达模块产生约0.1Mbit/s的数据流量，若L2级自动驾驶汽车需要使用8个毫米波雷达和3个摄像头，需要最大传输速率超过120Mbit/s，而全自动驾驶汽车对传输速率要求更高，传统汽车电子电气架构的CAN/LIN总线不能满足高速传输的需求。以太网因具备大带宽、高通量、低延迟等优势，将成为应用于汽车主干网络的主要方案。

采用以太网方案线束更短，同时也可减少安装、测试成本。线束在重量和成本方面都位列汽车零部件第三，其中在成本方面，线束安装占人工成本的50%。据统计，达到同等性能条件下，通过使用非屏蔽双绞线的以太网电缆和更小的紧凑型插接器，连接成本最多可降低80%，线缆重量最多可减轻30%。

未来汽车电子电气架构如图1-27所示。

图1-27　未来汽车电子电气架构

单元7　车载网络常用术语

为了更好地理解智能网联汽车网络，下面对车载网络中的常用术语进行解读。

1. 位、字节和字

位是存储数据的最小单位，字节是存储数据的基本单位，字是计算机进行数据处理和运算的单位。中央处理器只能直接处理内存数据，不能直接处理硬盘数据。硬盘数据必须先调入内存条中才可以运行。内存里面存放的全是二进制代码。内存里面有很多"小格子"，每个"格子"中只能存放一个0或1。一个"小格子"就是一位，所以"位"要么是0，要么是1。8个"小格子"就是一字节，即一字节等于8位。字节在一些计算机编程语言中表示数据类型和语言字，规定一个字节由8个二进制位构成，即1个字节等于8个比特（1Byte=8bit），8位二进制数最小为

00000000，最大为 11111111。

2. 帧

帧是数据在网络传输中的单位。在网络中，网络设备将"位"组成一个个的字节，然后这些字节封装成帧，在网络上传输。为什么要把数据封装成帧呢？因为用户数据一般都比较大，有的可以达到兆（MB）字节，一下发送出去十分困难，于是就需要把数据分成许多小份，再按照一定的次序发送出去。在实际应用中，帧的大小是由设备的最大传输单位，即设备每次能够传输的最大字节数自动来确定的。如以太网的帧值总是在一定范围内浮动，最大的帧值是 1518 字节，最小的帧值是 64 字节。

帧是指发送到总线上的信息，不同总线不同类型的帧，其格式也不同。例如，CAN总线的帧有数据帧、远程帧、错误帧和过载帧等，数据帧是用于发送单元向接收单元传输数据的帧，远程帧是用于接收单元向具有相同 ID 的发送单元请求数据的帧，错误帧是用于当检测出错误时向其他单元通知错误的帧，过载帧是用于接收单元通知其尚未做好接收准备的帧（向总线上其他节点报告自身接收能力达到极限的帧）。当 CAN 总线空闲时，任何已连接的节点都允许启动数据帧（DF）或者远程帧的发送。当 CAN 总线上没有帧发送时，CAN 总线为空闲。此外，任何已连接的节点都可能通过错误帧（EF）指示错误或者通过过载帧（OF）指示过载情形。每种帧的格式也不相同，具体格式将在后面介绍。

3. 节点 / 模块

节点是指连接到网络并根据通信协议能够进行通信的装置。模块是一种电子装置，如温度传感器、压力传感器等，在多路传输系统中一些简单的模块被称为节点。

4. 数据总线

数据总线是节点（或模块）间运行数据的通道，即信息高速公路。总线值是指总线具有两种互补逻辑中的一种：显性或隐性；显性代表逻辑 0，隐性代表逻辑 1。在同时传输显性位和隐性位时，总线值为显性；当没有传输时，总线处于空闲，总线值为隐性。总线失效是指物理总线故障（如断路、短路）导致的失效。

在车载网络中，数据总线可以是一根线，如 LIN 总线，也可以是两根线，如 CAN 总线，主要用来传输节点之间的数据。

5. 网络

为了实现信息共享而把多条数据总线连接在一起，或把数据总线和模块当作一个系统即构成网络。

网络主要有城域网、局域网、个域网和蜂窝网络等。

（1）城域网 城域网是以微波等无线传输为介质，提供同城数据高速传输、多媒体通信业务和互联网接入服务等。其优点是传输距离远、覆盖面积大、接入速度快、高效、灵活、经济，具有较完备的服务质量机制等；缺点是暂不支持用户在移动过程中实现无缝切换，性能与 4G 网络的主流标准存在差距。

（2）局域网 局域网是指以无线或无线与有线相结合的方式构成的局域网，如 Wi-Fi。局域网的优点是布网便捷、可操作性强、网络易于扩展等，缺点是性能、速率和安全性存在不足。

（3）个域网 个域网是采用红外、蓝牙等技术构成的覆盖范围更小的局域网。个域网的优点是功耗低、成本低、体积小等，缺点主要是覆盖范围小。

（4）蜂窝网络 蜂窝移动通信系统由移动站、基站子系统和网络子系统组成，采用蜂窝网络（4G/5G）作为无线组网方式，通过无线信道将移动终端和网络设备进行连接。

蜂窝网络的优点是有限的频率资源可以在一定的范围内被重复使用，当容量不够时，可以减小蜂窝的范围，划分出更多的蜂窝，进一步提高频率的利用率；缺点是成本高、带宽低。

车载网络属于局域网，由 CAN 总线、LIN 总线、FlexRay 总线、MOST 总线和以太网等组成。

6. 网关

一辆汽车一般采用多条不同的通信协议或不同传输速率的数据总线，模块之间不能完全实现信息共享，在两条总线之间进行数据转换时需要网关完成。网关的作用就是让不同通信协议或不同传输速率的节点之间进行通信，起到一个网络开关的作用。

网关可以将局域网上的数据转换成可以识别的诊断数据语言，以便于诊断；可以实现低速网络和高速网络的信息共享；负责接收和发送信息，激活和监控局域网络的工作状态；实现汽车网络系统内数据的同步，对信息标识符进行翻译。

CAN 总线网关通常有十几个或几十个接线管脚（端子），有的网关甚至有 100 多个接线端子。每个接线端子都有严格的定义，要匹配规定好的 CAN 总线、LIN 总线、车载以太网、电源接口、开关设备、电源管理方面的接线口、钥匙开关（或无钥匙启动系统）的接口、加速踏板、制动踏板的接线口、档位开关的接线端子等。

7. 通信协议

通信协议是指用于节点之间交换信息的正式约定或者规则的集合，包括通信方法、通信时间、通信内容等。不同总线，其协议也不同，如 CAN 总线有 CAN 协议，LIN 总线有 LIN 协议，它们的协议是不同的。

8. 比特率和波特率

比特率又称为位速率或信息传输率，是指单位时间内总线上传输的信息量，即每秒能够传输的二进制位的数量，单位是 bit/s。

波特率又称为传码率或信号传输率，是指单位时间内传输码元（携带数据信息的信号单元）的数量。

传输速率是一种泛指，指的是数据从一点向另一点传输的速率，包含比特率、波特率等。

比特率 = 波特率 × 单个调制状态对应的二进制位数。

两相调制（单个调制状态对应一个二进制位）的比特率等于波特率，四相调制（单个调制状态对应两个二进制位）的比特率为波特率的两倍，八相调制（单个调制状态对应三个二进制位）的比特率为波特率的三倍，此次类推。

9. 差分电压

差分电压是指 CAN_H 和 CAN_L 之间的电压。CAN 总线采用差分电压传输数据，分别是 CAN_H 和 CAN_L 两根总线。总线上的信号电平是这两条线之间的差分电压。

10. 终端电阻

CAN 总线终端电阻的主要作用是确保总线快速进入隐性状态和提高信号质量。终端电阻是一种电子信息在传输过程中遇到的阻碍。高频信号传输时，信号波长相对传输线较短，信号在传输线终端会形成反射波，干扰原信号，所以需要在传输线末端加终端电阻，使信号到达传输线末端后不反射。对于低频信号则不用。在长线信号传输时，一般为了避免信号的反射和回波，也需要在接收端接入终端匹配电阻。其匹配电阻值取决于传输线的阻抗特性，与传输线的长度无关。

复习思考题

1. 智能网联汽车网络体系构成是怎样的?
2. 智能网联汽车网络体系的特点有哪些?
3. 车载网络按性能和协议是如何分类的?
4. 开放系统互连网络模型分哪七层结构?
5. 数据传输方式是如何分类的?
6. 数据传输控制方式有哪些?
7. 车载网络拓扑结构主要有哪些?
8. 汽车电子电气架构的发展之路是怎样的?
9. 网关的主要作用是什么?
10. 终端电阻的作用是什么?

模块 2

CAN 总线

【学习目标】

通过对本模块的学习，学生能够掌握 CAN 总线的基本组成与工作原理，掌握 CAN 总线物理层、CAN 总线数据链路层和 CAN 总线应用层，了解时间触发通信、CAN FD 总线、CAN 总线测试，为车载 CAN 总线系统开发奠定基础。

通过对本模块的学习，可培养学生敬业精神和服务意识，以及沟通、协调、合作的能力，逐步养成良好的心理素质。

【教学要求】

知识要点	能力要求	参考学时
CAN 总线概述	了解 CAN 总线的发展历程，掌握 CAN 总线的特点，了解 CAN 总线的标准和 CAN 总线的分层结构，熟悉 CAN 总线的帧类型等	2
CAN 总线的基本组成与工作原理	掌握 CAN 总线的基本组成以及 CAN 控制器、CAN 收发器、数据传输线和数据传输终端，掌握 CAN 总线的工作原理以及数据传输元件、数据传输过程等	2
CAN 总线物理层	掌握物理层服务的内容，掌握物理媒介相关接口中的物理媒介、物理信令、电气特性等，掌握物理媒介连接中的时间要求、故障管理、CAN 收发器特性和 CAN 总线网络设计期望指标，掌握物理编码子层中的位时间、同步，掌握物理介质的参数等	2
CAN 总线数据链路层	掌握逻辑链路控制子层的服务、服务原语定义、功能及帧结构，掌握媒介访问控制子层的服务、服务原语定义、功能模型、帧结构、帧编码、帧应答、帧的有效性、位发送顺序、媒介访问方法等	2
CAN 总线应用层	掌握 CANopen 提供的应用层服务功能、CANopen 设备的内部结构、CAN 标识符、网络管理、通信对象和对象字典，掌握 J1939 协议，掌握 J1939 分层结构、标准组成、报文格式、通信方式、消息类型和汽车典型参数信息等	2
时间触发通信	了解时间触发通信协议中系统矩阵的矩阵周期、时间窗口和基本周期的事件同步开始，以及参照报文、定时和同步特征、报文发送和接收等	2
CAN FD 总线	了解引入 CAN FD 总线的背景、CAN FD 总线的特点，掌握 CAN FD 总线的分层架构和 CAN FD 总线协议等	2
CAN 总线测试	了解 CAN 总线的测试工具和测试项目，掌握典型项目测试方法等	2

【导入案例】

奥迪 A4B8 车载网络比较经典，包括舒适 CAN、动力 CAN、MOST 总线、组合仪表/底盘 CAN、扩展 CAN、诊断 CAN、LIN、子总线系统，如图 2-1 所示。CAN 总线是奥迪车载网络的主要组成部分。

图 2-1 奥迪 A4B8 整车网络

CAN 总线有哪些特点和标准？CAN 总线的基本组成与工作原理是怎样的？CAN 总线协议是怎样规定的？CAN 总线和 CAN FD 总线是什么关系？CAN 总线测试项目主要有哪些？通过对本模块的学习，读者可以得到答案。

单元 1　CAN 总线概述

CAN 总线是国际标准化的串行通信协议，是一种用于实时应用的串行通信协议总线，它可以使用双绞线来传输信号，是世界上应用最广泛的现场总线之一。因其具有高性能、高可靠性的通信机制，目前已广泛应用在汽车电子领域，CAN 协议用于汽车中各种元件之间的通信。

一、CAN 总线的发展历程

CAN 总线起初由博世公司提出，后经国际标准化组织确认为国际标准，根据特性差异又分为不同子标准。CAN 总线国际标准只涉及 OSI 模型的物理层和数据链路层。上层协议是在 CAN 总线标准基础上定义的应用层，市场上有不同的应用层标准。

CAN 总线的发展历程中有以下重要时间节点和事件：

1983 年，博世公司开始着手开发 CAN 总线。

1986 年，在美国汽车工程师学会会议上，CAN 总线正式发布。

1987 年，英特尔和飞利浦推出第一款 CAN 控制器芯片。

1991 年，奔驰 500E 是世界上第一款基于 CAN 总线系统的量产车型。

1991 年，博世公司发布 CAN 总线 2.0 标准，分为 CAN 总线 2.0A（11 位标识符）和 CAN 总线 2.0B（29 位标识符）。

1993 年，ISO 组织发布 CAN 总线标准 ISO 11898，该标准主要有三部分：ISO 11898-1（数据链路层协议）、ISO 11898-2（高速 CAN 总线物理层协议）和 ISO 11898-3（低速 CAN 总线物理层协议）。注意：ISO 11898-2 和 ISO 11898-3 物理层协议不属于博世 CAN 总线 2.0 标准。

1996 年，奥迪公司在奥迪 A8 D2 车型上首次使用 CAN 总线网络。

2012 年，博世公司发布 CAN FD 总线 1.0 标准，CAN FD 总线定义了在仲裁后使用不同的数据帧结构，从而达到最高 12Mbit/s 数据传输速率。CAN FD 总线与 CAN 总线 2.0 协议兼容，可以与传统的 CAN2.0 设备共存于同样的网络。

2016 年，CAN 总线物理层速率提高到 5Mbit/s，标准为 ISO 11898-2。

2018 年，中国发布了 GB/T 36048—2018《乘用车 CAN 总线物理层技术要求》。

2022 年，中国发布了道路车辆控制器局域网标准 GB/T 41588，它包括四部分，分别是数据链路层和物理信令，高速媒介访问单元，低速容错、媒介相关接口，时间触发通信。

二、CAN 总线的特点

CAN 总线采用双绞线作为传输介质，媒介访问方式为位仲裁，是一种多主总线。CAN 总线具有以下特点：

1. 多主控制

多主控制是指在 CAN 总线空闲（连续出现了 11 位隐性电平）时，所有节点可随机访问 CAN 总线、监视 CAN 总线状态，如果 CAN 总线空闲，则可发送信息。最先访问总线的节点可获得发送权；多个节点同时开始发送时，发送高优先级标识符（ID）消息的节点可获得发送权。

例如：节点 A 和节点 B 同时向总线发送各自的消息 Msg_1 和 Msg_2，如果 Msg_1 的优先级比 Msg_2 高，那么节点 A 就获得了总线的发送权。

2. 非破坏性位仲裁机制

在 CAN 协议中，所有的消息都以固定的帧格式发送。CAN 总线空闲时，所有与 CAN 总线相连的节点都可以开始发送新消息。两个以上的节点同时开始发送消息时，对各消息 ID 的每个位进行逐个仲裁比较。仲裁获胜（被判定为优先级最高）的节点可继续发送消息，仲裁失利的节点则立刻停止发送并转为监听（接收）状态。

例如：节点 A 和节点 B 同时向 CAN 总线发送各自的消息 Msg_1 和 Msg_2，那么对 Msg_1 的 ID 号 ID_1 和 Msg_2 的 ID 号 ID_2 进行逐位仲裁，如果仲裁结果是 ID_1 的优先级比 ID_2 高，那么 Msg_1 在仲裁中获胜，于是发出 Msg_1 这条报文的节点 A 就获得了总线的发送权。同时，Msg_2 在仲裁中失败，于是节点 B 就转换到监听总线电平的状态。

图 2-2 所示为非破坏性位仲裁过程，假设 CAN 总线上只有两个节点 A 和 B，它们的 ID 用逻辑电平表示，从 SOF 位开始从左往右逐位比较，只要出现位不一样，比较就结束，显性电平者胜出，有权发送。当节点 A 和节点 B 都发送请求时，开始逐位比较，直到它们两个的 ID7 位，节点 A 为显性电平，节点 B 为隐性电平。根据线与机制，节点 A 胜出，优先发送。这就是一个大致的非破坏性仲裁过程。为了精准地实施仲裁过程，对 CAN 协议帧结构有严谨的设计。

3. 实时性强

CAN 总线既可以采用事件触发，也可以采用时间触发。事件触发是指网络中所有活动都是由事件的发生所引起的；时间触发是指系统中的任务根据工作之前制订的时间表分配好了相应的总线时间，每一部分都按照事前制订的静态调度时间表完

图 2-2 非破坏性位仲裁过程

成任务。CAN 总线采用时间触发技术，在高层协议中实现时分复用多路存取 / 冲突避免（Time Division Multiple Access/Collision Avoidance，TDMA/CA）进一步提高通信的实时性和可靠性。

4. 系统的柔软性

与 CAN 总线相连的节点没有类似于"地址"的信息。因此在 CAN 总线上增加节点时，连接在 CAN 总线上其他节点的软硬件及应用层都不需要改变。

5. 高速率和远距离

当通信距离小于 40m 时，CAN 总线的传输速率最大可以达到 5Mbit/s。通信速度与其通信距离成反比，当其通信距离达到 10km 时，其传输速率仍可以达到约 5kbit/s。

6. 通信速率

在同一条 CAN 总线上，所有节点的通信速率必须相同，如果两条不同通信速率总线上的节点想要实现信息交互，必须通过网关。

例如：汽车上一般有 500kbit/s 的驱动系统 CAN 总线和 125kbit/s 的舒适系统 CAN 总线两条 CAN 总线，如果驱动系统 CAN 总线上的发动机节点要把自己的转速信息发送给舒适系统 CAN 总线上的转速表节点，那么这两条总线必须通过网关相连。

7. 远程数据请求

可通过发送远程帧（也称为遥控帧）请求其他单元发送数据。某个节点 A 可以通过发送远程帧到总线上的方式，请求某个节点 B 来发送由该远程帧所指定的报文。

8. 错误功能

错误功能有错误检测功能、错误通知功能和错误恢复功能。错误检测功能是指所有的节点都可以检测错误；错误通知功能是指正在发送消息的节点一旦检测出错误，会强制结束当前的发送，并立即同时通知其他所有节点；错误恢复功能是指强制结束发送的节点会不断反复地重新发送此消息直到成功发送为止。

9. 故障封闭

CAN 总线可以判断出错误的类型是总线上暂时的数据错误（如外部噪声等）还是持续的数据错误（如节点内部故障、驱动器故障、断线等）。根据此功能，当 CAN 总线上发生持续的数据错误时，可将引起此故障的节点从 CAN 总线上隔离出去。

10. 连接

CAN 总线可以同时连接多个节点，可连接的节点总数理论上是没有限制的，但实际上可连接的节点数受 CAN 总线上的时间延迟及电气负载的限制。降低传输速率，可连接的节点数增加；提高传输速率，则可连接的节点数减少。

总之，CAN 总线具有实时性强、可靠性高、传输速率快、结构简单、互操作性好的特点，总线协议具有完善的错误处理机制、灵活性高和价格低廉等特点，在车载网络上得到广泛的应用，已经成为汽车的主流网络。

三、CAN 总线的标准

CAN 总线标准分为底层标准（物理层和数据链路层）和上层标准（应用层）两大类。CAN 总线底层标准主要是 ISO 11898 系列的国际标准，也就是说，不同厂商在 CAN 总线的物理层和数据链路层定义基本相同；而上层标准涉及流控制、设备寻址和大数据块传输控制等，不同应用领域或制造商会有不同的做法，没有统一的国际标准。

CAN 总线标准分为国际标准和国家标准。

1. CAN 总线国际标准

CAN 总线主要包括以下国际标准：

（1）ISO 11898-1-2015　ISO 11898-1-2015《道路车辆－控制器区域网络（CAN）第 1 部分：数据链路层和物理信号》规定了 CAN 总线的数据链路层（DLL）和电气信号标准，描述了 CAN 总线的基本架构，定义了不同 CAN 总线设备在数据链路层的通信方式，详细说明了逻辑链接控制（LLC）子层和媒介访问控制（MAC）子层。

（2）ISO 11898-2-2016　ISO 11898-2-2016《道路车辆－控制器局域网（CAN）第 2 部分：高速媒介访问单元》规定了高速（传输速率为 1Mbit/s）媒介访问单元（MAU）和一些媒介相关接口（MDI）功能，它们构成了控制器局域网（CAN）的物理层；一种支持分布式实时控制和多路复用的串行通信协议用于道路车辆。

（3）ISO 11898-3-2006　ISO 11898-3-2006《道路车辆－控制器局域网络（CAN）第 3 部分：低速、耐故障、依赖媒介的界面》定义了低速 CAN 总线物理层标准，数据传输速率为 40～12kbit/s。

（4）ISO 11898-4-2004　ISO 11898-4-2004《道路车辆－控制器局域网络（CAN）第 4 部分：时间触发通信》定义了 CAN 总线中的时间触发机制，汽车电子控制单元之间实现基于时间触发的通信方式。

（5）ISO 11898-5-2007　ISO 11898-5-2007《道路车辆－控制器区域网络（CAN）第 5 部分：低功率模式的高速媒介访问单元》是对 ISO 11898-2 高速 CAN 总线的补充，并参照 ISO 8802-2，定义在总线闲置时的节电特性。

（6）ISO 11898-6-2013　ISO 11898-6-2013《道路车辆－控制器区域网络（CAN）第 6 部分：带选择性唤醒功能的高速媒介访问单元》是对 ISO 11898-2 和 ISO 11898-5 标准的补充，并参照 ISO 8802-2，定义了使用可配置的帧实现选择性唤醒总线的机制。

（7）ISO 16845-1-2016　ISO 16845-1-2016《道路车辆－控制器局域网（CAN）一致性测试计划第 1 部分：数据链路层和物理信令》规定了 CAN 总线数据链路层的一致性测试计划和 ISO 11898-1 标准化的物理信令，包括传统 CAN 总线协议和 CAN FD 总线协议。

（8）ISO 16845-2-2018　ISO 16845-2-2018《道路车辆－控制器区域网络（CAN）合格试验计划第 2 部分：高速媒介访问单元一致性测试计划》规定了高速媒介访问单元一致性测试计划。

2. CAN 总线国家标准

CAN 总线主要包括以下国家标准：

（1）GB/T 41588.1—2022　GB/T 41588.1—2022《道路车辆－控制器局域网（CAN）第 1 部分：数据链路层和物理信令》规定了一些用于建立 CAN 总线数据链路层模块间的数字信息交互的特性，控制器局域网是一种串行通信协议，支持分布式实时控制和多路复用，用于道路车辆和其他控制应用；规定了传统 CAN 和可变数据速率 CAN 帧格式，传统 CAN 帧格式的传输速率可达 1Mbit/s，每帧有效负载可达 8 字节，可变数据速率帧格式的传输速率高于 1Mbit/s，每帧有效负载超过 8 字节；根据 ISO/IEC 7498-1 开放系统互连的参考模型，从分层的角度描述了 CAN 总线的一般架构。

（2）GB/T 41588.2—2022　GB/T 41588.2—2022《道路车辆－控制器局域网（CAN）第 2 部分：高速媒介访问单元》规定了 CAN 控制器的高速物理介质连接（HS-PMA）应用于道路汽车的分布式实时控制和多路复用的串行通信协议。该国家标准适用于无低功耗模式功能的高速物理介质连接和具有低功耗模式功能的高速物理介质连接以及具有选择性唤醒高速物理介质连接。

(3) GB/T 41588.3—2022 GB/T 41588.3—2022《道路车辆－控制器局域网（CAN）第3部分：低速容错、媒介相关接口》规定了基于CAN总线的道路车辆电子控制单元之间数字信息的交互特性、低速CAN总线应用层的容错行为以及基于ISO/OSI层模型的媒介相关接口和物理媒介连接物理层。该国家标准适用于传输速率介于40～125kbit/s之间的CAN总线串行通信协议，支持分布式控制和多路复用。

(4) GB/T 41588.4—2022 GB/T 41588.4—2022《道路车辆－控制器局域网（CAN）第4部分：时间触发通信》规定了控制器局域网（CAN）中的时间触发通信协议，一种支持分布式实时控制和多路复用的串行通信协议。该国家标准适用于道路车辆中搭载CAN总线的电子控制单元之间建立时间触发的数字信息交互，并且规定了参照ISO 11898-1中逻辑链路及媒介访问控制实现的帧同步实体，用于提供时间触发通信调度表。

四、CAN总线的分层结构

CAN总线分为物理层、数据链路层和应用层，见表2-1。其中，物理层（PL）进一步划分为物理编码子层（PCS）、物理介质连接（PMA）和媒介专用接口（MDI），数据链路层（DLL）进一步划分为逻辑链路控制（LLC）子层和媒介访问控制（MAC）子层，应用层由用户自定义。CAN总线标准只规定了物理层和数据链路层，需要用户自定义应用层，不同的CAN总线标准仅物理层不同。因此，一般仅介绍CAN总线的物理层和数据链路层。

表 2-1 CAN总线的分层结构

应用层			用户自定义
数据链路层（DLL）	LLC	逻辑链路控制子层	接收过滤 过载通知 恢复管理
	MAC	媒介访问控制子层	数据封装 数据解封 帧编码（位填充、去填充） 媒介访问管理 错误标识 应答 序列化 去序列化
物理层（PL）	PCS	物理编码子层	位编码 位解码 同步
	PMA	物理介质连接	收发器特性
	MDI	媒介专用接口	插接件

OSI参考分层与CAN总线分层的对应关系如图2-3所示。

五、CAN总线的帧类型

CAN总线有五种类型的帧，分别是数据帧、远程帧、错误帧、过载帧和帧间隔。另外，数据帧和远程帧有标准格式和扩展格式两种格式，标准格式有11个位的标识符，扩展格式有29个位的标识符。各种帧的用途见表2-2。

图 2-3 OSI 参考分层与 CAN 总线分层的对应关系

表 2-2 各种帧的用途

帧名称	帧用途
数据帧	用于发送节点向接收节点传送数据的帧
远程帧	用于接收节点向具用相同 ID 的发送节点请求数据的帧
错误帧	用于当检测出错误时向其他节点通知错误的帧
过载帧	用于接收节点通知其尚未做好接收准备的帧
帧间隔	用于将数据帧及远程帧与前面的帧分离的帧

1. 数据帧

数据帧由帧起始（SOF）、仲裁段、控制段、数据段、CRC 段、ACK 段和帧结束组成，如图 2-4 所示。

图 2-4 数据帧的组成

（1）帧起始 帧起始表示数据帧开始的段。帧起始由 1 个显性位组成。总线空闲时（处于隐性状态），发送节点发送帧起始，其他接收节点同步于该帧起始位。

总线上的电平有显性电平和隐性电平两种。总线上执行逻辑上的线"与"时，显性电平的逻辑值为"0"，隐性电平为"1"。"显性"具有"优先"的意味，只要有一个节点输出显性电平，总线上为显性电平，并且"隐性"具有"包容"的意味，只有所有的节点都输出隐性电平，总线上才为隐性电平（显性电平比隐性电平更强）。

（2）仲裁段 仲裁段表示该帧优先级的段，根据仲裁段 ID 码长度的不同，分为标准帧（CAN 总线 2.0A）和扩展帧（CAN 总线 2.0B）。

仲裁段用于写明需要发送到目的 CAN 总线节点的地址、确定发送的帧类型（当前发送的是数据帧还是远程帧），并确定发送的帧格式是标准帧还是扩展帧。

仲裁段在标准格式帧和扩展格式帧中有所不同。标准格式帧的仲裁段由 11 位标识符和远程发送请求位（RTR）组成，扩展格式帧的仲裁段由 29 位标识符和 RTR 组成，如图 2-5 所示。RTR 位在数据帧中要保证数据帧优先级高于远程帧。在扩展格式中，替代远程请求位（SRR）是固定数值，SRR 位永远置 1，属于保证标准数据帧的优先级高于扩展数据帧。识别符扩展（IDE）位属于扩展格式的仲裁段，扩展格式的 IDE 位为隐性，保证标准远程帧的优先级高于扩展远程帧。

图 2-5　仲裁段的标准格式和扩展格式

CAN 控制器在发送数据的同时检测数据线的电平是否与发送数据对应电平相同，如果不同，则停止发送并做其他处理，CAN 控制器电平检测示意图如图 2-6 所示。

图 2-6　CAN 控制器电平检测示意图

假设节点 A、B 和 C 都发送相同格式、相同类型的帧，如标准格式数据帧，它们竞争总线的过程如图 2-7 所示。节点 A、B 和 C 的 SOF～第 6 节都是相同的；节点 B 的 ID 第 5 位是隐性，节点 A、C 的 ID 第 5 位为显性，总线电平为显性，节点 B 退出总线竞争；节点 C 的 ID 第 3 位是隐性，节点 A 的 ID 第 3 位是显性，总线电平为显性，节点 C 退出总线竞争。

图 2-7　节点竞争总线的过程

前 11 位 ID 相同的标准帧和扩展帧，标准帧优先级比扩展帧高，如图 2-8 所示。当发送 IDE 位时，由于线与的原理，总线上出现显性电平，节点 B 仲裁失败，进入只听模式；节点 A 获得总线优先权，继续发送剩余数据。

图 2-8 发送标准帧和扩展帧

CAN 总线标准帧的帧信息是 11 字节，包括帧描述符和帧数据两部分，见表 2-3。

表 2-3 CAN 总线标准帧的帧信息

字节		位							
		7	6	5	4	3	2	1	0
字节 1	帧信息	FF	RTR	X	X	DLC（数据长度）			
字节 2	帧 ID1	ID10～ID3							
字节 3	帧 ID2	ID2～ID0	X	X	X	X	X	X	X
字节 4	数据 1	数据 1							
字节 5	数据 2	数据 2							
字节 6	数据 3	数据 3							
字节 7	数据 4	数据 4							
字节 8	数据 5	数据 5							
字节 9	数据 6	数据 6							
字节 10	数据 7	数据 7							
字节 11	数据 8	数据 8							

前 3 字节为帧描述部分。字节 1 为帧信息，第 7 位（FF）表示帧格式，在标准帧中，FF=0，第 6 位（RTR）表示帧的类型，RTR=0 表示为数据帧，RTR=1 表示为远程帧；DLC 表示在数据帧时实际的数据长度。

标准数据帧的 ID 有 11 个位。从 ID10～ID0 依次发送。禁止高 7 位都为隐性（禁止设定：ID=1111111XXXX）。

字节 2～3 为报文（信息）识别码，其高 11 位有效。字节 4～11 为数据帧的实际数据，远程帧时无效。

CAN 总线扩展帧帧信息是 13 字节，包括帧描述符和帧数据两部分，见表 2-4。

表 2-4 CAN 总线扩展帧的帧信息

字节		位							
		7	6	5	4	3	2	1	0
字节 1	帧信息	FF	RTR	X	X	DLC（数据长度）			
字节 2	帧 ID1	ID28～ID21							
字节 3	帧 ID2	ID20～ID13							
字节 4	帧 ID3	ID12～ID5							

(续)

字节		位							
		7	6	5	4	3	2	1	0
字节 5	帧 ID4	ID4～ID0					X	X	X
字节 6	数据 1	数据 1							
字节 7	数据 2	数据 2							
字节 8	数据 3	数据 3							
字节 9	数据 4	数据 4							
字节 10	数据 5	数据 5							
字节 11	数据 6	数据 6							
字节 12	数据 7	数据 7							
字节 13	数据 8	数据 8							

前 5 字节为帧描述部分。字节 1 为帧信息，第 7 位（FF）表示帧格式，在扩展帧中，FF=1；第 6 位（RTR）表示帧的类型，RTR=0 表示为数据帧，RTR=1 表示为远程帧。DLC 表示在数据帧时实际的数据长度，即数据长度代码。

扩展格式的 ID 有 29 个位。基本 ID 为 ID28～ID18，扩展 ID 由 ID17～ID0 表示。基本 ID 和标准格式的 ID 相同。禁止高 7 位都为隐性（禁止设定：基本 ID=1111111XXXX）。

字节 2～5 为报文识别码，其高 28 位有效。字节 6～13 为数据帧的实际数据，远程帧时无效。

（3）控制段　控制段表示数据的字节数及保留位的段。控制段由 6 个位组成，包括数据长度代码和两个将来作为扩展用的保留位，标准格式和扩展格式的构成有所不同，如图 2-9 所示。标准帧的控制段由 IDE、保留位 r0 和数据长度代码 DLC 组成，扩展帧的控制段则由 IDE、r1、r0 和 DLC 组成。数据长度代码指示了数据段中的字节数量。数据长度代码为 4 个位，在控制段里被发送，数据帧长度允许的字节数为 0～8，其他数值为非法的。

图 2-9　控制段的标准格式和扩展格式

保留位（r0、r1）必须全部以显性电平发送，但接收方可以接收显性、隐性及其任意组合的电平。

数据长度代码与数据字节数的对应关系见表 2-5。D 表示显性电平，R 表示隐性电平。

表 2-5 数据长度代码与数据字节数的对应关系

数据字节数	数据长度代码			
	DLC3	DLC2	DLC1	DLC0
0	D	D	D	D
1	D	D	D	D
2	D	D	R	D
3	D	D	R	R
4	D	R	D	D
5	D	R	D	R
6	D	R	R	D
7	D	R	R	R
8	R	D	D	D

数据字节数必须为 0～8 字节，但接收方对 DLC=9～15 的情况并不视为错误。

（4）数据段　数据段由数据帧中的发送数据组成，它可以为 0～8 字节，每字节包含 8 位，首先发送最高有效位（MSB），依次发送至最低有效位（LSB）。最高有效位位于二进制数的最左侧，最低有效位位于二进制数的最右侧。标准数据段和扩展数据段格式相同，如图 2-10 所示。

图 2-10 标准数据段和扩展数据段格式

（5）CRC 段　CRC 段是检查帧传输错误的帧，由 15 个位的 CRC 序列和 1 个位的 CRC 界定符构成，如图 2-11 所示，标准 CRC 段和扩展 CRC 段格式相同。

图 2-11 标准 CRC 段和扩展 CRC 段格式

CRC 序列是根据多项式生成的 CRC 值，CRC 的计算范围包括 SOF、仲裁段、控制段、数据段。接收方以同样的算法计算 CRC 值并进行比较，不一致时会通报错误。

传统 CAN 总线的 CRC 校验码有 15 位，而 CAN FD 总线规范中对帧数据长度进行了扩展，对于数据长度不大于 16 字节的 CAN FD 帧，采用 17 位 CRC；对于数据长度大于 16 字节的 CAN FD 帧，采用 21 位 CRC。

CAN 总线中生成 CRC 的多项式为 $X^{15}+X^{14}+X^{10}+X^8+X^7+X^4+X^3+1$，该多项式作为分母；分子是原始数据后补 15 个 0，分子除以分母的余数为 CRC 校验码。CRC 校验码比分母少一位，余数不足的位用 0 补。

CAN FD 总线的 CRC-17 采用的多项式为 $X^{17}+X^{16}+X^{14}+X^{13}+X^{11}+X^6+X^4+X^3+X+1$，CAN FD 总线的 CRC-21 采用的多项式为 $X^{21}+X^{20}+X^{13}+X^{11}+X^7+X^4+X^3+1$。

例如：原始数据为 10110011，多项式生成除数序列为 11001；原始数据补零 101100110000（除数为五位，所以补 4 个 0）；101100110000 除以 11001=0100，余数为 0，即校验码为 0000。

原始数据+CRC 校验码发送给接收端，即该序列除以多项式生成的除数得到余数为 0；接收端用收到的数据除以多项式生成的除数，若余数为 0，则数据正确，否则数据出错。

（6）ACK 段 ACK 段用来确认是否正常接收。由 ACK 槽和 ACK 界定符两个位构成，如图 2-12 所示。

图 2-12 ACK 段

发送节点在 ACK 段发送两个位的隐性位。当接收器正确地接收到有效的报文时，接收器就会在应答间隙期间（发送 ACK 信号）向发送器发送一个显性位以示应答，通知发送节点正常接收结束，这称为"发送 ACK"或者"返回 ACK"。

发送 ACK/ 返回 ACK 是在既不处于总线关闭态也不处于休眠态的所有接收节点中，接收到正常消息的节点（发送单元不发送 ACK）。所谓正常消息是指不含填充错误、格式错误、CRC 错误的消息。

（7）帧结束 EOF 表示数据帧结束的段。帧结束是由每一个数据帧和远程帧的标志序列界定的，这个标志序列由 7 个隐性位组成，如图 2-13 所示。

图 2-13 帧结束

2. 远程帧

远程帧是接收单元向发送单元请求发送数据所用的帧，远程帧由 SOF、仲裁段、控制段、CRC 段、ACK 段和 EOF 6 个段组成，远程帧没有数据段，如图 2-14 所示。

图 2-14 远程帧

（1）SOF 表示帧开始的段。
（2）仲裁段 表示该帧优先级的段，可请求具有相同 ID 的数据帧。
（3）控制段 表示数据的字节数及保留位的段。
（4）CRC 段 表示检查帧的传输错误的段。

(5) ACK 段　表示确认正常接收的段。
(6) EOF　表示远程帧结束的段。

远程帧没有数据帧的数据段；远程帧 RTR 位是隐性，RTR 位的极性表示了所发送的帧是数据帧（RTR 位"显性"）还是远程帧（RTR 位"隐性"）。所以，没有数据段的数据帧和远程帧可通过 RTR 位区别。

数据帧和远程帧的比较见表 2-6。

表 2-6　数据帧和远程帧的比较

比较内容	数据帧	远程帧
ID	发送节点的 ID	被请求发送节点的 ID
SRR	0（显性电平）	1（隐性电平）
RTR	0（显性电平）	1（隐性电平）
DLC	发送数据长度	请求的数据长度
是否有数据段	是	否
CRC 校验范围	帧起始 + 仲裁段 + 控制段 + 数据段	帧起始 + 仲裁段 + 控制段

3. 错误帧

错误帧由错误标志和错误界定符组成，如图 2-15 所示。接收节点发现总线上的报文有错误时，将自动发出活动错误标志，它是 6 个连续的显性位。其他节点检测到活动错误标志后发送错误认可标志，由 6 个连续的隐性位组成。由于各个接收节点发现错误的时间可能不同，所以总线上实际的错误标志可能由 6～12 个显性位组成。错误界定符由 8 个位的隐性位构成。当错误标志发生后，每一个 CAN 总线节点监视总线，直至检测到一个显性电平的跳变。此时表示所有的节点已经完成了错误标志的发送，并开始发送 8 个隐性电平的界定符。

图 2-15　错误帧

错误标志包括主动错误标志和被动错误标志两种。主动错误标志是指处于主动错误状态的单元检测出错误时输出的错误标志，6 个位的显性位；被动错误标志是指处于被动错误状态的单元检测出错误时输出的错误标志，6 个位的隐性位。

为防止自身由于某些原因导致无法正常接收的节点一直发送错误帧，干扰其他节点通信，CAN 总线规定了节点的三种状态及其行为，如图 2-16 所示。

错误帧共有 5 种，即位错误、填充错误、CRC 错误、格式错误和 ACK 错误，多种错误可能同时发生。

错误的种类、错误的内容、错误的检测帧和检测节点见表 2-7。

- REC：接收错误计数器
- TEC：发送错误计数器

复位时两者都被清0

图 2-16　节点所处状态转换

表 2-7　错误的比较

错误的种类	错误的内容	错误的检测帧	检测节点
位错误	比较输出电平和总线电平（不含填充位），当两电平不一样时所检测到的错误	数据帧（SOF～EOF） 远程帧（SOF～EOF） 错误帧 过载帧	发送节点 接收节点
填充错误	在需要位填充的段内，连续检测到 6 位相同的电平时所检测到的错误	数据帧（SOF～CRC 顺序） 远程帧（SOF～CRC 顺序）	发送节点 接收节点
CRC 错误	从接收到的数据计算出的 CRC 结果与接收到的 CRC 顺序不同时所检测到的错误	数据帧（CRC 顺序） 远程帧（CRC 顺序）	接收节点
格式错误	检测出与固定格式的位段相反的格式时所检测到的结果	数据帧（CRC 界定符、ACK 界定符、EOF） 远程帧（CRC 界定符、ACK 界定符、EOF） 错误界定符 过载界定符	接收节点
ACK 错误	发送单元在 ACK 槽中检测出隐性电平时所检测到的错误（ACK 没被传送过来时所检测到的错误）	数据帧（ACK 槽） 远程帧（ACK 槽）	发送节点

位错误具有以下特性：

1）位错误由向总线上输出数据帧、远程帧、错误帧、过载帧的单元和输出 ACK 的单元、输出错误的单元来检测。

2）在仲裁段输出隐性电平，但检测出显性电平时，将被视为仲裁失利，而不是位错误。

3）在仲裁段作为填充位输出隐性电平时，但检测出显性电平时，将不视为位错误，而是填充错误。

4）发送单元在 ACK 段输出隐性电平，但检测到显性电平时，将被判断为其他单元的 ACK 应答，而非位错误。

5）输出被动错误标志（6 个位隐性位）但检测出显性电平时，将遵从错误标志的结束条件，等待检测出连续相同 6 个位的值（显性或隐性），并不视为位错误。

格式错误具有以下特性：

1）即使接收单元检测出 EOF（7 个位的隐性位）的最后一位（第 8 个位）为显性电平，也不视为格式错误。

2）即使接收单元检测出数据长度代码中 9～15 的值时，也不视为格式错误。

发送单元发送完错误帧后，将再次发送数据帧或远程帧，错误标志输出时序见表 2-8。

表 2-8　错误标志输出时序

错误的种类	输出时序
位错误	从检测出错误后的下一位开始输出错误标志
填充错误	
格式错误	
ACK 错误	
CRC 错误	ACK 界定符后的下一位开始输出错误标志

4. 过载帧

过载帧是用于接收节点通知其尚未完成接收准备的帧，过载帧由过载标志和过载界定符构成，如图 2-17 所示。

图 2-17　过载帧

过载标志由 6 个位的显性位组成，过载标志的构成与主动错误标志的构成相同。过载标志其形式破坏了间歇场的固定格式，结果使其他所有节点也检测到了一个出错状态，就都各自送出一个超载标志。

由于存在多个节点同时过载且过载帧发送有时间差问题，可能出现过载标志叠加后超过 6 个位的现象。

过载界定符由 8 个位的隐性位组成，过载界定符的构成与错误界定符的构成相同。过载标志发送完毕后，每个节点都对总线进行监测，直到检测到一个隐性位为止。此时，每个节点均已发送完各自的过载标志，接着所有节点还要同时开始发送 7 个隐性位，配齐长达 8 位的过载界定符。

5. 帧间隔

帧间隔是用于分隔数据帧和远程帧的帧。数据帧和远程帧可通过插入帧间隔将本帧与前面的任何帧（数据帧、远程帧、错误帧、过载帧）分开，过载帧和错误帧前不能插入帧间隔。

帧间隔由间隔段、延迟传送段和总线空闲段组成，如图 2-18 所示。

图 2-18　帧间隔

（1）间隔段　间隔段由3个隐性位构成。在间隔段，不允许任何节点发送数据帧或远程帧，唯一可以执行的操作是通报超载状态。

（2）延迟传送段　处于错误认可状态的节点完成其发送动作后，在被允许发送下一帧以前，它要在间歇之后送出8个隐性位。如果间隔期间执行了（由另一个节点引起的）发送动作，此节点将会变成正被发送的帧的接收器。

（3）总线空闲段　总线空闲段时间长短不限。总线一经确认处于空闲状态，则任何节点都可以访问总线来传送信息。因另一帧正在传送，而延期发送的帧是从间歇之后的第一位开始送出的。通过对总线进行检测，出现在总线空闲期间的显性位将被认为是帧起始。

单元2　CAN总线的基本组成与工作原理

汽车总线通信是指汽车电子控制系统中不同电子控制单元之间通过一种通信协议进行数据交换的技术，其原理是使用特定的通信协议和总线控制器，将不同控制单元中的数据通过总线传输，以实现各电子控制单元之间的互联互通和数据共享。汽车CAN总线通信就是不同电子控制单元之间通过一种CAN通信协议进行数据交换。

一、CAN总线的基本组成

汽车CAN总线主要由CAN控制器、CAN收发器、数据传输线和数据传输终端等组成，如图2-19所示。发动机电子控制单元和自动变速器电子控制单元通过CAN总线连接，CAN控制器和CAN收发器均集中在节点电子控制单元中，它们又称为CAN总线网络节点。

图2-19　汽车CAN总线

1. CAN控制器

CAN控制器用于接收电子控制单元中微处理器传来的数据，对这些数据进行处理并将其传往CAN收发器。同样CAN控制器也接收CAN收发器传来的数据，对这些数据进行处理并将其传往电子控制单元中的微处理器。

图2-20所示为CAN控制器的工作原理图，CAN总线核心模块根据CAN总线规范将串行位流与用于收发的并行数据进行转换（收是串行转并行，发是并行转串行）；验收滤波器过滤掉无须接收的报文；接收FIFO用于存储从CAN总线上接收的所有报文；接口

管理逻辑寻址 CAN 控制器中各功能模块的寄存器单元，向主控制器提供中断信息和状态信息；发送缓冲器用于存储一个完整的报文。

图 2-20　CAN 控制器的工作原理图

FIFO 是一种先进先出的数据缓存器，它与普通存储器的区别是没有外部读写地址线，这样使用起来非常简单，但缺点就是只能顺序写入数据，顺序读出数据，其数据地址由内部读写指针自动加 1 完成，不能像普通存储器那样可以由地址线决定读取或写入某个指定的地址。FIFO 存储器是系统的缓冲环节，如果没有 FIFO 存储器，整个系统就不可能正常工作。

汽车车载网络 CAN 控制器通常有以下两种类型：

（1）独立型车载网络 CAN 控制器　独立型车载网络 CAN 控制器具有相对独立性，使用起来十分灵活，一般以单片集成电路的方式出现。

（2）组合型车载网络 CAN 控制器　组合型车载网络 CAN 控制器与微处理器组合在一起，形成一个具有 CAN 控制功能接口的微处理器控制组件，使用组合型车载网络 CAN 控制器，可以使电路得到简化和变得紧凑，效率也可得到相应提高。

图 2-21 所示为组合型车载网络 CAN 控制器电路图，80C51 为一块单片微处理器，SJA1000 为 CAN 控制器，PCA2C250 为数据发送器，CAN 控制器通过相关端子与单片微处理器进行连接，受微处理器 80C51 的控制进行数据的读（RD）或写（WR）。

图 2-21　组合型车载网络 CAN 控制器电路图

2. CAN 收发器

车载网络 CAN 收发器是一种将 CAN 数据发送器与数据接收器组合在一起的单片集成电路。CAN 收发器的作用是将 CAN 控制器传来的数据转化为电信号并将其送入数据传输线；同时，它也接收总线数据，并将数据传送给 CAN 控制器。

车载网络 CAN 收发器也分为独立型和组合型两大类。独立型应用灵活，可以与多种 CAN 控制器进行连接使用，应用广泛；组合型与 CAN 控制器组合在一起，形成一个具有 CAN 收发功能的 CAN 控制器组件。

比较常见的 CAN 收发器主要是恩智浦半导体公司（NXP）生成的系列产品，其中，PCA82C250 和 PCA82C251 是属于 NXP 第一代 CAN 总线物理层收发器；TJA1040、TJA1041 和 TJA1050 是属于 NXP 第二代 CAN 总线物理层收发器；TJA1042、TJA1043、TJA1048 和 TJA1051 是属于 NXP 第三代 CAN 总线物理层收发器；TJA1044 和 TJA1057 是针对新能源车市场新推出用于替换 TJA1042 和 TJA1051 的，更适合于 12V 蓄电池供电系统。

TJA1051 和 TJA1057 是基本的 CAN 总线物理层收发器，TJA1044 和 TJA1042 是在基本 CAN 总线收发器基础上多带待机模式的 CAN 总线物理层收发器，TJA1043 是在 CAN 总线待机模式基础上多带睡眠模式的 CAN 总线物理层收发器。待机模式可以配合微控制单元（MCU）做 CAN 收发器的低功耗（CAN 总线物理层收发器为 50～90μA 级别功耗，微控制单元不断电），睡眠模式可以配合带使能端子低压降稳压器做到更低功耗（CAN 总线物理层收发器为 50～90μA 级别功耗，微控制单元断电）。TJA1055 是低速容错 CAN 收发器，TJA1042、TJA1044、TJA1051、TJA1052、TJA1057 都是高速 CAN 收发器。这里的低速、高速 CAN 总线是针对 CAN 收发器而言，而非主机厂通常描述的高速 CAN 总线网络、低速 CAN 总线网络。

图 2-22 所示为低速容错 CAN 收发器电路图，L 为共模电感，滤除差分线上的共模干扰；VZ_1、VZ_2 为瞬态抑制二极管，起防静电（ESD）/过电压保护作用。

图 2-22 低速容错 CAN 收发器电路图

图 2-23 所示为高速 CAN 收发器电路图，C_1、C_2 为滤波电容，提供低阻抗回路；$R_2+R_3+C_3$ 形成低通滤波器（低频通过，高频被电容导入地），使 CAN 差分信号快速进入隐性，减少振铃现象。

3. 数据传输线

数据传输线（也称为 BUS 线）是双向对数据进行传输的，两条传输线分别被称为 CAN_H 线和 CAN_L 线。为了防止外界电磁波的干扰和向外辐射，CAN 总线将两条线缠绕在一起。这两条线的电位相反，如果一条是 5V，另一条就是 0V，始终保持电压总和是一个常数。通过这种方法，CAN 总线得到了保护，使其免受外界的电磁场干扰。

图 2-23 高速 CAN 收发器电路图

4. 数据传输终端

数据传输终端是一个电阻，防止数据传送终了反射回来，产生的反射波而使数据遭到破坏，影响到 CAN 总线网络数据的传输。所以在 CAN 总线设计安装了终端电阻，如图 2-24 所示。电子控制单元本身没有 120Ω 电阻，需在 CAN 总线网络首尾端分别安装两个 120Ω 电阻并联。有的 CAN 总线首尾的控制单元内部本身就设计了电阻，这时就不需要再单独安装终端电阻。

图 2-24 数据传输终端

二、CAN 总线的工作原理

为了易于说明 CAN 总线的工作原理，假设网络中只有一条 CAN 总线和三个控制单元，如图 2-25 所示。

图 2-25 只有一条 CAN 总线的网络

想要交换的数据称为信息，每个控制单元均可发送和接收信息。信息包含在重要的物理量中，如发动机转速，这时发动机转速是以二进制值（一系列 0 和 1）来表示，如发动机转速为 1800r/min 时，用二进制可表示为 00010101。

在发送过程中，二进制值先被转换成连续的比特流（一种内容分发协议），该比特流通过 TX 线（发送线）到达收发器（放大器），收发器将比特流转化成相应的电压值，最后这些电压值按时间顺序依次被传送到 CAN 总线的导线上。

在接收过程中，这些电压值经收发器又转换成比特流，再经 RX 线（接收线）传至控制单元，控制单元将这些二进制连续值转换成信息，如 00010101，此二进制值又被转换成 1800r/min 的发动机转速。

每个控制单元均可接收发送出的信息，称为广播原理，这种广播方式可以使连接的所有控制单元总是处于相同的信息状态。

CAN 总线上的信息传输如图 2-26 所示。在一个控制单元中，信息以数字信号的形式进行处理和存储；在控制单元之间，总线上的信息以数字信号形式进行传输。

图 2-26　CAN 总线上的信息传输

CAN 总线上的信息是按时间顺序的电信号进行传输，在电气总线系统中采用电平值来定义数字信号"1"和"0"，即输出的信号是 0 和 1，如图 2-27 所示。

1. 数据传输元件

数据传输的功能元件包括 K-线、控制单元、CAN 构件和收发器，如图 2-28 所示。

（1）K-线　用于在自诊断时连接诊断检测仪的线。

（2）控制单元　用于接收来自传感器的信号，将其处理后再发送到执行元件上。控制单元中的微控制器带有输入存储器和输出存储器。控制单元接收到的传感器值（如发动机温度或转速等）会被定期查询并按顺序存入输入存储器。微控制器按事先规定好的程序来处理输入值，处理后的结果存入相应的输出存储器内，然后到达各个执行元件。为了能够处理 CAN 总线信息，各控制单元内还有一个带有时间换算的 CAN 总线存储区，用于容纳接收到和要发送的信息。

图 2-27　CAN 总线的输出信号

（3）CAN 构件　用于数据交换，它分为两个区，一个是接收区，另一个是发送区。CAN 构件通过接收邮箱或发送邮箱与控制单元相连，该构件一般集成在控制单元的微控制器芯片内。

图 2-28　数据传输的功能元件

（4）收发器　是一个发送-接收放大器，它把 CAN 构件连续的比特流（逻辑电平）转换成电压值（线路传输电平），或反之。这个电压值适合铜导线上的数据传输。收发器通过 TX 线或 RX 线与 CAN 构件相连。RX 线通过一个放大器直接与 CAN 总线相连，一直监听总线信号。

3 个收发器接到一根总线导线上，如图 2-29 所示，收发器 A 和收发器 B 的开关未接合，表示无源，总线电平为 1；收发器 A 的开关已接合，表示有源，总电平为 0。

3 个收发器接到一根总线导线上可以得出多种开关状态，收发器开关状态与总线导线输出的关系见表 2-9。

图 2-29　3 个收发器接到一根总线导线上

表2-9 收发器开关状态与总线导线输出的关系

收发器 A	收发器 B	收发器 C	总线导线输出
1	1	1	1（5V）
1	1	0	0（0V）
1	0	1	0（0V）
1	0	0	0（0V）
0	1	1	0（0V）
0	1	0	0（0V）
0	0	1	0（0V）
0	0	0	0（0V）

如果某一开关已接合，电阻上就有电流流过，于是总线导线上的电压就为0。如果所有开关均未接合，那么就没有电流流过，电阻上就没有压降，于是总线导线上的电压就为5V。

如果总线处于状态1（无源），则此状态可以由某一个控制单元使用状态0（有源）来改写。将无源的总线电平称为隐性的，有源的总线电平称为显性的。

2. 数据传输过程

以发动机转速接收、传输和在仪表上显示过程为例，从接收到在仪表上显示一个完整信息交换过程，可以看到数据传输的时间顺序以及CAN构件与电子控制单元之间的配合关系。数据发送主要经过以下过程：

（1）信息格式转换与请求发送信息　例如，发动机电子控制系统的曲轴转速传感器检测到转速信号，该信号以固定的周期（循环往复地）到达发动机电子控制单元的输入存储器。由于瞬时转速信号还用于其他电子控制单元，如组合仪表等，所以该信号需要通过CAN总线传输。于是转速信号被送到发动机电子控制单元的发送存储器内，然后从发送存储器进入CAN构件的发送邮箱内。若发送邮箱内有一个实时值，则该值由发送特征位显示出来，将发送任务委托给CAN构件。发动机控制单元就完成了此过程中的任务。

发动机信息按协议被转换成CAN总线的数据格式。CAN总线数据格式含有11位"标识"、0~8位"信息内容"、16位"CRC"和2位"应答场"，如图2-30所示。

图2-30 CAN总线数据格式

标识＝发动机_1（转速），信息内容＝转速值。发动机信息也可包括其他值，如怠速和转矩等。

（2）发送开始（总线空闲判断）　当发送邮箱内有一个实时值，表明发动机控制单元准备向外发送信息，CAN构件通过RX线来检查总线是否有源（是否正在交换别的信息），必要时会等待，直至总线空闲下来为止。某一时间段内的总线电平一直为1（无源），表示总线空闲，如图2-31所示。

图2-31　总线空闲判断

（3）发送信息　如果总线空闲，则预先存在发送存储器中的发动机转速信息就会被发送出去。信息发送过程如图2-32所示。

图2-32　信息发送过程

（4）信息接收　信息接收过程分两步，如图2-33所示。

第一步：检查信息是否正确（在监控层）。

连接的所有装置都接收发动机控制单元发送的信息，该信息通过RX线到达CAN构件各自的接收区。

接收器接收发动机的所有信息，并且在相应的监控层检查这些信息是否正确。这样就可以识别出只在某种情况下某一控制单元上出现的局部故障。

图 2-33　信息接收过程

所有连接的装置都接收发动机控制单元发送的信息，可以通过监控层内的循环冗余校验码（CRC）校验校验和数来确定是否有传输错误。在发送每个信息时，所有数据位会产生并传输一个 16 位的校验和数。接收器按同样的规则从所有已经接收到的数据位中计算出校验和数。随后接收到的校验和数与计算出的校验和数进行比较。如果确定无传输错误，则连接的所有装置会给发射器一个确认信息（ACK），它位于校验和数后，如图 2-34 所示。

经监控层确认后的正确信息到达 CAN 构件的接收层，如图 2-35 所示。

图 2-34　确认位（应答场）

图 2-35　监控层的工作原理图（所有电子控制单元）

第二步：检查信息是否可用（在接收层）。

接收到的正确信息会到达相关 CAN-构件的接收层。在此决定该信息是否用于完成各控制单元的功能。如果不是，该信息就被拒收。如果是，该信息就会进入相应的接收邮箱。如组合仪表工作过程需要发动机转速信号，发动机转速信号通过组合仪表的接收层检查，到达组合仪表的接收邮箱，并升起"接收旗"，以通知电子控制单元，如图 2-36 所示。

组合仪表根据升起的"接收旗"判断目前有一个信息（如发动机转速）在排队等待处理，组合仪表调出该信息，并将相应的值复制到它的输入存储器内。至此，通过 CAN 构件发送和接收信息的过程结束。

在组合仪表内，发动机转速经微控制器处理后到达执行元件并最后到达转速表。该信息交换过程按设定好的循环时间（如每10ms）在持续地重复进行。

3. 多个控制单元同时发送信息

如果多个控制单元同时发送信息，数据总线上就必然会发生数据冲突，为了避免发生这种情况，CAN总线应采用以下措施：

1）每个控制单元在发送信息时通过发送标识符来识别。

2）所有的控制单元都是通过各自的RX线来跟踪总线上的信息，并获知总线的状态。

图 2-36 接收层工作原理图
（组合仪表电子控制单元）

3）每个发射器将TX线和RX线的状态一位一位地进行比较，它们可以不一致。

4）用标识符中位于前部的"0"的个数就可调整信息的重要程度，从而就可保证按重要程度的顺序来发送信息。标识符中的号码越小，表示该信息越重要，这种方法称为仲裁。

假如有3个电子控制单元，即发动机电子控制单元、ABS电子控制单元和组合仪表电子控制单元，同时向外发送信息，其中，发动机电子控制单元向外发送信息为10101010，ABS电子控制单元向外发送信息为10101011，组合仪表电子控制单元向外发送信息为10111111。

3个电子控制单元向外发送信息的第1位、第2位和第3位都相同，此时不存在冲突，但3个电子控制单元向外发送第4个信息时，若组合仪表电子控制单元的第4位是1，其他两个电子控制单元的第4位为0，则此时总线的状态为0。对于组合仪表电子控制单元，向外发送1（TX状态1），但接收到0（RX状态0），根据仲裁原则，组合仪表电子控制单元停止发送信息，转为接收状态，该信息等待下一次发送周期，再次请求发送。

同理，发动机电子控制单元和ABS电子控制单元继续向外发送信息的第5位、第6位、第7位（101），且这三位的信息相同，不存在冲突。发送第8位时，发动机电子控制单元的第8位为0，而ABS电子控制单元的第8位为1，则此时总线的状态为0。对于ABS电子控制单元，向外发送1（TX状态1），但接收到0（RX状态0），根据仲裁原则，ABS电子控制单元停止发送信息，转为接收状态，该信息等待下一次发送周期，再次请求发送。

因此，发动机电子控制单元接管数据总线控制权，继续发送剩余的信息，最终数据总线的信息与发动机电子控制单元向外发送的信息相同，如图2-37所示。

4. 数据传输的安全性

为了保证数据的安全性，CAN系统具有很强的内部故障管理功能。内部故障管理功能可以识别出可能出现的数据传输故障，从而采取相应的措施。

无法识别故障的概率，也就是所谓的剩余误差概率小于10^{-12}，这个概率值相当于每辆车在使用寿命内出现4次数据传输故障。

由于广播的特点（一个发射，其他所有的接收并使用），任何一个网络使用者如果发现一个传输故障，那么其他所有的网络使用者都会立即收到一个信息通知，这个通知称为"错误帧"。于是所有网络使用者就会拒收当前的信息。随后该信息会自动再发送一次，这样的过程其实是完全正常的，其原因可能是由于汽车上电压波动较大，如汽车在起动时或有来自外部较强的干扰。

图 2-37　多个信息发送过程

由于不断识别出故障，因此自动重新发送过程就越来越多，为此每个网络使用者都配有一个内部故障计数器，它可以累计识别出故障，在成功完成重新发送过程后计数器再递减计数，如图 2-38 所示。

图 2-38　内部故障计数器

内部故障计数器只负责内部的故障管理，无法读出其中的内容。当超过某一规定的界限值（相当于最多 32 次重新发送过程）时，相应的控制单元会得到通知并被 CAN 总线关闭。

两次总线关闭（Bus-OFF）状态后（在此期间无通信），故障存储器就会记录一条故障。经过一段固定的等待时间（约 0.2s）后，控制单元会自动再接到总线上。

信息传输一般是按规定的循环时间来进行的，这样才能保证及时地传输相应的信息。如果出现延迟，也就是说，至少有 10 条信息未收到，那么时间监控功能（信息超时）就会启动。于是正在接收的控制单元故障存储器内也记录一个故障，这是故障管理中的第二套机构。由此产生以下故障信息，这些信息用于售后服务故障诊断：

1）数据总线损坏。相应的控制单元有严重故障，该控制单元至少两次与总线断开。

2）无相关控制单元信息或无法与相关控制单元取得联系。无法及时接收到信息，时间监控启动。

单元 3　CAN 总线物理层

CAN 总线物理层（PL）的主要作用是将 CAN 总线节点连接到总线上，节点数量受总线的电气负载和 CAN 总线数据链路层协议限定。物理层把各种信息转换成物理信号，并将这些信号传输到其他目标设备。CAN 总线物理层是连接电子控制单元和总线的电路，分为物理媒介相关接口（MDI）、物理媒介连接（PMA）和物理编码子层（PCS）。

一、物理层服务

物理层服务允许本地媒介访问控制子层和同级媒介访问控制子层实体间交换位信息。物理层应向媒介访问控制子层提供以下服务原语：

——PCS_Data.Request

——PCS_Data.Indicate

对于支持 CAN FD 总线的实现中，还有另外两种可选的服务原语：

——PCS_Status.Transmitter

——PCS_Status.Receiver

1）PCS_Data.Request。PCS_Data.Request 服务原语用于媒介访问控制子层向物理层请求发送一个显性位或隐性位。

2）PCS_Data.Indicate。PCS_Data.Indicate 服务原语用于物理层向媒介访问控制子层通知一个显性位或者隐性位的到来。

3）PCS_Status.Transmitter。PCS_Status.Transmitter 服务原语用于媒介访问控制子层向物理层通知，媒介访问控制子层向物理层发送 CAN FD 帧的数据段。

4）PCS_Status.Receiver。PCS_Status.Receiver 服务原语用于媒介访问控制子层向物理层通知，媒介访问控制子层接收到 CAN FD 帧的数据段。

二、物理媒介相关接口

1. 物理媒介

CAN 总线使用的物理媒介主要是双绞线或平行线，双绞线如图 2-39 所示。单根总线被表示为 CAN_H 和 CAN_L。CAN_H 是高位数据线，有主副颜色，CAN_H 的显性状态电压比隐性状态的电压高；CAN_L 是低位数据线，就一种颜色，CAN_L 的显性状态电压比隐性状态的电压低。

与平行线相比，双绞线不仅可以降低自身对外界的干扰，同时可以消除与外界干扰源的电容耦合和感应耦合，如图 2-40 所示，因此 CAN 总线通信中经常使用双绞线进行数据传输。

（1）节点总线连接　CAN_H 和 CAN_L 两条线束分别连接到节点上，如图 2-41 所示。

单总线节点的终端连接电路图如图 2-42 所示。RTL 和 RTH 是与终端电阻连接的端点，每条线束的总终端电阻应大于或等于 100Ω，终端电阻是可选的，一般取 120Ω。

图 2-39　物理媒介（双绞线）　　　　　图 2-40　双绞线抗干扰

a）消除电容耦合　b）消除电感耦合　c）消除对外界的干扰

图 2-41　CAN_H 和 CAN_L 两条线束与节点的连接　　　图 2-42　单总线节点的终端连接电路图

（2）工作电容　工作电容是由网络拓扑和物理介质决定的总线和一个或多个可见的节点插接器之间的总电容。

针对网络线束长度的工作电容如图 2-43 所示。图中，C' 为以米为单位的总线与地之间的电容；C'_{12} 为以米为单位的两个线束之间的电容。

工作电容为

$$C_{op} = l(C' + 2C'_{12}) + nC_{node} + kC_{plug} \tag{2-1}$$

式中，C_{op} 是工作电容；C_{node} 是总线侧可见的连接到总线的节点电容；C_{plug} 是接入一个插接器的电容；l 是网络线缆的总长度；n 是节点的数量；k 是插接件的数量。

2. 物理信令

物理位分为隐性状态和显性状态，总线呈现两种逻辑状态隐性和显性中的一种，如图 2-44 所示。

图 2-43　针对网络线束长度的工作电容

图 2-44　物理位表现形式

差分电压为

$$U_{\text{diff}} = U_{\text{CAN\_H}} - U_{\text{CAN\_L}} \qquad (2\text{-}2)$$

式中，U_{diff} 是工作电压；$U_{\text{CAN\_H}}$ 是 CAN_H 线的电压；$U_{\text{CAN\_L}}$ 是 CAN_L 线的电压。

隐性状态下，当 CAN_L 线的电压被设定高于 CAN_H 线的电压时，会导致负的差分电压。隐性状态在总线空闲或隐性位时进行传输。

显性状态的差分电压为正，这意味着 CAN_H 线被主动固定在高电压，CAN_L 线被主动固定在低电压。显性状态覆盖隐性状态，并在显性位进行传输。

3. 电气特性

（1）电子控制单元电气边界电压　12V 系统和 42V 系统中数据线的额定电压值见表 2-10。

表 2-10　12V 系统和 42V 系统中数据线的额定电压值

系统	符号	电压值 /V	
		最小值	最大值
12V 系统	$U_{\text{CAN\_L}}$	−27	40
	$U_{\text{CAN\_H}}$	−27	40
42V 系统	$U_{\text{CAN\_L}}$	−58	58
	$U_{\text{CAN\_H}}$	−58	58

共模总线电压为

$$U_{\text{COM}} = \frac{U_{\text{CAN\_H}} + U_{\text{CAN\_L}}}{2} \qquad (2\text{-}3)$$

正常工作模式下的共模电压必须保证在表 2-11 设定的等级范围内。

表 2-11　正常工作模式下的共模电压

参数	符号	电压值 /V		
		最小值	标称值	最大值
共模电压	U_{COM}	−1	2.5	6

（2）物理信令的电压参数　连接到终端网络的电子控制单元隐性状态的电压参数见表2-12。

表2-12　连接到终端网络的电子控制单元隐性状态的电压参数

参数	符号	电压值/V 最小值	标称值	最大值
总线电压	U_{CAN_L}	$U_{CC}-0.3$	—	—
	U_{CAN_H}	—	—	0.3
总线差分电压	U_{diff}	$-U_{CC}$	—	$-U_{CC}+0.6$

注：U_{CC} 为正常5V电压。

连接到终端网络的电子控制单元显性状态的电压参数见表2-13。

表2-13　连接到终端网络的电子控制单元显性状态的电压参数

参数	符号	电压值/V 最小值	标称值	最大值
总线电压	U_{CAN_L}	—	—	1.4
	U_{CAN_H}	$U_{CC}-1.4$	—	—
总线差分电压	U_{diff}	$U_{CC}-2.8$	—	U_{CC}

连接到终端网络的电子控制单元低功耗状态的电压参数见表2-14。

表2-14　连接到终端网络的电子控制单元低功耗状态的电压参数

参数	符号	电压值/V 最小值	标称值	最大值
总线电压	U_{CAN_L}	5	—	—
	U_{CAN_H}	—	—	1

（3）收发器的电压参数　在正常模式和故障模式下显性、隐性和故障检测下的电压参数见表2-15。

表2-15　在正常模式和故障模式下显性、隐性和故障检测下的电压参数

参数	符号	电压值/V 最小值	标称值	最大值
单终端总线收发器	$U_{thCAN\_L\_N}$	2.5	—	3.9
	$U_{thCAN\_H\_N}$	1.5	—	2.3
差分电压收发器	U_{thDiff_N}	−3.9	—	−2.5
检测到CAN_L短路到电源	$U_{thLxBAT\_N}$	6.5	—	8
检测到CAN_H短路到电源	$U_{thHxBAT\_N}$	6.5	—	8

低功耗模式下唤醒和故障检测的参数见表 2-16。

表 2-16　低功耗模式下唤醒和故障检测的参数

参数	符号	电压值 /V		
^	^	最小值	标称值	最大值
唤醒的电压阈值	$U_{th(wake)L}$	2.5	3.2	3.9
^	$U_{th(wake)H}$	1.1	1.8	2.5
唤醒的差分电压阈值	$U_{th(wake)}$	0.8	1.4	—

4. 网络规范

（1）CAN 总线网络拓扑　单个 CAN 总线节点主要通过总线拓扑（图 2-45）或者星形拓扑（图 2-46）的方式连接到通信网络。

图 2-45　总线拓扑的结构

图 2-46　星形拓扑的结构

为了实现容错机制，任何连接方式都需要满足以下要求：
1）整个网络终端电阻应大约为 100Ω，但不能小于 100Ω。
2）最大的可能参与节点数量不应小于 20（在速率为 125kbit/s 和整个网络长度 40m 情况下）。实际节点的数量会随着通信速率、容性网络负载、整体 CAN 总线线长、网络终端形式等发生变化。
3）为提供最大 125kbit/s 的通信速率，整个网络长度不应超过 40m，然而，通过降低实际通信速率的方式来增加整个网络的长度也是可行的。

对于星形节点的配置，需要满足以下额外的限制条件：
1）单独节点连接到一个或多个无源星形节点上，需要通过正常总线结构连接。
2）一些连接线（从星形插接器到节点）可能扩展到数米，不推荐用短接线。
3）整个网络的长度（所有星形连接线的长度加起来）和节点到节点之间的最大距离会影响网络通信。

（2）网络终端　隐性总线电平是通过总线终端维持的，显性总线电平会主动覆盖隐性总线状态。显性到隐性电平的转换也是通过终端电阻实现的，然而没有特定的终端网络或电路。此外，大部分参与通信的节点连接了终端电阻。

网络终端主要有正常模式终端和低功耗模式终端。实际的总线终端取决于收发器所处的故障模式。在任何一种模式（正常模式或低功耗模式）下，用 CAN_H 线短接到地（用一个下拉电阻）来表征隐性状态。在正常模式下，通过上拉电阻将 CAN_L 短接到 U_{CC}（总线供电电源）；在低功耗模式下，CAN_L 通过收发器内部的开关将终端电阻的高端短接到 U_{BAT}（电池供电电源）。

网络终端是通过连接 CAN_L 线到收发器的 RTL 端子、CAN_H 线到 RTH 端子实现的。

通过连接终端端子，应考虑以下需求：由于电路内部电流限制和 CAN 总线电压的原因，单线上的整个网络终端电阻应当大约为 100Ω；由于电路内部电流的限制，连接到单独 CAN 收发器的单个电阻不应低于 500Ω。推荐每个节点带有自己的终端电阻。

5. 物理媒介故障

（1）物理故障　物理故障由带容错功能的收发器进行处理。物理媒介故障见表 2-17。

表 2-17　物理媒介故障

总线故障的描述	网络总线上的行为
一个节点与总线断开	总线上的剩余节点保持通信
一个节点丢失电源	总线上的剩余节点至少在信噪比降低的情况下能够保持通信
一个节点丢失地	
断路和短路故障	总线上的所有节点至少在信噪比降低的情况下能够保持通信
CAN_L 断路	
CAN_H 断路	
CAN_L 短路到电源电压	
CAN_H 短路到电源电压	
CAN_H 短路到地	
CAN_L 短路到地	
CAN_L 短路到 CAN_H 线	
CAN_L 线和 CAN_H 线在同一位置断路	

（2）故障事件　收发器如果不处理物理故障，将会影响总线系统。这些故障情形称为故障事件，可以分为电源故障和总线故障。

如果一个节点与地断开连接（或是受到地偏大于定义的极限 ±1.5V 的影响），或者与正常电源（U_{CC} 或 U_{Bat}）断开连接，这种故障称为电源故障。

不是所有的总线故障都能被收发器区分，因此，定义了一套缩减的故障事件，见表 2-18。故障事件可能发生在正常模式和低功耗模式下。

表 2-18　故障事件

事件名称	故障的典型发生场景
CAN_H 对电源电压短路	CAN_H 线短路到电源电压 U_{Bat}
CAN_H 对供电电压短路	CAN_H 线短路到电源电压 U_{CC}
CAN_L 对电源电压短路	CAN_L 线短路到电源电压 U_{Bat}
CAN_L 对地短路	CAN_L 线短路到地

三、物理媒介连接

物理媒介连接规范描述了电子控制单元需求，尤其是参与 CAN 总线网络通信的收发器的需求。物理媒介连接是将物理信号转化为逻辑信号或逻辑信号转化为物理信号的子层，HS-PMA 称为高速物理媒介连接。

1. 时间要求

为了使在最长的线束中获得最大的通信速率，收发器内部的环回时间是有限的，因此，收发器应满足所有可能失效情况下给定的约束条件。

（1）收发器环路延时　收发器环路延时是指一个逻辑信号从收发器的逻辑输入端发出到收发器的逻辑输出端检测到此信号的延迟时间。

图 2-47 所示为收发器的环路延时示意图。图中，$T_{x,s}$ 为发送节点的数字输入信号；$R_{x,s}$ 为发送节点的数字输出信号；$R_{x,d}$ 为目标节点的数字输出信号；CAN_H 和 CAN_L 为总线上的物理信号；t_{LoopRD} 和 t_{LoopDR} 为收发器环路延时；a 代表隐性；b 代表显性。

图 2-47　收发器的环路延时示意图

隐性到显性和显性到隐性的转换均应满足特定时间需求。

（2）测量电路环路延时　收发器应保证对输入信号 T_x 的最大环路延时。单个收发器的环路延时见表 2-19。

表 2-19　单个收发器的环路延时

故障事例	环路延时 /μs	条件
无故障	最大值 1.5	U_{Tx} 输出 50kHz、50% 占空比的方波信号，斜率时间小于 10ns，$C_{Rx}=10pF$，$R_{RTL}=R_{RTH}=500Ω$，$C_{CAN\_L}=C_{CAN\_H}=1nF$，$R_{CAN\_L}=R_{CAN\_H}=125Ω$
除 CAN_L 短路到 CAN_H 线之外的所有故障	最大值 1.9	
CAN_L 短路到 CAN_H 线	最大值 1.9	U_{Tx} 输出 50kHz、50% 占空比的方波信号，斜率时间小于 10ns，$C_{Rx}=10pF$，$R_{RTL}=R_{RTH}=500Ω$，$C_{CAN\_L}=C_{CAN\_H}=1nF$，$R_{CAN\_H}=125Ω$，$R_{CAN\_L}>1MΩ$

收发器时间参数测量示意图如图 2-48 所示。

图 2-48　收发器时间参数测量示意图

（3）地偏　地偏是指 CAN 总线网络中 CAN 总线节点的各地端电位存在着电位差。

虽然 CAN 总线是差分信号线，一般接 CAN_H 和 CAN_L 两条线即可正常通信，地线不一定需要接，但在干扰较大的环境中，节点的地线之间可能存在共模干扰电压，从而使各节点的 CAN 总线对参考地的电压发生变化，甚至逼近收发器的输入阈值，从而引起输入饱和，影响正常通信。因此，有时需要测量地偏。

收发器的地偏测试电路图如图 2-49 所示。

图 2-49 收发器的地偏测试电路图

收发器主要在以下三种状态工作：差分驱动和接收、CAN_L 线的单独工作和 CAN_H 线的单独工作。

总线故障主要有以下形式：无故障、CAN_L 线断路、CAN_H 线断路、CAN_L 短路到 U_{BAT}、CAN_H 短路到 U_{BAT}、CAN_L 短路到地、CAN_H 短路到地、CAN_L 短路到 CAN_H。

2. 故障管理

故障管理包括故障检测和故障处理。

（1）故障检测　故障检测为处理物理故障和故障事件，应采取表 2-20 和表 2-21 列举的方案。D 表示检测到，R 表示恢复。

表 2-20　正常模式下故障事件检测表

事件	状态	阈值	定时
CAN_H 对电源电压短路	D	CAN_H>$U_{thHxBAT\_N}$	>7μs
	R	CAN_H<$U_{thHxBAT\_N}$	>125μs
CAN_H 对供电电压短路	D	CAN_H>$U_{thCAN\_H\_N}$	>1.6ms
	R	CAN_H<$U_{thCAN\_H\_N}$	>t_{bit}×12ms
CAN_L 对电源电压短路	D	CAN_L>$U_{thLxBAT\_N}$	>7μs
	R	CAN_L<$U_{thLxBAT\_N}$	>125μs
CAN_L 对地短路	D	U_{diff}>U_{thDiff_N}	>t_{bit}×12ms<1.6ms
	R	U_{diff}<U_{thDiff_N}	>7μs
CAN_L 对电源电压短路变量 1	D	T_x 显性且 CAN_L>$U_{thCAN\_L\_N}$	3μs<t<40μs
CAN_L 对电源电压短路变量 2	D	最大两倍（T_x 显性到隐性的边缘电压 CAN_L>$U_{thCAN\_L\_N}$）	—

表 2-21 低功耗模式下故障事件检测表

事件	状态	阈值	定时
CAN_H 对电源电压短路	D	CAN_H>$U_{thHxBAT\_N}$	>7μs
	R	CAN_H<$U_{thHxBAT\_N}$	>125μs
CAN_H 对供电电压短路	D	CAN_H>$U_{thCAN\_H\_N}$	>1.6ms
	R	CAN_H<$U_{thCAN\_H\_N}$	>t_{bit}×12ms
CAN_L 对电源电压短路	D	没有检测到	
	R	没有检测到	
CAN_L 对地短路	D	CAN_H>$U_{th(wake)H}$ 与/或 CAN_L<$U_{th(wake)L}$	>0.1ms<1.6ms
	R	CAN_H<$U_{th(wake)H}$ 或/与 CAN_L>$U_{th(wake)L}$	>7μs
CAN_L 对电源电压短路变量 1	D	T_x 显性且 CAN_L>$U_{thCAN\_L\_N}$	3μs<t<40μs
CAN_L 对电源电压短路变量 2	D	最大两倍（T_x 显性到隐性的边缘电压 CAN_L>$U_{thCAN\_L\_N}$）	—

（2）故障处理　总线故障处理可通过收发器内部的状态机来实现。正常模式下收发器对于总线故障的内部处理措施见表 2-22。

表 2-22　正常模式下收发器对于总线故障的内部处理措施

状态	驱动器	接收器	终端
0	所有的驱动器被打开	差分接收器打开	CAN_H 短路到地，CAN_L 短路到供电电源 U_{CC}
E1	驱动器 CAN_L 被打开或关闭	单线搭铁，CAN_H 接收器关闭	CAN_H 短路到地，CAN_L 虚接到供电电源 U_{CC}
E1a	驱动器 CAN_L 被打开	单线搭铁，关闭 CAN_H 接收器或差分接收器或 CAN_H/CAN_L 的收发器	CAN_H 短路到地，CAN_L 虚接到供电电源 U_{CC}
E1b	驱动器 CAN_L 被关闭	单线搭铁，CAN_H 接收器关闭	CAN_H 短路到地，CAN_L 虚接到供电电源 U_{CC}
E2	驱动器 CAN_H 被关闭	单线搭铁，CAN_L 接收器关闭	CAN_H 短路到地，CAN_L 短接到供电电源 U_{CC}

低功耗模式下收发器对于总线故障的内部处理措施见表 2-23。

表 2-23　低功耗模式下收发器对于总线故障的内部处理措施

状态	驱动器	接收器	终端
0	所有的驱动器被关闭	降低到故障确认	CAN_H 短路到地，CAN_L 短接到电压（≥5V）
E1	所有的驱动器被关闭	降低到故障确认	CAN_H 对地短路，CAN_L 悬空
E1a	所有的驱动器被关闭	降低到故障确认	CAN_H 悬空，CAN_L 短接到电压（≥5V）

3. HS-PMA 操作模式和期望行为

HS-PMA 由一个发送和接收实体（收发器）组成，它应能使相连接的物理媒介（双绞线）相对于公共地进行偏压。对连接到同一媒介的其他接收节点，收发器能驱动两种逻辑信号，一种逻辑 0 状态（显性状态）是在 CAN_H 和 CAN_L 之间驱动差分电压信号，另一种逻辑 1 状态（隐性状态）是在 CAN_H 和 CAN_L 之间不驱动差分电压信号。这两种信号是与物理媒介相关子层的接口。

由一个或多个 HS-PMA 组成的收发器应至少支持正常功能模式，对低功耗模式可选择性支持。正常功能模式是指收发器具有发送和接收报文的全部功能；低功耗模式是指除接收唤醒结构或唤醒帧（WUF）的目的外，收发器不能发送或接收报文的模式。

HS-PMA 操作模式和期望行为见表 2-24。

表 2-24　HS-PMA 操作模式和期望行为

操作模式	总线偏压行为	传输行为
正常功能模式	总线偏压有效	显性或隐性
低功耗模式	总线偏压有效或无效	隐性

4. HS-PMA 测试电路

图 2-50 所示为 HS-PMA 测试电路图，CAN_H 和 CAN_L 为 HS-PMA 对 CAN 信号的输出，TXD 为发送数据输入端，RXD 为接收数据输出端，R_L 为有效电阻负载；C_1 为可选分裂终端电容；C_2 为滤波电容；C_{RXD} 为 RXD 端电容负载；U_{CAN_H} 为 CAN_H 电压；U_{CAN_L} 为 CAN_L 电压；U_D 为 CAN_H 和 CAN_L 之间的差分电压。R_L 和 C_1 的值根据 HS-PMA 需要满足的不同参数而变化，并作为条件给出。

图 2-50　HS-PMA 测试电路图

5. CAN 收发器特性

CAN 收发器的作用是负责逻辑电平和信号电平之间的转换。

图 2-51 所示为某 CAN 收发器示意图。CAN 控制芯片输出逻辑电平到 CAN 收发器，然后经过 CAN 收发器内部转换，将逻辑电平转换为差分信号输出到 CAN 总线上，CAN 总线上的节点都可以决定自己是否需要总线上的数据。具体的端子描述见表 2-25。

图 2-51　某 CAN 收发器示意图

表 2-25 端子的描述

助记符	端子	描述
TXD	1	发送数据输入
GND	2	搭铁
U_{CC}	3	电源电压
RXD	4	接收数据输入
U_{io}	5	参考电压输出
CAN_L	6	低电平 CAN 总线
CAN_H	7	高电压 CAN 总线
S	8	选择进入高速模式还是静音模式

（1）发送器特性　显性状态下的发送器输出特性见表 2-26。这些数据只适合单一 HS-PMA、所有电容为 0 的情况。

表 2-26 显性状态下的发送器输出特性

参数	符号	最小 /V	正常 /V	最大 /V	总线负载条件 R_l/Ω
CAN_H 上的单端电压	U_{CAN_H}	2.75	3.5	4.5	50～65
CAN_L 上的单端电压	U_{CAN_L}	0.5	1.5	2.25	50～65
正常总线负载上的差分电压	U_D	1.5	2.0	3.0	50～65
仲裁期间有效电阻的差分电压	U_D	1.5	未定义	5.0	70
扩展总线负载范围上的差分电压	U_D	1.4	2.0	3.3	40～70

显性状态下的电压变化如图 2-52 所示。

图 2-52 显性状态下的电压变化

为了达到远程帧可接受的低发射等级，发送器应满足表 2-27 所要求的驱动信号对称性。测试时，$R_L=60\Omega$，$C_1=4.7\text{nF}$，$C_2=0$，$C_{RXD}=0$。$U_{sym}=(U_{CAN\_H}+U_{CAN\_L})/U_{CC}$，$U_{CC}$ 为发送器的供应电压。

表 2-27 发送器的驱动信号对称性

参数	符号	值		
		最小 /V	正常 /V	最大 /V
驱动信号对称性	U_{sym}	0.9	1.0	1.1

发送器的最大输出电流应根据表 2-28 进行限制。测试时,$R_L>10^{10}\Omega$,$C_1=0$,$C_2=0$,$C_{RXD}=0$。

表 2-28 发送器输出电流

参数	符号	值		条件
		最小 /mA	最大 /mA	
CAN_H 的绝对电流	I_{CAN_H}	未定义	115	$-3V \leqslant U_{CAN\_H} \leqslant 18V$
CAN_L 的绝对电流	I_{CAN_L}	未定义	115	$-3V \leqslant U_{CAN\_L} \leqslant 18V$

表 2-29 规定了总线偏压有效时发送器隐性输出特性。测试时,$R_L>10^{10}\Omega$,$C_1=0$,$C_2=0$,$C_{RXD}=0$。

表 2-29 总线偏压有效时发送器隐性输出特性

参数	符号	值		
		最小 /V	正常 /V	最大 /V
CAN_H 上的单端输出电压	U_{CAN_H}	2	2.5	3.0
CAN_L 上的单端输出电压	U_{CAN_L}	2	2.5	3.0
差分输出电压	U_D	−0.5	0	0.05

表 2-30 规定了总线偏压无效时发送器隐性输出特性。测试时,$R_L>10^{10}\Omega$,$C_1=0$,$C_2=0$,$C_{RXD}=0$。

表 2-30 总线偏压无效时发送器隐性输出特性

参数	符号	值		
		最小 /V	正常 /V	最大 /V
CAN_H 上的单端输出电压	U_{CAN_H}	−0.1	0	0.1
CAN_L 上的单端输出电压	U_{CAN_L}	−0.1	0	0.1
差分输出电压	U_D	−0.2	0	0.2

(2)接收器特性 当 HS-PMA 是在低功耗模式并且总线偏压有效时,隐性和显性状态接收器差分输入电压范围见表 2-31。测试时,$R_L>10^{10}\Omega$,$C_1=0$,$C_2=0$,$C_{RXD}=0$。

表 2-31 总线偏压有效时接收器差分输入电压范围

参数	符号	值		条件
		最小 /V	最大 /V	
隐性状态差分输入电压范围	U_D	−3.0	0.5	$-12V \leqslant U_{CAN\_L} \leqslant 12V$
显性状态差分输入电压范围	U_D	0.9	8.0	$-12V \leqslant U_{CAN\_H} \leqslant 12V$

当 HS-PMA 是在低功耗模式并且总线偏压无效时,隐性和显性状态接收器差分输入

电压范围见表 2-32。测试时，$R_L > 10^{10}\Omega$，$C_1 = 0$，$C_2 = 0$，$C_{RXD} = 0$。

表 2-32　总线偏压无效时接收器差分输入电压范围

参数	符号	最小 /V	最大 /V	条件
隐性状态差分输入电压范围	U_D	−3.0	0.4	−12V ≤ U_{CAN_L} ≤ 12V
显性状态差分输入电压范围	U_D	0.9	8.0	−12V ≤ U_{CAN_H} ≤ 12V

（3）接收器输入电阻　HS-PMA 的实现应有输入电阻，输入电阻的范围见表 2-33，并且内部电阻匹配应满足表 2-34 规定的需求。

表 2-33　接收器输入电阻

参数	符号	最小 /kΩ	最大 /kΩ	条件
差分内部电阻	R_D	12	100	−2V ≤ U_{CAN_L}
单端内部电阻	R_{CAN_H}、R_{CAN_L}	6	50	U_{CAN_H} ≤ 7V

注：$R_D = R_{CAN\_H} + R_{CAN\_L}$。

表 2-34　接收器输入电阻匹配

参数	符号	最小 /kΩ	最大 /kΩ	条件
内部电阻匹配	m_R	−0.03	0.03	U_{CAN_L}，U_{CAN_H}：5V
单端内部电阻	R_{CAN_H}、R_{CAN_L}	6	50	

注：$m_R = 2 \times (R_{CAN\_H} - R_{CAN\_L})/(R_{CAN\_H} + R_{CAN\_L})$。

图 2-53 所示为 HS-PMA 内部差分输入电阻。

图 2-53　HS-PMA 内部差分输入电阻

6. HS-PMA 低功耗唤醒

当由一个或多个 HS-PMA 组成的实体实现低功耗模式时，HS-PMA 应有能力将唤醒事件发送到其实现。HS-PMA 唤醒机制见表 2-35。

表 2-35　HS-PMA 唤醒机制

HS-PMA 实现的种类	要求唤醒机制
CAN 唤醒、无低功耗模式	无唤醒要求
CAN 唤醒，低功耗模式但无选择性唤醒的实现	基本唤醒或唤醒模式（WUP）
CAN 唤醒，具有选择性唤醒	选择性唤醒帧（WUF）和唤醒模式唤醒

在 HS-PMA 中实现多个唤醒机制时,要使用的唤醒机制应是可配置的。唤醒机制主要有基本唤醒、唤醒结构唤醒和选择性唤醒。

(1) 基本唤醒　基本唤醒是指至少在 t_{Filter} 持续时间内,HS-PMA 接收一次显性状态,唤醒事件应发生。

(2) 唤醒结构唤醒　唤醒结构唤醒是指 HS-PMA 接收到被一个隐性状态隔开的两个连续显性状态,并且显性状态和隐性状态输出时间至少是 t_{Filter} 持续时间,则应发生唤醒事件。

(3) 选择性唤醒　在检测到唤醒帧时,唤醒事件应发生。通过 HS-PMA 对 CBFF 或 CEFF 中的 CAN 帧进行解码,并可以作为唤醒帧进行使用。如果启用这种方式,在正常和低功耗模式下可以解码 CAN 帧。

如果在正常模式与低功耗模式转换之前使用选择性唤醒,并且 HS-PMA 不再忽略帧,在帧检测到 IP 模式转换期间,需要支持 CAN 数据和远程帧的解码。如果接收到的帧是有效的唤醒帧,则收发器应指示唤醒。如果启用这种方式,在正常模式和低功耗模式下可以解码 CAN 帧。

7. CAN 总线网络设计期望指标

CAN 总线网络设计期望指标主要是 HS-PMA 连接到媒介推荐使用 CAN_H 上的单端输入电压值 U_{CAN_H} 和 CAN_L 上的单端输入电压值 U_{CAN_L}。

用于接收隐性状态的 CAN 接口输入电压参数见表 2-36。差分输入电压由存在于总线上的各个 CAN 节点的隐性状态输出电压的组合决定,因此,差分输入电压近似为零。

表 2-36　用于接收隐性状态的 CAN 接口输入电压参数

参数	符号	最小 /V	正常 /V	最大 /V	条件
工作输入电压	U_{CAN_H}	−12	2.5	12	相对于每个 CAN 节点进行单独搭铁测量
	U_{CAN_L}	−12	2.5	12	
差分输入电压	U_D	−3	0	0.012	每个 CAN 节点连接到媒介进行测量

用于接收显性状态的 CAN 接口输入电压参数见表 2-37。

表 2-37　用于接收显性状态的 CAN 接口输入电压参数

参数	符号	最小 /V	正常 /V	最大 /V	条件
工作输入电压	U_{CAN_H}	−10.8	3.5	12	相对于每个 CAN 节点进行单独搭铁测量
	U_{CAN_L}	−12	1.5	10.8	
差分输入电压	U_D	1.2	2	3	每个 CAN 节点连接到媒介进行测量

仲裁期间用于接收显性状态的 CAN 接口输入电压参数见表 2-38。

表 2-38　仲裁期间用于接收显性状态的 CAN 接口输入电压参数

参数	符号	最小 /V	最大 /V	条件
工作输入电压	U_{CAN_H}	−10.8	12	相对于每个 CAN 节点进行单独搭铁测量
	U_{CAN_L}	−12	10.8	
差分输入电压	U_D	1.2	3	每个 CAN 节点连接到媒介进行测量

四、物理编码子层

物理编码子层是执行位编码/解码和同步的子层。

1. 位时间

位时间是指一个位的持续时间。在一个位时间内实现的总线管理功能在位时间帧里执行，如 CAN 总线节点同步行为、网络发送延迟补偿和采样点位置都应由 CAN 总线实现的可编程位定时逻辑来指定。

一个电平位时间主要由同步段（SS）、传播时间段（PTS）、相位缓冲段1（PBS1）和相位缓冲段2（PBS2）组成，如图 2-54 所示。Tq 是表示同步机制时间分辨率的基本时间单位。

图 2-54　电平位时间的组成

（1）同步段　若通信节点检测到总线上信号的跳变沿被包含在同步段的范围内，则表示节点与总线的时序是同步的，固定 1 个 Tq。

（2）传播时间段　传播时间段是用于补偿网络的物理延时时间，是总线上输入比较器延时和输出驱动器延时综合的两倍，长度可编程为 1～8 个 Tq。

（3）相位缓冲段 1　相位缓冲段 1 用于补偿节点间的晶振误差，允许通过重同步方式对该段加长，在这个时间段末端进行总线状态的采样，长度可编程为 1～8Tq。

（4）相位缓冲段 2　相位缓冲段 2 用于补偿节点间的晶振误差，允许通过重同步方式对该段缩短，长度可编程为 1～8Tq。

标称位时间是指仲裁段的一个位占用的时间长度。标称位时间划分为四个互不重叠的时间段，如图 2-55 所示。

图 2-55　标称位时间

采样点是读取并解析总线上各位值的时间点，它位于相对缓冲段 1 末端。信息处理时间以采样点开始，为计算下一个位电平所预留的时间段。

重同步的结果会引起相位缓冲段 1 加长或相位缓冲段 2 缩短。同步跳转宽度决定了相位缓冲段加长或缩短的限值。

CAN 总线节点内部延时是在发送或接收过程中发生的所有异步延时的总和，与各个 CAN 总线节点集成电路的位定时逻辑单元相关，如图 2-56 所示。

图 2-56 仲裁时节点 A 和节点 B 定位的时间关系和延时

CAN 总线节点输入输出延时的总和与位定时逻辑密切相关，节点内部延时为

$$t_{\text{node}} = t_{\text{output}} + t_{\text{input}} \tag{2-4}$$

式中，t_{node} 是节点内部延时；t_{output} 是节点输出延时；t_{input} 是节点输入延时。

为实现正确的仲裁，节点传播延时要满足以下条件

$$t_{\text{Prop\_Seg}} \geq t_{\text{nodeA}} + t_{\text{nodeB}} + 2t_{\text{busline}} \tag{2-5}$$

式中，$t_{\text{Prop\_Seg}}$ 是节点传播延时；t_{nodeA} 是节点 A 内部延时；t_{nodeB} 是节点 B 内部延时；t_{busline} 是节点总线延时。

位速率是指在理想情况下，发送器未进行重同步时每秒传输的位数量。位速率和位时间的关系为

$$\text{标称位时间} = \frac{1}{\text{标称位速率}} \tag{2-6}$$

$$\text{数据位时间} = \frac{1}{\text{数据位速率}} \tag{2-7}$$

例如，假设 1Tq=1μs，而每个数据由 19 个 Tq 组成，则传输一位数据需要时间 19μs，从而每秒可以传输的数据位个数为 $1 \times 10^6/19$=52631.6bits/s。

两种位时间都应由不重叠的位时间段组成，标称位时间和数据位时间的分段如图 2-57 所示。

位时间的配置应使用以下几个时间段：同步段、传播时间段、相位缓冲段 1、相位缓冲段 2 以及再同步补偿宽度（SJW）。对于支持和不支持 CAN FD 总线的实现，其位时间段的配置范围应是不同的。时间段的最小配置范围见表 2-39。

图 2-57　标称位时间和数据位时间的分段

表 2-39　时间段的最小配置范围

参数	不支持 FD	支持 FD		
		预分频不同	预分频相同	预分频相同/不同
	标称位时间	标称位时间	标称位时间	标称位时间
预分频	1～32	1～32	1～32	1～32
同步段	1×时间份额（N）	1×时间份额（N）	1×时间份额（N）	1×时间份额（D）
传播时间段	1～8个时间份额（N）	1～48个时间份额（N）	1～96个时间份额（N）	0～8个时间份额（D）
相位缓冲段 1	1～8个时间份额（N）	1～16个时间份额（N）	1～32个时间份额（N）	1～8个时间份额（D）
相位缓冲段 2	2～8个时间份额（N）	2～16个时间份额（N）	2～32个时间份额（N）	2～8个时间份额（D）
再同步补偿宽度	1～4个时间份额（N）	1～16个时间份额（N）	1～32个时间份额（N）	1～8个时间份额（D）

两种不同的预分频使单个时间份额（N）和时间份额（D）的长度不同。如果是相同的预分频，则单个时间份额（N）的长度等于时间份额（D）的长度。单个位时间的长度取决于位的单个时间份额长度和时间份额数量。如果不同的参数组合得到了相同的位时间

长度，则应使用其中单个时间份额长度更短的组合。

2. 同步

状态机应以一个时间份额为时间步长，进行 CAN 总线实现的操作与 CAN 总线信号的同步。每一个时间份额里都应分析总线状态是隐性或显性。

同步有硬同步和重同步。

（1）硬同步　硬同步发生在帧起始位让所有接收节点调整各自当前位的同步段，调整宽度不限，且只是当存在帧起始信号才起作用，如果在一帧很长的数据内，节点信号与总线信号相位有偏移时，这种同步方式就无能为力。

当某节点检测到总线的帧起始信号不在节点内部时序的同步段范围，会判断它自己的内部时序与总线不同步，因而这个状态的采样点采集到的数据是不正确的，所以节点通过硬同步的方式重新调整，把自己的位时序中的同步段平移至总线出现下降沿的部分，从而获得同步，同步后采样点即可以采集到正确的数据，如图 2-58 所示。

图 2-58　硬同步

硬同步后，位时间应被每一个完成了同步段的位定时逻辑单元重启。因此，硬同步将强制导致硬同步的边沿位于重启的位时间的同步段。

（2）重同步　重同步会导致位时间的延长或缩短，以便于修正采样点的位置，该采样点位置与被检测到的边沿位置有关。当引起重同步的边沿相位错误的长度不大于已编程的再同步补偿宽度值时，重同步的影响应和硬同步一样。

当跳变沿与同步段的误差小于再同步补偿宽度值时，重同步会通过延长 PES1 段或者缩短 PES2 段来保证采样点位置的正确；如限定再同步补偿宽度 =4Tq 时，单词同步调整的时候不能增加或者减少超过 4Tq 的时间长度，若有需要，控制器会通过多次小幅度调整来实现同步，如图 2-59 所示。

五、物理介质参数

1. 双绞线参数

CAN 总线采样双绞线，其物理参数见表 2-40。

图 2-59 重同步

a）相位缓冲段 1 延长（再同步补偿宽度 =4）　b）相位缓冲段 2 缩短（再同步补偿宽度 =4）

表 2-40　双绞线物理参数

参数	最小值	标称值	最大值
阻抗 /Ω	95	120	140
单位长度电阻 /（mΩ/m）	—	70	—
单位线延时 /（ns/m）	—	5	—
每米双绞数量 /（个 /m）	33	—	50

2. 终端电阻参数

终端电阻参数见表 2-41。

表 2-41　终端电阻参数

参数	最小值	标称值	最大值	备注
终端电阻阻值 /Ω	100	120	130	最小耗散功率 220m•W

对于分离式终端的情况，终端电阻分为两个电阻，两个电阻值的公差应在 ±1% 以内。

3. 网络拓扑参数

网络拓扑参数见表 2-42。

表 2-42　网络拓扑参数

参数	最小值	最大值	条件
总线长度 /m	—	40	位速率：1Mbit/s
支线长度 /m	—	0.3	
节点间距 /m	0	40	

当位速率小于 1Mbit/s 时，总线长度可相应增加。由于各 CAN 总线节点的支线长度、位速率和内部电容的不同，其他支线长度和节点间距在不同的网络拓扑中也有应用。特别当节点间距为 0 时，该网络拓扑为星形结构。在这种情况下，应通过测量每个 CAN 总线节点输入差分电压，检查线束谐振波对位编码的影响。

4. 可选电容参数

当采用分离式终端时，可选电容应连接到地和中心点。可选电容参数见表 2-43。

表 2-43　可选电容参数

参数	最小值	标称值	最大值	备注
可选电容值 /nF	1	4.7	100	最小电压大于 58V

单元 4　CAN 总线数据链路层

CAN 总线数据链路层位于整个 CAN 结构中的第二层，它由一系列的规则组成，规定什么样的电平代表什么样的意思，CAN 控制器按照什么样的规定发送和接收信息等。CAN 总线数据链路层分为逻辑链路控制子层和媒介访问控制子层。

一、逻辑链路控制子层

逻辑链路控制子层描述了数据链路层的上层部分，它与媒介访问方法的协议事件相关联。

1. 逻辑链路控制子层的服务

逻辑链路控制子层提供无应答数据传送服务和无应答远程数据请求服务两种无连接模式的传输服务。通过无应答数据传送服务，逻辑链路控制用户间可以不用建立数据链接，从而交换逻辑链路控制的协议数据单元，其数据传送可以是点对点、多播或者广播形式；通过无应答远程数据请求服务，逻辑链路控制用户间可以不用建立数据链接，而请求远程节点传送逻辑链路控制的协议数据单元。

远程节点可以通过以下两种方式服务这种数据请求：

1）被请求的数据在远程节点中已准备好。这种情况下，数据应处于远程节点的缓存中，一旦接收到对该数据的远程请求，立刻被远程节点发送出去。

2）远程节点接收到远程数据请求后，将被请求的数据发送出去。

根据上述两种不同的逻辑链路控制服务，发送节点和接收节点间的通信可能用到传统标准帧格式的逻辑链路控制数据帧、传统扩展帧格式的逻辑链路控制数据帧、可变数据速率标准帧格式的逻辑链路控制数据帧、可变数据速率扩展帧格式的逻辑链路控制数据帧、传统标准帧格式的逻辑链路控制远程帧、传统扩展帧格式的逻辑链路控制远程帧六种类型的帧。

2. 逻辑链路控制子层服务原语

逻辑链路控制子层服务原语描述见表 2-44。

表 2-44 逻辑链路控制子层服务原语描述

服务	服务原语	描述
无应答数据传送服务	L_Data.Request	请求数据传送
	L_Data.Indication	指示数据到来
	L_Data.Cofirm	数据传送确认
	L_Data.AbortRequest（可选）	请求放弃数据传送
无应答远程数据请求服务	L_Remote.Request	请求远程数据
	L_Remote.Indication	指示远程数据请求的到来
	L_Remote.Confirm	远程数据请求确认
	L_Remote.AbortRequest（可选）	请求放弃远程数据请求

1）L_Data.Request。L_Data.Request 服务原语用于 LCC 用户向逻辑链路控制子层请求将某个 LSDU 发送给一个或者多个远程逻辑链路控制子层实体。

2）L_Data.Indication。L_Data.Indication 服务原语用于逻辑链路控制子层向逻辑链路控制子层用户指示某个 LSDU 的到来。

3）L_Data.Cofirm。L_Data.Cofirm 服务原语用于本地逻辑链路控制子层向逻辑链路控制子层用户反馈前一个 L_Data.Request 的结果，该服务原语是一个本地确认，即它不能说明远程逻辑链路控制子层实体向其逻辑链路控制子层用户发送了相应的 Indication 原语。

4）L_Data.AbortRequest。L_Data.AbortRequest 服务原语用于逻辑链路控制子层用户向逻辑链路控制子层发送请求，放弃之前请求的某个 LSDU 的传送。

5）L_Remote.Request。L_Remote.Request 服务原语用于逻辑链路控制子层用户向逻辑链路控制子层请求由一个远程逻辑链路控制子层实体发送某个 LSDU。

6）L_Remote.Indication。L_Remote.Indication 服务原语用于逻辑链路控制子层向逻辑链路控制子层用户指示，传送某个 LSDU 请求的到来。

7）L_Remote.Confirm。L_Remote.Confirm 服务原语用于逻辑链路控制子层向逻辑链路控制子层用户传达先前 L_Remote.Request 的结果。该服务是一个本地确认，即它并不能说明远程逻辑链路控制子层实体向其逻辑链路控制子层用户传输了相应的指示。

8）L_Remote.AbortRequest。L_Remote.AbortRequest 服务原语用于逻辑链路控制子层用户向逻辑链路控制子层发送请求，放弃之前的向远程用户请求 LSDU 的传送请求。

不同逻辑链路控制子层服务原语的参数描述见表 2-45。

表 2-45 不同逻辑链路控制子层服务原语的参数描述

参数	描述
Identifier	标识帧的内容
Format	帧格式（CBFF、CEFF、FBFF、FEFF，指定可选的 ESI 和 BRS 位）
DLC	数据长度
Data	用户想要发送的数据
Transfer_Status	确认参数
Handle（可选）	标识用于处理的硬件元素

3. 逻辑链路控制子层的功能

逻辑链路控制子层提供帧接收过滤、过载通知和恢复管理功能。

（1）帧接收过滤　逻辑链路控制中每一个帧的处理都应是一个独立的操作，而与之前的帧处理无关。帧的内容由其 ID 标识符命名。每一个接收方应根据其帧接收过滤来决定帧是否与己相关。

（2）过载通知　如果接收器内部要求延迟下一个逻辑链路控制数据帧或者逻辑链路控制远程帧，其逻辑链路控制子层应发起发送媒介访问控制过载帧的需求。如果 CAN 总线实现中存在引起媒介访问控制过载帧发送的情况，则该情况应在 CAN 总线实现中书面列明。最多可以发送两次媒介访问控制过载帧，以延迟下一个数据帧或者远程帧。

（3）恢复管理　逻辑链路控制子层应为仲裁失败、未被应答或者发送时被错误干扰等情形的帧提供自动重发。在帧成功发送完成或者放弃（可选功能）前，不应向逻辑链路控制用户报告帧发送服务的确认状态或者报告已放弃（可选）该帧的发送。如果某个帧不再需要发送，则应禁止其自动重发功能。可以禁止所有帧的自动重发功能。

4. 逻辑链路控制帧结构

逻辑链路控制帧是同级的逻辑链路控制实体间的数据交换（逻辑链路控制协议数据单元）。逻辑链路控制数据帧由标识符场、格式场、DLC 场和 LLC 数据场四个位场组成，如图 2-60 所示。

标识符场	格式场	DLC场	LLC数据场

图 2-60　逻辑链路控制数据帧的组成

（1）标识符场　标识符场由标准 ID 标识符和扩展 ID 标识符两部分组成。标准 ID 标识符长度为 11bit（ID-28～ID-18），扩展 ID 标识符长度为 18bit（ID-17～ID-0）。传统标准帧格式（CBFF）和可变数据速率标准帧格式（FBFF）的帧没有扩展 ID 标识符。

（2）格式场　格式场用于区分帧格式，如 CBFF、传统扩展帧格式（CEFF）、FBFF 和 FD 扩展帧格式（FEFF）。其中，FBFF 和 FEFF 中含有错误状态指示（ESI）位和位速率转换（BRS）位。

（3）DLC 场　数据长度编码（DLC）表明了该帧数据场中的字节长度，DLC 长度为 4 位。对于传统帧，DLC 允许值范围为 0～8，其中，DLC 值为 0～7 时表示相应数据场长度为 0～7 字节，其他所有数值都表示数据场长度为 8 字节。

（4）LLC 数据场　LLC 数据场包含了要传输的数据。对于传统帧，其长度范围为 0～8 字节，对于可变数据数率（FD）帧，其长度范围为 0～64 字节。

逻辑链路控制远程帧由标识符场、格式场和 DLC 场组成，如图 2-61 所示。

标识符场	格式场	DLC场

图 2-61　逻辑链路控制远程帧的组成

逻辑链路控制远程帧的标识符场和 DLC 场的格式与逻辑链路控制数据帧的标识符场和 DLC 场的格式一致。逻辑链路控制远程帧没有数据场，与 DLC 值无关。逻辑链路控制远程帧的格式场仅用于区分传统标准帧格式和传统扩展帧格式。可变数据速率标准帧格式和可变数据速率扩展帧格式中没有逻辑链路控制远程帧。

二、媒介访问控制子层

媒介访问控制子层描述数据链路层的下层部分，它为逻辑链路控制子层和 PL 层提供服务接口，有发送 / 接收数据的封装 / 解封、错误检测和标识、发送 / 接收媒介访问管理等功能。

1. 媒介访问控制子层服务

媒介访问控制子层提供的服务应允许本地逻辑链路控制子层实体和同级逻辑链路控制子层实体间交换媒介访问服务数据单元，其服务如下：

（1）带应答的数据传送　该服务可以让逻辑链路控制子层实体间无须建立数据链路连接就能交换 MSDU。其数据传送可以是点对点、多播或者广播式的。

（2）带应答的远程数据请求　该服务允许逻辑链路控制子层实体向另一个远程节点请求发送 LSDU，两者无须建立数据链路连接。远程逻辑链路控制子层实体应用其媒介访问控制子层"带应答的数据传送"服务发送被请求的数据。由远程节点的媒介访问控制子层产生服务的 ACK。ACK 不应包含远程节点用户的任何数据。

（3）过载帧传送　该服务允许逻辑链路控制子层实体请求发送过载帧（OF）。过载帧是特殊固定格式的 LPDU，可用于延迟下一个数据帧（DF）或者远程帧。

2. 媒介访问控制子层服务原语

媒介访问控制子层提供的服务原语见表 2-46。

表 2-46　媒介访问控制子层提供的服务原语

服务	服务原语
带应答的数据传送服务	MA_Data.Request
	MA_Data.Indication
	MA_Data.Confirm
带应答的远程数据请求服务	MA_Remote.Request
	MA_Remote.Indication
	MA_Remote.Confirm
过载帧传送	MA_OVLD.Request
	MA_OVLD.Indication
	MA_OVLD.Confirm

1）MA_Data.Request。MA_Data.Request 服务原语用于逻辑链路控制子层向媒介访问控制子层请求发送 MSDU 至一个或多个远程媒介访问控制子层实体。

2）MA_Data.Indication。MA_Data.Indication 服务原语用于媒介访问控制子层向逻辑链路控制子层指示 MSDU 的到来。

3）MA_Data.Confirm。MA_Data.Confirm 服务原语用于本地媒介访问控制子层向逻辑链路控制子层传达前一个 MA_Data.Request 服务的处理结果。该服务是一个远程确认，它说明了远程媒介访问控制子层实体已向相应的用户发送了相关指示。

4）MA_Remote.Request。MA_Remote.Request 服务原语用于本地逻辑链路控制子层向媒介访问控制子层发送请求，请求某个远程媒介访问控制子层实体发送指定的 MSDU。

5）MA_Remote.Indication。MA_Remote.Indication 服务原语用于媒介访问控制子层向逻辑链路控制子层告知被请求的 MSDU 的到来。

6）MA_Remote.Confirm。MA_Remote.Confirm 服务原语用于本地媒介访问控制子层

向逻辑链路控制子层传达前一个 MA_Remote.Request 服务的处理结果。该服务是一个远程确认，它说明了远程媒介访问控制子层实体已向相应的用户发送了相关指示。

7) MA_OVLD.Request。MA_OVLD.Request 服务原语用于 KKC 子层向媒介访问控制子层请求发送 MAC OVLD 帧。该帧有固定格式，且完全由媒介访问控制子层实体构建。

8) MA_OVLD.Indication。MA_OVLD.Indication 服务原语用于媒介访问控制子层向逻辑链路控制子层指示过载帧的到来。

9) MA_OVLD.Confirm。MA_OVLD.Confirm 服务原语用于本地媒介访问控制子层向逻辑链路控制子层传达前一个 MA_OVLD.Request 服务的处理结果。该服务是一个远程确认，它说明了远程媒介访问控制子层实体已向相应的用户发送了相关指示。

3. 媒介访问控制子层的功能

（1）作用　媒介访问控制子层的功能参考 ISO/IEC 8802-3 中的功能模型定义。该模型中，媒介访问控制子层被划分为两个完全独立操作的发送部分和接收部分。媒介访问控制子层功能如图 2-62 所示。

（2）帧发送　帧发送应完全按照以下要求进行：

1) 发送数据封装：LLC 帧和接口控制信息的接收；CRC 序列的计算，包括 FD 帧的填充位计数；MAC 帧的构建。

图 2-62　媒介访问控制子层功能

在 LLC 帧（有限定范围的逻辑链路控制子层可能不会请求发送 ID 或者数据场超出限定范围的 MAC 帧）基础上添加以下内容：SOF、SRR 位（根据帧格式定义使用）、IDE 位、RTR（或 RRS 位）、FDF 位、RES 位、BRS 位（根据帧格式定义使用）、ESI 位（根据帧格式定义使用）、CRC、ACK 和 EOF。

2) 发送媒介访问管理：检测到总线空闲时，初始化发送进程（遵循帧间空间的要求）；MAC 帧的序列化；位填充；仲裁以及当仲裁失败时切换到接收模式；错误检测（监测、格式检查）；ACK 检查；超载情形探测；创建过载帧并启动发送；创建错误帧并启动发送；向 PL 传输序列化的位流。

（3）帧接收　帧接收应遵循以下要求：

1) 接收媒介访问管理：帧结构的去序列化和重组，去填充，错误检测（CRC、填充位计数检查、格式检查、填充规则检查），发送 ACK，创建错误帧并启动发送，超载情形探测，创建对应过载帧并启动发送。

2) 接收数据解封：去掉接收帧的 MAC 特定信息，向逻辑链路控制子层传输 LLC 帧和接口控制信息（对于有限定范围的逻辑链路控制子层，仅范围内的 LLC 帧会被传输）。

4. 媒介访问控制子层帧结构

媒介访问控制子层有 MAC 数据帧、MAC 远程帧、MAC 错误帧和 MAC 过载帧四种不同类型的帧。

（1）MAC 数据帧　当发送数据时，一个 LLC 数据帧被转换成一个 MAC 数据帧；而当接收数据时，一个 MAC 数据帧被转换成一个 LLC 数据帧。MAC 数据帧由 SOF、仲裁场、控制场、数据场、CRC 场、ACK 场和 EOF 七个不同的位场组成，如图 2-63 所示。

```
                 帧间空间           数据帧              帧间空间
                                                      过载帧
                  ┌─┬───┬──┬────┬──┬─┬──┐
                  │1│ 11│ 7│0~64│15│3│ 7│
                  └┬┴─┬─┴┬─┴─┬──┴┬─┴┬┴┬─┘
                   ↓  ↓  ↓   ↓   ↓  ↓ ↓
                  SOF 仲裁场 控制场 数据场 CRC场 ACK场 EOF
```

图 2-63　MAC 数据帧的结构

1）SOF 由一个单独的显性位组成，它标志数据帧和远程帧的开始。只有当总线空闲时，节点才能发送 SOF。

2）仲裁场由标识符场（由逻辑链路控制子层传输而来）、RTR 位（仅用于 CBFF 和 CEFF）或者 RRS 位（仅用于 FBFF 和 FEFF）组成。其中，RTR 位或者 RRS 位在 MAC 数据帧中为显性。根据控制场的 IDE 位和 FDF 位不同，仲裁场的结构分为四种格式：CBFF（IDE 标志为显性），其仲裁场由 11 位标准标识符（ID28～ID18）和 RTR 位组成；CEFF（IDE 标志为隐性），其仲裁场由 11 位标准标识符（ID28～ID18）、SRR 和 IDE 位（均为隐性）、扩展标识符（ID17～ID0）和 RTR 位组成；FBFF（IDE 标志为显性），其仲裁场由 11 位标准标识符（ID28～ID18）和 RRS 位（显性）组成；FEFF（IDE 标志为隐性），其仲裁场由 11 位标准标识符（ID28～ID18）、SRR 和 IDE 位（均为隐性）、扩展标识符（ID17～ID0）、RRS 位（显性）组成。

3）控制场长度：CBFF 和 CEFF 中，其长度为 6 位；FEFF 中，其长度为 8 位；FBFF 中，其长度为 9 位。其中，最后 4 位为 DLC，DLC 由逻辑链路控制子层而来。

4）数据场与 LLC 帧中的数据场一致。

5）CRC 场由 CRC 序列和隐性 CRC 界定符组成。对于 FD 帧，CRC 场还多一个填充计数。

6）ACK 场应包含 ACK 间隙和 ACK 界定符。在 ACK 场中，发送节点应发送隐性位。所有的接收方检测接收到的数据帧或者远程帧的一致性，如果帧是一致的，则发送应答；反之，则发送错误帧。一个没有被应答的数据帧或者远程帧应被视为已损坏，且应被发送节点用错误帧标识。

7）EOF 是连续 7 位的隐性位，用于标识数据帧和远程帧的结束。

（2）MAC 远程帧　一个节点如果作为某些特定数据的接收方，可能引起其源节点发送远程帧，以请求传送各个数据，MAC 远程帧的结构如图 2-64 所示。

```
                 帧间空间        远程帧          帧间空间
                                                过载帧
                  ┌─┬───┬──┬──┬─┬──┐
                  │1│ 11│ 7│15│3│ 7│
                  └┬┴─┬─┴┬─┴┬─┴┬┴┬─┘
                   ↓  ↓  ↓  ↓  ↓ ↓
                  SOF 仲裁场 控制场 CRC场 ACK场 EOF
```

图 2-64　MAC 远程帧的结构

MAC 远程帧的 SOF、CRC 场、ACK 场和 EOF 应与其对应的 MAC 数据帧一致，远程帧没有数据场。

仲裁场由 ID 标识符场和 RTR 位组成，其中，标识符场由逻辑链路控制子层传输而来。在 CBFF 和 CEFF 中，MAC 远程帧的 RTR 值为隐性。FBFF 和 FEFF 没有远程帧。

在 CBFF 和 CEFF 中，MAC 远程帧的控制场应和 MAC 数据帧的控制场相同。冲突解决要求远程帧的 DLC 值与被请求的数据帧的 DLC 值相同。

（3）MAC 错误帧　MAC 错误帧（EF）包含两个不同的场，第一个场由不同节点发出的错误标志重叠而来，第二个场是错误界定符，如图 2-65 所示。

1）错误标志有主动错误标志和被动错误标志，主动错误标志由六个连续的显性位组成；被动错误标志由六个连续的隐性位组成，除非被其他节点的显性位覆盖。

一个主动错误节点检测到错误情形发生时，应发送主动错误标志。错误标志的形式主要为不遵守位填充的规则或者破坏了固定格式的位场。同样的，所有其他节点也应检测到错误情形，并发送错误标志。所以总线上实际可能检测到的显性位序列是由各个节点发送的错误标识重叠而来的。该序列的长度可能从最小 6 位到最长 12 位变化。

当发送方发起的被动错误标志处于帧中需要位填充的部分时，会引起接收方发生错误（有两个例外），因为接收方会认为检测到填充错误。第一个例外是被动错误标志位于仲裁场，且另一个节点继续发送。第二个例外是被动错误标志少于 CRC 序列结束前 6 位开始，且 CRC 序列剩下的位刚好都是隐性位。

由接收方发出的被动错误标志不能影响总线上的任何活动。因此，被动错误接收方在检测到错误情形发生时，应总是等待随后的六个等值位的出现。当这六个等值位被检测到时，被动错误标志才算完成。

2）错误界定符应由八个隐性位组成。发送错误标志后，每个节点应发送隐性位并检测总线，直到检测到一个隐性位。然后，它会开始发送余下的七个隐性位。

（4）MAC 过载帧　MAC 过载帧包含过载标志和过载界定符，如图 2-66 所示。过载标志与主动错误标志一致。过载界定符与错误界定符一致。

图 2-65　MAC 错误帧的结构

图 2-66　MAC 过载帧的结构

1）过载标志由六个显性位组成，它破坏了间歇场的固定形式。随后，所有其他节点也检测到一个过载情形，并开始发送过载标志。

2）过载界定符由八个隐性位组成。发送一个过载标志以后，每个节点应检测总线，直到检测到一个隐性位。此时，每个节点应完成过载标志的发送，并开始同时发送余下的七个隐性位，以完成 8 位过载界定符。

（5）帧间空间　无论上一帧的类型（数据帧、远程帧、错误帧、过载帧）是什么，数据帧和远程帧应与上一帧之间隔开一段时间，这段时间称为帧间空间。与之相比，错误帧和过载帧之前不应有帧间空间，并且多个过载帧也不应被帧间空间隔开。

帧间空间应包含间歇场和总线空闲时间。前一帧作为发送方的被动错误节点，帧间空间应也包含节点抑制发送时间，如图 2-67 和图 2-68 所示。

图 2-67　前一帧的接收节点或者非错误 -
　　　　　被动节点的帧间空间

图 2-68　前一帧的发送节点或者非错误 -
　　　　　被动节点的帧间空间

1）间歇场由三个隐性位组成。在此期间，节点不能发送数据帧或者远程帧。只允许标志过载情形。在间歇场第 3 位检测到的显性位，应被视为 SOF。

2）总线空闲时长可以为任意长度。满足以下情形时，应认为总线空闲：对于接收方和主动错误发送方，当间歇场的第 3 位为隐性时；对于被动错误发送方，当抑制发送时间的第 8 位为隐性时，或者脱离了总线整合状态时。总线空闲时，任意节点可以访问总线，以发送数据。在总线空闲时间内，总线上如检测到一个显性位，应被视为 SOF。

如果被动错误节点是上一个帧的发送方，应在间歇场后再抑制 8 位的时间间隔，才能传送下一帧。如果另一个节点在该节点的抑制发送时间内开始发送，则该节点应切换为数据帧或者远程帧的接收方。

5. 帧编码

编码主要有归零（RZ）编码、不归零（NRZ）编码和曼彻斯特编码等。

（1）归零编码　归零编码就是在一个周期内，用二进制传输数据位，在数据位脉冲结束后（传输完 1bit 后），信号回到零电平，如图 2-69 所示。归零编码可以不需要时钟信号，因为接收端在接收数据时，在信号回零后只需要重新采样即可，这种信号称为自同步信号，节省了一根信号线。但是，因为信号需要归零，这种编码浪费了宝贵的带宽资源。

（2）不归零编码　不归零编码就是在一个周期内全部用来传输数据，传输完 1bit 数据后，信号不需要回到零电平，如图 2-70 所示。这种编码方式比较常见，需要时钟信号采样，不会浪费带宽资源。

图 2-69　归零编码

图 2-70　不归零编码

（3）曼彻斯特编码　曼彻斯特编码是利用信号的跳变方向决定数据，在位中间，信号由高向低跳变表示数据为 0，信号由低向高跳变表示数据为 1，如图 2-71 所示。

帧的位流应采用不归零编码，即正电平表示 1，低电平表示 0，这意味着在一个位时间内所产生的位电平为常量。

图 2-71　曼彻斯特编码

为了限制用于同步的边沿间的最大距离，帧的 SOF、仲裁场、数据场和 CRC 序列应采用位填充的方法编码。任意时刻，当一个发送方在发送的位流中检测到 5 个连续相同值的位出现时（包括填充位），应在该位流中自动插入一个相反的位（位填充）。接收方应识别出 5 个相同值的序列，并去掉填充位。位填充见表 2-47。

表 2-47　位填充

未填充的位流	01011111010	10100000101	01011111000010	10100000111101
填充后的位流	01011111o010	10100000i101	01011111o000i10	10100000i111o01

注："0""o"代表显性填充位；"1""i"代表隐性填充位。

在 FD 帧的 CRC 场，填充位在固定位置插入，称为固定填充位。即使前一个场的最后几个位不是连续 5 个相同值的序列，在填充计数的第一个位之前应有一个固定填充位。如果前一个场的最后几位是连续 5 个相同值的序列，则其后、填充计数之前应只有一个固定填充位，而不是两个连续的填充位。其他固定填充位应在 CRC 场中每隔 4 位插入一个，且每一个固定填充位的值都是前一个的反码。接收方应能在位流中去掉固定填充位，便于 CRC 检测。如果一个固定填充位和其前一个固定填充位的值相同，则视为格式错误。FD 帧中 CRC 场固定填充位的数量与采用传统帧位填充方法得到的最大填充位数量相等。

数据帧或者远程帧剩下的位场（CRC 界定符、ACK 场、EOF）为固定形式，无须位填充。错误帧和过载帧也是固定形式，无须位填充。

6. 帧应答

所有的接收方应检测接收到的数据帧和远程帧的一致性，并应答一致的数据帧和远程帧。应答与帧的标识符无关。

7. 帧的有效性

帧被认为是有效的时间点，对于所有接收方应是相同的，但是对发送方是不同的。

对于接收方，如果直到 EOF 的最后一位也没有发生错误，则接收方认为帧有效。EOF 最后一位的值不影响帧的有效性，即使是显性，也无须认为是格式错误。一个接收方检测到 EOF 最后一位为显性时，用过载帧回应。

对于发送方，如果直到 EOF 的最后一位也没有发生错误，则发送方认为帧有效。如果帧损坏，应启动恢复进程。

8. 位发送顺序

数据帧和远程帧应从 SOF 的显性位开始按位场来发送。在一个场中，最高有效位应先发送。在数据场中（任意大小），字节按从 0～n（n+1 是数据字节的数量）的顺序发送。对于每一个字节，位按 7～0 的顺序发送。

位发送顺序如图 2-72～图 2-77 所示，图中底部加粗的线表示该位为显性位，顶部加粗的线表示该位为隐性位，图中不包含填充位。

图 2-72 CBFF 的位发送顺序（最大 8 字节）

图 2-73 FBFF 的位发送顺序（最大 16 字节）

图 2-74　FBFF 的位发送顺序（20～64 字节）

图 2-75　CEFF 的位发送顺序（最大 8 字节）

图 2-76　FEFF 的位发送顺序（最大 16 字节）

图 2-77　FEFF 的位发送顺序（20～64 字节）

9. 媒介访问方法

CAN 总线媒介访问方法相关的功能和特性如下：

（1）多主访问　在发送过程中，数据帧或者远程帧的发送节点即总线主节点。

（2）总线访问　一个主动错误节点，只要总线空闲即可访问总线。一个被动错误节点，如果是当前帧或者前一个帧的接收方，只要总线空闲即可访问；如果是当前帧或者前一个帧的发送方，当完成了其抑制发送时间后，且同时没有其他节点已经开始发送的情况下，可以开始访问总线。当多个节点同时开始发送，其中优先级最高的节点应成为总线主节点。这种解决总线访问冲突的机制应是基于内容的仲裁。

（3）总线整合状态访问　CAN 总线节点在以下情况时进入总线整合状态：启动协议操作后、在总线关闭恢复期间或者在检测到协议外状态之后（仅对 CAN FD 总线节点或者 CAN FD 总线兼容节点）。当检测到空闲情形，CAN 总线节点应离开总线整合状态。

（4）协议外事件　CAN FD 总线节点和 FD 兼容节点会检测协议外事件。对于协议外事件，错误计数器不应改变，应使能硬同步，节点应发送隐性位并进入总线整合状态。

（5）MAC 帧的传送　当被允许访问总线时，节点可以开始发送 MAC 数据帧和 MAC 远程帧。以下情形的 MAC 数据帧和 MAC 远程帧应自动重发：失去仲裁的、未被应答的或者发送过程中被错误干扰的。重发的 MAC 数据帧或者 MAC 远程帧应和其他任意 MAC 数据帧或者 MAC 远程帧等同处理，如它们也需要参与仲裁流程，以获得总线访问。当某个帧不再请求发送时，该帧的自动重发应被禁止。可选的 CAN 总线节点可以有这种配置，以限制重发的次数。

（6）基于内容的仲裁　在仲裁中，每一个发送方应对比总线上正在传输的位电平。如果该电平与自己发出的相同，则该节点可以继续发送。如果发出的是隐性电平而检测到的是显性电平，该节点失去仲裁退出访问，并不再发送任何位。如果发送的是显性位，而检测到的是隐性电平，则节点应检测到一个位错误。

（7）帧的优先级　两个有着不同标识符的帧，标识符值越小的拥有更高的优先级；如果数据帧和远程帧有相同的标识符，则数据帧应获得更高优先级。这点可以通过 RTR 位的设定值判断得出。

（8）冲突解决　只有当总线空闲的时候才可以传送数据。当两个或两个以上的帧同时开始传送的时候，这种情况称为冲突。CAN 总线的逐位仲裁方法解决了所有有不同标识符的数据帧和远程帧间，或者不同类型帧间的冲突。如果冲突帧不相同，未解决的冲突引起错误帧。

（9）帧格式的禁止　实现中可以有这样的配置接口，允许禁止传统 CAN 帧格式或者 FD 帧格式。如果一个帧格式被禁止，该格式的帧应被当作无效帧处理，并会引起错误帧。一个支持 FD 的实现不应设置成 FD 兼容模式。

10. MAC 数据的一致性

需要传输的信息由逻辑链路控制子层用户准备好，经由节点的控制器主机接口和数据链路层的逻辑链路控制子层传送到媒介访问控制子层，媒介访问控制子层进行信息的封装。信息可以在共享内存中存储。共享内存中要传输信息的数据一致性，应由以下至少一个方法来保证：在传送开始前，媒介访问控制子层应在临时缓存中存储要传送的所有信息；当要传输的信息传至媒介访问控制子层时，逻辑链路控制子层应检测是否数据错误。如果检测到数据错误，则传输不应启动；如果当检测到数据错误时，已开始传输，节点应切换成总线监听模式，或者进入受限操作模式，接收节点将不会见到有效信息。

11. 错误检查

媒介访问控制子层应提供监控，填充规则检查，帧检查，FD 帧的填充计数检查，15 位、17 位或者 21 位 CRC、ACK 检查机制用于错误检测。

以下五种不同的错误类型，彼此并不互斥：

（1）位错误　节点在总线上发送位的同时，也应监听总线。如果监听到的位和已发送的位不符，意味着检测到一个位错误。例外情形：仲裁过程中如果发出的是隐性位，而检测到的是显性位；或者在 ACK 间隙中发出的是隐性位，而检测到的是显性位；或者节点发送被动错误标志而检测到一个显性位，不应视为位错误。

（2）填充错误　如果在位填充相关的帧位场中检测到连续 6 个相同的位，应视为填充错误。如果 FD 帧的 CRC 场中，一个固定填充位的值与其预计值不符，应视为格式错误，而非填充错误。

（3）CRC 错误　CRC 序列由发送方计算出的 CRC 值组成。接收方应使用和发送方相同的方法计算 CRC。如果计算出的 CRC 序列与接收到的不同，视为 CRC 错误。在 FD

帧中，计算出的填充位数量和接收到的填充计数不匹配，应视为 CRC 错误。

（4）格式错误　如果固定形式的位场包含一个或多个非法值，则视为格式错误。例外，一个接收方在 EOF 的最后一位检测到显性位，或者任意节点在错误界定符或者过载界定符的最后一位检测到一个显性位，不应视为格式错误。

（5）ACK 错误　发送方无论何时在 ACK 间隙处未检测到显性位，视为 ACK 错误。

无论以上哪种错误被检测到，逻辑链路控制子层应得到通知。随后，媒介访问控制子层应发起错误帧的发送。

12. 错误标识

无论何时，任意节点检测到位错误、填充错误、格式错误或者 ACK 错误，相应节点应在下一位开始发送错误标志。当 FD 帧的数据段检测到错误，在发送错误标志前，节点应从数据位时间切换至仲裁段的标称位时间。使用发送端时延补偿（TDC）的发送方应按图 2-78 所示切换位时间。接收方（和不使用 TDC 的发送方）应按图 2-79 所示切换位时间。

图 2-78　FD 帧的发送方在数据段的 SSP 检测到错误

图 2-79　接收方在 FD 帧的数据段检测到错误

在第二采样点（延迟后的采样点）（SSP）处检测到错误后，在 SP（延迟前采样点）和 IPT 之后，位定时切换回标称位速率，但是处于 IPT 的位，如果已经在相位缓冲段 2 中进行了计数，则在下一个位开始之前和错误标志开始发送之前，应让其通过。

接收方接收传统帧并检测到 CRC 错误，应在 ACK 界定符后发送错误标志。接收方接收 FD 帧并检测到 CRC 错误，应在 CRC 界定符后 3 个位时间之后发送错误标志。传统帧中出现了 CRC 错误如图 2-80 所示，FD 帧中出现了 CRC 错误如图 2-81 所示。在 CRC 界定符和错误标志帧起始之间的显性位不应视为错误。

图 2-80　传统帧中出现了 CRC 错误

图 2-81　FD 帧中出现了 CRC 错误

单元 5　CAN 总线应用层

CAN 总线协议对 CAN 总线物理层和数据链路层进行了明确的描述和规定，然而 CAN 总线的应用层只是指导了 CAN 消息帧 11bit 的 ID 和 8 字节数据如何使用。为此，每个汽车制造商都可以遵循 CAN 总线规范设计自己独特的应用层协议。

2.5　CAN 总线应用层

一、CANopen 协议

CANopen 是 CAN 总线应用层提供的一组服务和协议，其中，通信规范提供配置设备的方法和通信数据，也定义了设备间数据的通信方式；设备规范为设备增加了相关的类型。

1. CANopen 提供的应用层服务功能

CANopen 提供了以下应用层服务功能：

（1）CAN 总线消息管理　CAN 总线消息管理提供基于变量、事件、域类型的对象，并设计和规定一个设备（节点）的功能如何被访问。例如，如何上传和下载超过 8 字节的一组数据，并且具备终止传输的功能。

（2）CAN 总线网络管理　CAN 总线网络管理是采用主从通信模式来实现的，提供初始化、启动和停止节点、侦测失效节点等相关服务。

（3）CAN 总线 ID 动态分配　动态分配 CAN 总线 ID 服务是采用主从通信模式实现的，统一由一个主节点对 ID 进行分配。

（4）修改层参数　CAN 总线应用层还提供修改层参数的服务，一个主节点可以设置另外一个从节点的某层参数。

CAN 总线消息管理为消息定义了 8 个优先级，每个优先级拥有 220 个 ID，范围从 1～1760。剩余的 ID（0，1761～2031）则保留给 CAN 总线网络管理、CAN 总线 ID 动态分配和修改层参数等服务功能。同样，ID 越小，数据传输的优先级越高。

2. CANopen 设备的内部结构

CANopen 协议是一个基于 CAN 总线串行总线系统和 CAN 总线应用层的高层协议，通常可划分为通信接口、对象字典和应用部分，如图 2-82 所示。通信接口规定了 CANopen 的通信规则和传输机制；对象字典是协议中最核心的内容，对象字典描述了设备使用的所有数据类型、通信对象和应用对象，对象字典位于通信程序和应用程序之间，用于向应用程序提供接口；应用部分是由用户自己编写的程序，通过操作对象字典来完成通信。

图 2-82 CANopen 设备的内部结构

3. CAN 标识符

为了降低通信网络的组态工作量，简化配置工作，CANopen 定义了预定义主/从连接集，这种标识符分配方案仅适用于标准化的 CANopen 设备。CAN 总线报文根据标识符的长度可分为标准帧（11 位）和扩展帧（29 位），CANopen 关于标识符的分配是基于标准帧的，将 11 位标识符划分为 4 位的功能码部分和 7 位的节点 ID 部分，如图 2-83 所示，由此可知，对于 CANopen 通信网络，由于节点 ID 为 0 是主机 ID，则从节点的个数最多为 127。

图 2-83 CAN 标识符分配

功能码用来设定通信对象类型以及设置消息的优先级；节点 ID 区别不同的 CANopen 从站设备，在本系统中通过设置拨码开关选择节点 ID。CANopen 协议中预定义的功能码和 CAN-ID 的范围划分见表 2-48。

表 2-48 预定义的功能码和 CAN-ID 的范围划分

通信对象	功能码	CAN-ID 范围
网络管理	0000b	000h
同步报文	0001b	080h
时间戳报文	0010b	100h
紧急事件	0001b	081h～0FFh（080h+Node-ID）
TPDO1	0011b	181h～1FFh（180h+Node-ID）
RPDO1	0100b	201h～27Fh（200h+Node-ID）
TPDO2	0101b	281h～2FFh（280h+Node-ID）
RPDO2	0110b	301h～37Fh（300h+Node-ID）
TPDO3	0111b	381h～3FFh（380h+Node-ID）
RPDO3	1000b	401h～47Fh（400h+Node-ID）
TPDO4	1001b	481h～4FFh（480h+Node-ID）
RPDO4	1001b	501h～57Fh（500h+Node-ID）

（续）

通信对象	功能码	CAN-ID 范围
SDO（TX）	1011b	581h～5FFh（580h+Node-ID）
SDO（RX）	1100b	601h～67Fh（600h+Node-ID）
网络管理错误控制	1110b	701h～77Fh（700h+Node-ID）

4. 网络管理

网络管理（NMT）系统负责所有通信节点的启动和停止，维护通信网络的稳定、可靠、可控。在 CANopen 网络中，必须要有一个网络管理主机，其余节点是网络管理从机。每个 CANopen 节点会有初始化、应用层复位、通信复位、预操作状态、操作状态和停止状态六种状态，如图 2-84 所示。这些状态的改变可以通过网络管理主机来实现，也可以节点自身通过程序自动完成状态的改变。图 2-84 中（1）表示系统上电，（2）表示系统初始化之后进入预操作状态，（3）、（6）表示网络管理主机启动节点的命令，（4）、（7）表示网络管理主机进入预操作状态命令，（5）、（8）表示网络管理主机停止节点的命令，（9）～（11）表示网络管理主机复位节点命令，（12）～（14）表示网络管理主机复位节点通信参数命令，（15）表示节点断电下线。

图 2-84 网络管理状态转换

（1）网络管理从机报文　在一个 CANopen 系统中，当主机或者从机上线后，都会发送一条上线报文到总线中，告诉总线网络中其他节点，此节点已加入系统中。节点上线报文格式见表 2-49。

表 2-49　节点上线报文格式

CAN-ID	数据（1字节）
700h+Node-ID	00h

为确定从机节点状态以及检测节点是否在线，CANopen 采用了心跳报文的机制，要求系统中在线的从机节点定时发送一条包含节点 Node-ID 和节点状态的报文给主机，节点心跳报文格式见表 2-50。

表 2-50　节点心跳报文格式

CAN-ID	数据（1字节）
700h+Node-ID	04h（节点当前为停止状态）
700h+Node-ID	045（节点当前为操作状态）
700h+Node-ID	7Fh（节点当前为预操作状态）

（2）网络管理主机报文　初始化后网络管理的从机状态是由主机发送节点状态切换报文实现的，这也是网络管理中最重要的部分，主机以 CAN-ID 为 000h 向从机发送报文，表明此报文的优先级最高，将会占据接下来的总线。节点状态切换报文格式见表 2-51。

表 2-51　节点状态切换报文格式

CAN-ID	数据 1（1 字节）	数据 2（1 字节）
000h	01h（启动命令：节点进入操作状态）	Node-ID（若为 0 表示控制所有节点）
000h	02h（停止命令：节点进入停止状态）	Node-ID（若为 0 表示控制所有节点）
000h	80h（节点进入预操作状态）	Node-ID（若为 0 表示控制所有节点）
000h	81h（复位节点应用层）	Node-ID（若为 0 表示控制所有节点）
000h	82h（复位节点通信）	Node-ID（若为 0 表示控制所有节点）

5. 通信对象

CANopen 规定了过程数据对象、服务数据对象、预定义对象和网络管理对象四种不同类型的通信对象。

（1）过程数据对象　过程数据对象（PDO）使用生产者—消费者模型来传输实时数据，而且不需要应答，具有较高的优先权，其传输的数据必须不多于 8 个字节，因此传输速度极快。过程数据对象分为接收过程数据对象（RPDO）和发送过程数据对象（TPDO），协议中的 TPDO 和 RPDO 是相对的，都是以当前节点来进行描述的。以下将从通信参数和映射参数来说明过程数据对象。

PDO 通信参数见表 2-52，其中，子索引 00h 参数表示本索引中所包含参数的个数；01h 参数表示这个 PDO 接收或者发送所对应的报文 CAN 总线的 ID 号；02h 参数表示 PDO 发送或者接收的传输形式，可选参数有 00h（非循环同步）、01h（循环同步）、FCh（远程同步）、FDh（远程异步）、FDh（异步，制造商特定事件）和 FFh（异步，设备子协议特定事件）；03h 参数表示约束 PDO 发送的最小间隔，避免导致总线负载剧烈增加；04h 为预留的；05h 表示定时发送 PDO 的定时时间，若设为 0，表示此 PDO 为事件改变发送；06h 表示收到所设值的同步包后才进行同步传输。同步传输是指通过网络管理主机发送同步报文信号，各节点根据设置，同步接收或者发送数据。同步传输可划分为循环同步和无循环同步，循环同步通过设置 0～240 个同步对象进行触发，非循环同步指当数据发生变化且收到同步消息后进行发送。异步传输可以理解为事件驱动，可以通过在子协议规定的事件，输入数据的改变或者定时传输，也可以通过发送远程帧来触发。

表 2-52　PDO 通信参数

索引	子索引	参数	数据类型	条目类别
RPDO：1400h～15FFh	00h	支持最高子索引	Unsigned8	必选
	01h	COB-ID	Unsigned32	必选
	02h	传输类型	Unsigned8	必选
	03h	禁止时间	Unsigned16	可选
TPDO：1800h～19FFh	04h	—	预留	—
	05h	事件定时器	Unsigned16	可选
	06h	同步初始值	Unsigned8	可选

PDO 的映射参数指向 PDO 发送过程数据的指针（利用索引和子索引表示）。RPDO 的通信参数为 1400h～15FFh，映射参数为 1600h～17FFh，存放的数据为 2000h 之后厂商自定义区域；TPDO 的通信参数为 1800h～19FFh，映射参数为 1A00h～1BFFh，存放的数据为 2000h 之后厂商自定义区域。

（2）服务数据对象　服务数据对象（SDO）采用客户端——服务器通信模型，将CANopen从节点作为SDO服务器，主节点作为客户端，客户端通过索引和子索引，能够访问服务器上的对象字典和传输数据。SDO客户端对SDO服务器对象字典进行读/写，通常称读操作为上传，写操作为下载，SDO通信模型如图2-85所示。SDO协议可以分为快速SDO协议和普通SDO协议。快速SDO协议仅适用于传输的数据不超过4个字节，传输过程只需要交换两条CAN总线报文即可，此报文含有协议信息（1字节）、对象字典中目标条目的索引和子索引（3字节）以及实际数据（1～4字节）。普通SDO协议用于传输的数据超过4个字节，此时需要对所传输的数据进行分段处理。

图 2-85　SDO 通信模型

（3）预定义对象　在CANopen中，为增强主机对从机的控制，预定义了同步对象、时间标记对象和紧急对象。同步对象采用生产者/消费者模式，由同步生产者向网络进行周期性的广播，提供基本的网络时钟，一般选用080h作为同步报文的CAN-ID。时间标记对象采用广播方式，不需要节点应答，通过主节点发送时钟信号，为CANopen网络中其他节点提供公共的时间帧参考。紧急对象是当网络中的节点检测到硬件或者软件的错误时，可以将其通过紧急对象通知其他节点，包含通信错误和应用错误。

（4）网络管理对象　网络管理对象包括启动消息、心跳协议及网络管理消息，基于主从通信模式，网络管理用于管理和监控网络中的各个节点，主要实现节点状态控制、错误控制和节点启动三种功能。

6. 对象字典

对象字典是CANopen协议最核心的内容，是所有数据结构的集合，这些数据结构包含设备的应用程序、通信以及状态机，以标准化方式描述所有对象。在对象字典中，所有对象均可以通过一个16位的索引（值为0000h～FFFFh）和一个8位的子索引（值为00h～FFh）寻址到。CANopen协议已经划分了对象字典结构，见表2-53。

表 2-53　对象字典结构

索引	对象
0000h	保留
0001h～001Fh	静态数据类型
0020h～003Fh	复杂数据类型
0040h～005Fh	制造商特定的数据类型
0060h～007Fh	设备子协议定义的静态数据类型
0080h～009Fh	设备子协议定义的复杂数据类型
00A0h～0FFFh	保留

(续)

索引	对象
1000h ~ 1FFFh	通信对象
2000h ~ 5FFFh	制造商特定的对象
6000h ~ 9FFFh	标准化设备子协议对象
A000h ~ AFFFh	符合 IEC61131-3 的网络变量
B000h ~ BFFFh	用于路由器或者网关的系统变量
C000h ~ CFFFh	保留

对象字典条目格式如图 2-86 所示。

索引	对象类型	对象名称	数据类型	访问权限	可选性

图 2-86 对象字典条目格式

（1）索引　对象字典的索引是用来表示此条对象在字典中的位置，类似于对象的地址。

（2）对象类型　对象类型是用来表示对象字典里的特定索引处的对象类型，所有的对象类型见表 2-54。

表 2-54 对象字典的对象类型

对象类型名称	说明	编码
NULL	一个没有数据域的字典条目	0
DOMAIN	大块数据（比如可执行代码）	2
DEFTYPE	一般数据类型	5
DEFSTRUCT	新定义的复杂数据类型	6
VAR	一个单值变量（如 BOOLEAN、float 等）	7
ARRAY	包含多个数据域，每个数据域只能是基本数据类型的数据	8
RECORD	包含多个数据域，每个数据域可以是任何组合数据类型	9

（3）对象名称　对象名称是对特定对象功能性的文本描述。

（4）数据类型　数据类型可以为布尔型、浮点数型、无符号整型以及其他预定义类型。

（5）访问权限　访问权限可设为 RW（可读写）、RO（只读）、WO（只写）、CONST（只读，值为常量）。

（6）可选性　可选性定义对象是强制的还是可选的。

不同的汽车厂商都可以根据 CAN 总线应用层提供的服务设计出独特的 CAN 总线应用层协议。

二、J1939 协议

SAE J1939 协议是美国汽车工程师学会参照 CAN 总线协议，为重型货车、大型客车领域的车载通信系统所做的统一的协议规定。SAE J1939 协议通信速率可达 250kbit/s，是工程车辆领域内应用非常广泛的通信协议。该协议对汽车内部电子设备及地址参数进行了明确定义，支持该协议的工程车辆均可共享数据信息。

1. J1939 分层结构

SAE J1939 协议以 CAN 总线 2.0B 为基础，在 CAN 总线 2.0B 物理层与数据链路层基础上，另外定义了应用层和网络层，对开放式系统互连七层模型中的传输层、会话层和表示层不做规定，从而简化了信息的流通，也方便将来功能的扩展。J1939 协议对应的开放式系统互连模型分层结构如图 2-87 所示。

图 2-87 J1939 协议对应的开放式系统互连模型分层结构

（1）J1939 物理层　J1939 物理层描述了电气接口和物理介质，定义的内容包括物理介质为屏蔽双绞线，传输速率为 250kbit/s，同一网络上最大子系统数为 30 个，最大传输线长度为 40m，物理层还定义了数据的物理特性及总线的电气连接特性。

（2）J1939 数据链路层　J1939 数据链路层定义了信息帧的数据结构、编码规则，包括通信优先权、传输方式、通信要求、总线仲裁、错误检测及处理，它负责将 CAN 总线扩展帧的 29 位标识符重新分组定义，使报文的标识符就能够描述报文的全部特征，包括目标地址、源地址等内容。

（3）J1939 网络层　与其他上层协议不同，J1939 网络层的主要任务就是节点的地址分配或确定，但它不能实现其他上层网络协议中的节点监测功能。因此，J1939 网络必须通过应用程序来实现节点监测。节点地址是 J1939 网络正常工作的前提条件，这和单纯的 CAN 总线网络不同。J1939 网络初始化期间，所有节点都要检查它们自己静态配置的节点地址，从而确定这个地址在网络中是独一无二的，每个节点在获得响应的地址后才能进行正常通信。

汽车 J1939 网络如图 2-88 所示。

图 2-88　汽车 J1939 网络

2. J1939 协议标准组成

J1939 协议标准组成见表 2-55。

表 2-55　J1939 协议标准组成

子标准编号	子标准名称	子标准内容
SAE J1939	车辆网络串行通信的控制总标准	通信结构及各子标准，参数组号（PGN）、源地址（SA）和故障码（DTC）的编码定义
SAE J1939/01	路面设备控制和通信网络子标准	区别本网络与其他 CAN 总线应用网络的特性
SAE J1939/11	物理层子标准	硬件应符合 CAN 总线 2.0B 标准，总线最大长度为 40m 等物理层特性和网络电气特性
SAE J1939/13	非随车诊断设备接口子标准	定义除车辆自诊断设备外其他诊断设备的接口格式
SAE J1939/21	数据链路层子标准	采用 CAN 总线 29 位扩展帧格式进行数据传输，优先权的总线仲裁方式，循环冗余校验监测错误等实现数据传输的功能
SAE J1939/31	网络层子标准	不同网络之间的互相连接
SAE J1939/71	车辆应用层子标准	车辆控制主参数的数据格式包括参数数据长度、分辨率、范围及类型、参数组号、刷新率、默认优先权及数据场各位的含义等
SAE J1939/73	应用层诊断子标准	主要针对排放诊断要求，规定了 12 个诊断结果信息，给出了三种错误模式标识符的定义
SAE J1939/75	应用层设置及工业化子标准	规定了应用层的修订以及应用的程序
SAE J1939/81	网络管理子标准	规定了连接在网络上电子控制单元的命名方法

3. J1939 报文格式

J1939 协议遵循 CAN 总线 2.0B 要求，使用扩展帧式（29 位 ID）定义形成了自身的编码系统，从而实现发送数据帧同步、顺序控制、错误控制和流控制等功能。协议数据单元（PDU）提供了组织信息的框架，包括优先权（P）、扩展数据页（EDP）、数据页（DP）、PDU 格式（PF）、PDU 特定域（PS）、源地址（SA）及数据域（DATA），如图 2-89 所示。在开放式系统互连参考模型应用层中，这七部分被封装成一个或多个 CAN 总线数据帧，通过物理层发送到总线网络的其他设备节点。PDU 分为 PDU1 格式和 PDU2 格式，PDU1 格式报文支持点对点会话，PDU2 格式支持大部分报文广播发送。

域	优先权	扩展数据页	数据页	PDU格式	PDU特定域	源地址	数据域
	P	EDP	DP	PF	PS	SA	DATA
位	3	1	1	8	8	8	8字节（64）

图 2-89　J1939 协议数据单元

29 位标识符的前 3 位被用来决定仲裁过程中的信息优先权。其中，值 000 具有最高优先权。较低优先级的信息将被不关键的数据使用，较高优先级的信息被用作高速控制信息，R 位被保留，数据页和 PDU 格式有 9 位。DP 也用作选择器，当前页定义的信息包含在页 0 中，页 0 完成功能后将被分配，其附加扩展功能则通过页 1 实现。两个 PDU 格式中，通过 PF 来判定其中一个格式能够被传送。当 SRR 和 IDE 位完全被 CAN 总线定义控制时，SAE J1939 则不能被描述和修改。特定 PDU 有 8 位，其主要由 PF 的值决定。

参数组号码（PGN）主要用来识别或标识命令、数据、某些请求及应答等。传输命令、信息、格式及编码也通过 PGN 来定义。一个 CAN 帧只有一个 PDU，而一个 PDU 有时需要多个 CAN 帧完成。CAN 总线 2.0 规范中明确定义了数据帧的某些域，针对数据链路层以上的开放式系统互连层，这些域不可见，未在 PDU 中定义。例如，帧起始（SOF）、替代远程请求（SRR）、识别符扩展（IDE）、远程请求（RTR）、部分控制域、校验域（CRC）、应答域（ACK）及 EOF（帧结束）等。对于这些域，J1939 协议完全遵从 CAN 总线规范中的定义。应用层参数组每个参数都分配一个特定参数号（SPN）。部分参数具有 SPN，但不属于任何参数组，如故障诊断协议的 SPN1556。

4. J1939 通信方式

J1939 有三种主要通信方式，见表 2-56。不同通信方式具有不同的用途。报文必须发送到一个或另一个指定目标地址，并不是目标地址的参数号码。例如，J1939 定义一个发送到发动机或减速器的转矩控制报文，当超过一个发动机的情况下，报文必须发送到所要求的发动机，因此需要提前分配制订目标地址的参数号码。

表 2-56　J1939 主要通信方式

通信方式	内容
指定目标地址通信	PDU1（PF 值是 0～239，包括全局目标地址 255）
广播通信	PDU2（PF 值是 240～255）
私有通信	PDU1 或 PDU2 格式

J1939 通信中的核心是负责数据传输的传输协议。它的功能分为两部分，一部分为数据的拆分打包和重组。J1939 协议的一个报文单元只有八个字节的数据场。当发送的数据超过八个字节时，则需将其分批发送，分成若干个小的数据包。报文的序号从数据场的第一个字节开始，后七个字节用来存放数据。在报文接收过程中，按序号重新组合原来的数据。另一部分为数据传送管理，即针对节点之间的连接进行建立和关闭。根据需要，所定义的帧结构包括发送请求帧、发送清除帧、结束应答帧、广播帧及连接失败帧。节点之间的连接是通过一个节点向目的地址发送一个请求帧而建立的。当接收发送请求帧时，节点能够有效接收数据，从而发送一个清除帧，进行数据的传送。当数据接收全部完成时，节点则发送一个结束应答帧，连接关闭。考虑到存储空间不足或数据无效等原因，节点则需要拒绝连接，从而发送连接失败帧，连接关闭。

5. J1939 消息类型

J1939 协议支持请求报文、广播/响应报文、确认报文、命令报文及组功能报文五种类型的报文，可以通过协议中的参数组编号来识别报文的具体类型。

（1）请求报文　请求报文能够提供从全局范围或从特定目标地址的请求信息。典型请求报文见表 2-57。

表 2-57　典型请求报文

参数组名称	请求 PGN
定义	用于从一个或多个网络设备请求参数组
传输速率	用户自定义，推荐每秒请求不多于两次或三次
数据长度	3 字节

(续)

参数组名称	请求 PGN
数据页	0
PDU 格式	234
PDU 特定域	目标地址（全局或特定）
缺省优先级	6
参数组编号	59904（00EA00$_{16}$）
字节	1，2，3 被请求的参数组编号

（2）广播/响应报文　报文类型是设备主动提供的报文广播，或者是命令或请求的响应。总线数据交换大多采用此类报文。如一个电子控制单元以一定的周期广播某个参数，或者一个电子控制单元接受其他电子控制单元的 PGN 请求而发送参数。

（3）确认报文　确认报文具有两种形式：由一个"帧内"确认 ACK 组成，用来确认一个消息已至少被一个节点收到，其形式由 CAN 总线协议帧规定；对特定命令、请求的"ACK"或"NACK"等响应，其形式由应用层规定。典型确认报文见表 2-58。

表 2-58　典型确认报文

参数组名称		确认报文
定义		提供发送方及接收方的握手机制
传输速率		收到需要此类型确认的 PGN
数据长度		8 字节
数据页		0
PDU 格式		232
缺省优先级		6
参数组编号		59392（00E800$_{16}$）
参数定义	字节 1	控制字节
	字节 2	组功能值
	字节 3～5	保留给 CATARC，置各字节为"FF$_{16}$"
	字节 6～8	被请求报文的参数组编号

（4）命令报文　命令报文主要是从某个源地址向目标地址或全局目标地址发送命令类型的报文后，应根据接收到的报文采取具体的动作。PDU1 格式和 PDU2 格式都能用作命令报文。

（5）组功能报文　组功能报文用于特殊功能组（如专用功能、网络管理功能、多包传输功能等）。典型组功能报文见表 2-59。

表 2-59　典型组功能报文

参数组名称	传输协议（连接管理，TPCM）
定义	9 字节及以上数据的参数组的传输
传输速率	依据传送的参数组编号
数据长度	8 字节
数据页	0

（续）

参数组名称	传输协议（连接管理，TPCM）
PDU 格式	236
PDU 特定域	目标地址
缺省优先级	7
参数组编号	60416（00EC00$_{16}$）

6. 汽车典型参数信息

汽车在运行过程中，各个电子控制单元通过 CAN 总线实时传输信息，各种重要参数信息都以报文的形式传输，从而达到信息共享目的。同时，一些控制信号通过 CAN 总线传输给电子控制单元，便于其实现下一步控制行为。所以，许多汽车运行参数信息都可以通过 CAN 总线报文解析获得。针对具体电子控制单元参数，根据 J1939 协议的规定，利用 19 位特定参数号（SPN）来识别，并详细对参数名称、归属 PGN 属性、范围、分辨率等进行描述。后台数据库通过建立的 PGN 和 SPN 基本表，具体分析汽车应用层参数。J1939-71 中规定的汽车典型参数信息见表 2-60。

表 2-60　J1939-71 中规定的汽车典型参数信息

发送报文	参数组名称	参数	字节位置	分辨率	偏移量	优先级
发动机	发动机电子控制器 1（0x00F004）	发动机转矩模式	1.1	16	0	3
		主动轮命令发动机转矩百分比（%）	2	1	-125	3
		发动机实际转矩百分比（%）	3	1	-125	3
		发动机转速 /（r/min）	4～5	1/8	0	3
		发动机控制设备源地址	6	1	0	—
		发动机起动模式	7.1	16	0	3
		发动机需求转矩百分比（%）	8	1	-125	3
	发动机电子控制器 2（0x00F003）	加速踏板 1 怠速开关	1.1	4	0	3
		加速踏板自动降档开关	1.3	4	0	3
		限速状态	1.5	4	0	3
		加速踏板 2 怠速开关	1.7	4	0	3
		加速踏板位置 1（%）	2	0.4	0	3
		当前转速下的百分比负荷（%）	3	1	0	3
		加速踏板位置 2（%）	5	0.4	0	3
		实际最大发动机转矩百分比（%）	7	0.4	0	3
	发动机温度（0x00FEEE）	冷却液温度 /℃	1	1	-40	6
		发动机燃油温度 1/℃	2	1	-40	6
		机油温度 1/℃	3～4	0.031	-273	6
		涡轮温度 /℃	5～6	0.031	-273	6

(续)

发送报文	参数组名称	参数	字节位置	分辨率	偏移量	优先级
ABS	巡航控制/车速 （0x00FEF1）	车速/（km/h）	2～3	1/256	0	6
	高分辨率轮速 （0x00FE6E）	前轴左轮轮速/（km/h）	1～2	1/256	0	2
		前轴右轮轮速/（km/h）	3～4	1/256	0	2
		后轴左轮轮速/（km/h）	5～6	1/256	0	2
		后轴右轮轮速/（km/h）	7～8	1/256	0	2
	电子制动控制器1 （0x00F001）	ABS满运作	6.1	4	0	2
		EBS红色警告信号	6.3	4	0	2
		ABS/EBS琥珀色警告信号	6.5	4	0	2
制动器ECU	电子制动控制器1 （0x00F001）	制动踏板的位置（%）	2	0.4	0	6
变速器ECU	电子变速器控制器1 （0x00F002）	变速器换档过程	1.5	4	0	3
		变速器输入轴转速/（r/min）	6～7	0.125	0	3
		变速器输出轴转速/（r/min）	2～3	0.125	0	3

7. J1939 与 CAN 总线 2.0B 之间的转换

CAN 总线主要完成物理层和数据链路层上的数据通信，可在工业上普遍应用；而 J1939 协议主要针对网络层的信息通信，针对汽车电子控制单元之间的通信来定义协议。在 CAN 总线 2.0B 标准协议中，不同功能的报文信息可以使用相同的 ID，集成时会出现 ID 不能识别或识别不一致的问题。而 J1939 每帧报文的标识符唯一，同时具有自己的 PGN，每个节点规定了唯一的源地址。CAN 总线强调数据的发送和接收，是单片机供应的标准，其应用层上的协议可有多种，数据传输速率也不同，从而所选用的单片机也不同。J1939 的数据传输为 250kbit/s，是基于 CAN 总线驱动之上、应用层之下的协议。根据 CAN 总线规范定义，其隐性表示为"1"，显性表示为"0"，其中，显性屏蔽隐性。由于连续七个"1"表示帧结束，所以前 7 位不能全是"1"。SOF、仲裁场、控制场、数据场和 CRC 序列等位场，需要利用位填充结束技术进行编码。其余的位场和帧具有固定形式，从而无须位填充。当发送器检测到连续五个相同位，则自动插入一个补充位。

CAN 总线协议格式由 28 位到 0 位传输，共 29 位；而 J1939 协议格式的标识符由 1 位到 32 位传输，共 32 位。J1939 的 29 位标识符见表 2-61。按以下方法进行转换：

（1）CAN 总线协议转变为 J1939 协议　CAN 总线协议的帧起始位"0"为 J1939 协议的第 1 位，CAN 总线协议的 28～18 位依序为 J1939 协议的第 2～12 位，J1939 协议的 13、14 位置为"11"，CAN 总线协议的 17～0 位依序为 J1939 协议的第 15～32 位。

（2）J1939 协议转变为 CAN 总线协议　J1939 协议的第 1 位"0"为 CAN 总线协议的帧起始位，J1939 协议的 2～12 位依序为 CAN 总线协议的第 28～18 位，J1939 协议的 13、14 位不要，J1939 协议的 15～32 位依序为 CAN 总线协议的第 17～0 位。

表 2-61 J1939 的 29 位标识符

CAN 扩展帧格式														
SOF	P			R	DP	PDU 格式/PF							SRR	IDE
	3	2	1			8	7	6	5	4	3			
J1939 帧格式														
J1939 帧位位置	2	3	4	5	6	7	8	9	10	11	12		13	14
CAN ID 帧位位置	28	27	26	25	24	23	22	21	20	19	18			

CAN 扩展帧格式																			
PF	PDU 特定域/PS							18 位扩展标识符						源地址/SA					RTR
	8	7	6	5	4	3	2	1	8	7	6	5	4	3	2	1			
J1939 帧格式																			
J1939 帧位位置	2	1																	
J1939 帧位位置	15	16	17	18	19	20	21	22	23	24	25	26	27	28	29	30	31	32	33
CAN ID 帧位位置	17	18		14	13	12	11	10	9	8	7	6	5	4	3	2	1	0	

8. J1939 协议参数的计算

J1939 协议是以协议数据单元的形式进行传输，其中，一个协议数据单元包括八个字节。在 J1939 应用层协议中，详细定义了参数组（PG），包括参数的更新率、有效数据长度、数据页、PDU 格式、PDU 细节、默认优先权及参数组的内容，并且每个参数组都有相对应的 PGN。同时，对 J1939 网络的各个参数分配了一个编号（SPN），参数定义了 PDU 数据场中字节的物理意义，包括数据长度、数据类型、分辨率、范围及参考标签。由以上参数可以计算出每一个参数对应的实际物理数值。根据 J1939 协议参数组的原始 16 进制数，可以得到与之对应的设计物理量为

$$Value = R_{es}R + Offset \qquad (2-8)$$

式中，$Value$ 是参数实际值；R_{es} 是参数分辨率；R 是参数数值；$Offset$ 是参数偏移量。

根据参数数值范围规定，连续性参数一般用 1～4 个字节来表示，需要满足表 2-62 的规定，字节表示的数据才具有有效性。

表 2-62 参数数值范围规定

范围名称	1 字节	2 字节	4 字节	ASCII
有效信号	0～250 00_{16}～FA_{16}	0～64255 0000_{16}～$FAFF_{16}$	0～4211081215 00000000_{16}～$FAFFFFFF_{16}$	1～254 01_{16}～FE_{16}
特定参数指示	251 FB_{16}	64256～64511 $FB00_{16}$～$FBFF_{16}$	4211081216～4227858431 $FBxxxxxx_{16}$	无
保留给将来指示使用的范围	252～253 FC_{16}～FD_{16}	64512～65023 $FC00_{16}$～$FDFF_{16}$	4227858432～4261412863 $FC000000_{16}$～$FDFFFFFF_{16}$	无
错误指示	254 FE_{16}	65024～65279 $Fexx_{16}$	4261412864～4278190079 $Fexxxxxx_{16}$	0 00_{16}
不可用或不可被请求	255 FF_{16}	65280～65535 $Fexx_{16}$	4278190080～4294967294 $FFxxxxxx_{16}$	255 FF_{16}

9. 车速

（1）车速 ID 地址　由 CAN 总线 USB 获得其中一组数据为

接收　0.060376　18FEF100x　数据帧　扩展帧　0x08 43 0D 3B 45 00 28 1F FF

车速报文各部分含义及标识符 ID 转换见表 2-63 和表 2-64。

表 2-63 车速报文各部分含义

报文	含义
接收	接收 / 发送报文
0.060376	接收报文的时间
18FEF100x	29 位标识符 ID
数据帧	帧类型
扩展帧	帧格式
0x08	数据字节数量
43 0D 3B 45 00 28 1F FF	8 个字节的数据（FF 代表不用的信息）

表 2-64　车速标识符 ID 转换

十六进制	18FEF100
二进制	11000111111101111000100000000
十进制	419361024

（2）车速数据信息　车速数据域转换见表 2-65。根据 J1939 协议 J1939-71 应用层协议，可得到相对应 PGN 参数组 65265，即车速报文信息。

表 2-65　车速数据域转换

十六进制	43 0D 3B 45 00 28 1F FF
二进制	1000011000011010011101101000101000000000010100000011111111111111
十进制	4183158314277982207 9

根据 J1939-71 特定参数 SPN84 规定，其字节长度为 2bit，分辨率为每位 1/256km/h，偏移量为 0，PGN 号码为 65265。参考字节 2~3 为 3B 0D 或 15117。计算得参考车速为 15117×(1/256)km/h+0=59.285km/h。

10. 发动机参数

（1）发动机参数 ID 地址解译　由 CAN 总线 USB 获得其中一组数据为
接收　0.149536 0CF00400x　数据帧　扩展帧　0x08 F6 E1 80 20 2D FF 00 FF
发动机参数报文各部分含义及标识符 ID 转换见表 2-66 和表 2-67。

表 2-66　发动机参数报文各部分含义

报文	含义
接收	接收 / 发送报文
0.149536	接收报文的时间
0CF00400x	29 位标识符的 ID
数据帧	帧类型
扩展帧	帧格式
0x08	数据字节数量
F6 E1 80 2D FF 00 FF	8 个字节的数据（FF 代表不用的信息）

表 2-67　发动机参数标识符 ID 转换

十六进制	0CF00400
二进制	1100111100000000010000000000
十进制	217056256

（2）发动机参数数据信息　发动机参数数据域转换见表 2-68。根据 J1939 协议和 J1939-71 应用层协议，可得到相对应 PGN 参数组 61444，即发动机电子控制器报文信息。其中，数据长度为 8 字节，参考字节 4~5，即发动机转速，对应特定参数 SPN 为 190。参考字节 3 为发动机转矩百分比，对应特定参数 SPN 为 513。

表 2-68　发动机参数数据域转换

十六进制	F6 E1 80 20 2D FF 00 FF
二进制	1110011011100001100000000100000001011011111111110000000011111111
十进制	1810024699527332813

根据 J1939-71 发动机转矩百分比特定参数 SPN513 规定，其字节长度为 1bit，分辨率为 1%/bit，偏移量为 -125%，PGN 号码为 61444，参考字节 3 为 80 或 128。发动机转速特定参数 SPN190 规定，其字节长度为 2bit，分辨率为 0.125r/min/bit，偏移量为 0，PGN 号码为 61444，参考字节 4～5 为 2D 20 或 11552。计算得发动机转矩百分比为 128×1%-125%=3%，发动机转速为 11552×0.125r/min+0=1444r/min。

单元 6　时间触发通信

时间触发通信是指网络中的每个节点在一个固定的时间里发送信息，这样就不用再对信息进行优先级仲裁，由于每个节点分配到的时间是固定的，所以还可以预判整个网络的延迟时间。要实现这样的时间触发 CAN 通信有两种方式：用于周期信息传输、支持全局系统时间传输。

2.6　时间触发通信

一、时间触发通信协议

1. 系统矩阵的矩阵周期

两个参照帧之间的时间被称为一个基本周期，基本周期由数个时间窗口组成。

矩阵周期是指在系统矩阵中从第一个基本周期到最后一个基本周期。如果系统矩阵只由一个基本周期构成，则矩阵周期与基础周期就是一样的。在一个时间触发系统中，网络中所有节点的所有报文组成系统矩阵的一部分。系统矩阵规定了报文和其发送所属的时间窗口之间的相互关系。在时间触发 CAN 总线中，系统矩阵由基本周期（系统矩阵的行）和发送列（系统矩阵的列）组成。在系统矩阵中，基本周期的数目是 2 的整数幂，最小值是 1。每个基本周期由一个规定的特征报文开始。时间触发 CAN 总线的基本周期如图 2-90 所示。

图 2-90　时间触发 CAN 总线的基本周期

在一个基本周期中，一个报文可能被分配到不止一个时间窗口，即一个特定的报文可能属于多个发送列。在系统矩阵中，所有基本周期的循环构成了矩阵周期。在一个矩阵周期中，周期计数将计算基本周期的数量。计数将从零开始，达到周期计数最大值时结束。周期计数的当前值将作为参照报文（开始一个基本周期的数据帧）的一部分被时间主节点发送，周期计数值将因时间主节点的每个基本周期的发送而递增。接收任何一个有效的参照报文后将使用此参照报文中的周期计数。帧同步实体是协调逻辑链路控制子层和媒介访问控制子层的部分，在时间触发 CAN 总线网络中，每个 CAN 控制器都有其自身的帧同步实体。

一个矩阵周期的列被称为发送列。在一个发送列中，周期性地传输一个特定的报文，周期是 2 的整数幂，它不大于系统矩阵的行数。这一周期的单位是"系统矩阵的行"。第一个发送特定报文的基本周期的数量（作为周期计数的值）称为周期偏移，这个周期被称为重复系数。一个特定的报文可能不止属于一个发送列，也可能用同一发送列中不止一个时间窗口来传输。

2. 时间窗口

时间窗口是一个时间定量，在系统矩阵中为了实现一个具体的发送列而分配的时间段。每个报文都将由一个指定的时间窗口来传输。在时间窗口里，报文的发送只开始于发送使能（报文开始发送的时间段）窗口，如报文的帧起始位将在发送使能窗口中发送。

在时间-触发器总线里，提供了专用时间窗口、空闲时间窗口和仲裁时间窗口三种不同类型的时间窗口。专用时间窗口是指分配给发送特定周期报文的不参与总线竞争的时间窗口，空闲时间窗口是指在系统矩阵中报文调度空闲的时间窗口，仲裁时间窗口是指同一个时间内可以定义多个节点同时发送报文的时间窗口。

一个基本周期由不同类型和长度的时间窗口构成。发送列中的所有时间窗口都应有相同的长度，但是可以是不同的类型。

周期计数最大值为 3 时的系统矩阵如图 2-91 所示。

图 2-91 周期计数最大值为 3 时的系统矩阵

专用时间窗口被分配给周期性发送的特定报文，CAN 总线没有竞争。网络中仅有的一个帧同步实体可以在专用时间窗口中开始发送。仲裁时间窗口被分配给共享同一个时间窗口的报文，在仲裁时间窗口内，通过 CAN 总线仲裁标识符解决总线冲突。网络中的几个帧同步实体可以在仲裁时间窗口中开始发送。万一丢失了仲裁，无自动重发功能（合并仲裁窗口除外）。连续的仲裁时间窗口可能会合并成一个单一窗口，丢失仲裁或者被错误干扰的帧可以在合并仲裁窗口中被重新发送。空闲时间窗口为将来网络的拓展做准备。

3. 时间同步基本周期

在一个非时间同步的时间触发系统中，参照报文应在等距的时间槽中被周期性地传输。在主节点中,时间触发总线可以选择性地将基本周期与一个特定的时间进行同步。当通信同步时,周期报文的发送将在一个基本周期结束之后被终止,同时会在上一个基本周期结束和下一个基本周期开始之间出现一个时间间隔。此时间间隔在上一个基本周期参照报文中被时间主节点广播。当前时间主节点或者备用的时间主节点发送一个用于开始矩阵周期的基本周期的参照报文时,时间间隔被终止。时间同步基本周期如图2-92所示。

图 2-92 时间同步基本周期

二、参照报文

参照报文是指开始一个基本周期的数据帧。等级是指时间触发CAN总线的执行级别,分为等级1和等级2,等级2是等级1的扩展。

所有时间触发在CAN总线上的周期通信以参照报文为基础。一个参照报文通过特定的CAN标识符表示成数据帧,除了主节点(参照报文的发送方)之外的所有帧同步实体接收并认可。对于等级1,数据长度代码至少是1;对于等级2,数据长度代码至少是4,否则报文将不作为参照报文被接收。

对于等级1和等级2,参照报文有不同的格式。

等级1的参照报文至少由一个数据字节构成,首字节包含下个间隔位和周期计数,最高有效位(位号7)首先被发送。等级1的参照报文格式见表2-69。

表 2-69 等级1的参照报文格式

7	6	5	4	3	2	1	0
下个间隔	预留	可选,周期计数5	可选,周期计数4	可选,周期计数3	可选,周期计数2	可选,周期计数1	可选,周期计数0

等级2的参照报文将包含至少4个数据字节,见表2-70。第1个字节包含下个间隔位和周期计数,每个字节的最高有效位(位号7)首先被发送;第2个字节包含中断位和网络时间单元带宽;第3个字节包含主节点参考标志的低字节;第4个字节包含主节点参考标志的高字节。

表 2-70 等级2的参照报文格式

第 1 个字节							
7	6	5	4	3	2	1	0
下个间隔	预留	可选,周期计数5	可选,周期计数4	可选,周期计数3	可选,周期计数2	可选,周期计数1	可选,周期计数0
第 2 个字节							
7	6	5	4	3	2	1	0
网络时间单元带宽6	网络时间单元带宽5	网络时间单元带宽4	网络时间单元带宽3	网络时间单元带宽2	网络时间单元带宽1	网络时间单元带宽0	中断位

(续)

第 3 个字节							
7	6	5	4	3	2	1	0
主节点参考标志7	主节点参考标志6	主节点参考标志5	主节点参考标志4	主节点参考标志3	主节点参考标志2	主节点参考标志1	主节点参考标志0
第 4 个节点							
7	6	5	4	3	2	1	0
主节点参考标志15	主节点参考标志14	主节点参考标志13	主节点参考标志12	主节点参考标志11	主节点参考标志10	主节点参考标志9	主节点参考标志8

三、定时和同步特征

1. 等级 1 和等级 2

在时间触发 CAN 总线中，有等级 1 和等级 2 两个可能的等级。等级 1 只提供使用周期时间的时间触发操作。等级 2 则在此基础上额外增加了同步质量，提供了全局时间和外部时钟时间。在两个等级中，所有的定时特征都是基于本地时间。原则上，网络中的所有帧同步实体使用网络时间单元计算其本地时间。节点的网络时间单元因本地振荡器（系统时钟）的不同与整个网络的网络时间单元存在少量的差异。在等级 2 中，同步程序应确保不同帧同步实体中的本地网络时间单元非常接近，网络时间单元是 CAN 总线标称位时间。

如果等级 2 的网络时间单元等于等级 1 的网络时间单元（CAN 总线标称位时间），则在一个时间触发的 CAN 总线网络中，等级 1 和等级 2 的帧同步实体就可以混用。然而，在这样的混合网络中，所有备用的时间主节点应是等级 2 的特性。

2. 本地时间的产生

在每个帧同步实体中，本地时间通过一个周期增加的计数器实现。在等级 1 中，计数器加上网络时间单元（在等级 1 中为标称位时间）之后是 16 个位。在等级 2 中，计数器中要包含至少 19 个位，除了 16 个最高有效位之外的剩余位为网络时间单元的小数部分。除了计数器增加之外，本地时间只会被硬件复位影响。在硬件方面，每个帧同步实体可以访问提供本地时钟计时单元的振荡器。在等级 2 中，一个网络时间单元的实现将以时间单元比率为基准。

时间单元比率是一个特定帧同步实体相关的数（通常非整数），它是网络时间单元的长度和特定帧同步实体的基本时间单元之间的比率。特定帧同步实体的基本时间单元是指振荡器周期的长度。一个本地网络时间单元的生成应以当前有效的时间单元比率的本地值为基准，即实际时间单元比率。在帧同步实体中，实际时间单元比率的精度影响任意两个本地网络时间单元的最大差值。时间单元比率的值将决定一个本地网络时间单元的长度，进而影响本地时间计数器的速率。时间单元比率的实现及数据格式由帧同步实体规定。

等级 2 中生成节点网络时间单元的原理如图 2-93 所示。

对于帧同步实体，需要明确时间单元比率的数据格式。时间单元比率在一个帧同步实体（时间单元比率配置）内的初始值是已知的。非时间主节点的帧同步实体与时间触发 CAN 总线网络同步时，应根据其本地时间（系统时钟）和主节点的全局时间之间的比率持续更新其时间单元比率值。

图 2-93　等级 2 中生成节点网络时间单元的原理

3. 周期时间参数

在 CAN 总线网络中，对于每个数据帧或远程帧，帧同步脉冲在每个帧同步实体中产生，并且位于帧起始的采样点。忽略信号的传播时间，这个脉冲用于整个网络的同步。在帧同步脉冲中，本地时间的当前值会被保存为同步标志。在每个参照报文成功完成之后，当前的同步标志被保存成为参考标志。

周期时间是帧同步实体的本地时间和其参考标志之间的差值。周期时间理论上是在每个基本周期开始时（参照报文的同步标志）从 0 重新开始。但实际上只有在完成参照报文之后的时间点才被认为是周期时间的起始点。在等级 2 中，只有此差值的 16 个最高有效位才对周期时间有效。所有的时间标志都会在周期时间参数中给出。

4. 等级 2 中的同步

在等级 2 同步中，通过调整时间单元比率值，实现改善参照报文之间不同的时间计数器的同步性。时间单元比率通常不是整数。帧同步实体不是时间主节点，在每次接收到参照报文之后，时间单元比率适应主节点的全局时间，从而弥补时钟偏移。

在帧同步脉冲中，节点的本地时间和本地偏移之和的当前值将被保存为全局同步标志（节点的全局时间包括小数部分），全局同步标志至少 19 位。时间主节点在参照报文中发送其当前的全局同步标志作为主节点参考标志。在每个参照报文成功完成之后，当前的主节点参考标志被保存为全局参考标志。

5. 等级 2 中的全局时间

全局时间等于本地时间与本地偏移之和。一个时间触发的 CAN 总线网络的全局时间在时间主节点里是 16 个最高有效位。在每个帧同步实体中，本地时间加上本地偏移的 16 个最高有效位将得到一个全局时间的近似值。这个近似值不会产生连续的值（也就是两个连续值最多相差 1），它将提供一个 16 个最高有效位的无变化值，这个连续的无变化值应用于全局时间。全局时间的单位是网络时间单元。为了保持全局时间的无变化性和连续性，外部时钟同步的频率调节、长时间的间隔、时间的变化等是十分必要的。如果由于外部时钟同步导致出现中断，它将发信号（中断标志）给应用程序。

6. 外部时间同步

时间触发 CAN 总线的时间主节点能够使用外部时间来提供一个网络的全局时间。外部时间同步可以通过以下方式来实现：

1）调频可以通过使用外部时间周期作为网络时间单元的基础，这会使时间单元比率的值能够适应外部时间周期的长度。当前，主节点将在调节时间单元比率中写入新的时间单元比率值，并设置外部时钟同步命令。在下一个基本周期开始时，帧同步实体使用新的调整时间单元比率作为实际时间单元比率。

2）调相可以连续的频率调节或在全局时间中插入中断实现。对于这种情况，中断位将是参照报文的一部分，表明了全局时间的中断行为被期望。此应用将把网络中期望全局时间和当前全局时间的差值写入预设全局时间里并置位设置时间命令。在下一个基本周期开始时，这个值将被加入时间主节点的本地偏移中，进而加入全局时间中。参照报文中的中断位能够被设置，网络中不应出现两个连续的带有置位中断位的参照报文。

3）对于特定的外部全局时间的值，应通过设置参照报文中的下个间隔来调整周期时间，同时根据修正请求开始一个事件同步的基本周期。

四、报文发送和接收

在一个时间触发系统中，网络中所有节点的所有报文都是构成系统矩阵的要素。系统矩阵中规定了报文和其被发送的时间窗口之间的相关性。每个基本周期由一个规定的特殊报文开始，即参照报文。在系统矩阵中，所有基本周期的周期将是矩阵周期。在基本周期中时间窗口的序列，应通过与周期时间相比的时间标志来控制。当开启一个特殊的时间窗口，周期时间点应用时间窗口的时间标志来表示。当下一个时间窗口打开时，之前的时间窗口关闭。时间触发CAN总线的定时应以系统矩阵的特定时间标志有关的下一个触发器为基础，这个触发器包括发送触发器、接收触发器、发送参照触发器和监察触发器。

发送触发器规定某一报文何时传输参数，该参数由时间标记、传输列中第一次发送的位置（周期偏移）、该传输列中的重复率（重复因数）以及发送触发器有效的参照报文组成；接收触发器规定了一个报文被成功接收的参数；发送参照触发器指定只关系到参照报文触发的发送触发器参数；监察触发器用于检验从最后一个有效的参照报文开始，时间是否过长的时间标志。

1. 报文发送

报文发送涉及发送触发器、发送使能和发送消息对象。

（1）发送触发器　在节点中，发送触发与时间触发CAN总线网络是同步的，报文的发送将由发送触发器控制。因此，发送触发器指定参照报文在矩阵周期的哪一个时间窗口被发送。

图2-94所示为一个专用报文的发送触发示例。报文D应在这个系统矩阵的第一个和第三个基本周期的第五个时间窗口（专用时间窗口）中发送，周期偏移的配置为0，重复系数为2。

（2）发送使能　发送触发器指定了报文时间窗口的开始。为了遵守线下定义的调度表（矩阵周期）的定时限制，开始发送一个报文的事件将受限于一个报文时间窗口的开始。发送使能是一个指定了发送开始时间的窗口，其应在时间窗口开始时打开，在一个指定数量的标称CAN总线位时间（1～16）之后关闭。发送使能窗口的长度由系统配置指定，同时对于网络中不同的帧同步实体发送使能会出现变化。虽然这个允许出现，在一个时间触发CAN总线的帧同步实体内，对于每个时间窗口，没有必要针对发送使能窗口指定不同长度，也就是说，发送使能窗口的长度可以是一个帧同步实体常数。

所有的媒介访问控制子层发送需求由报文发送触发器设置（如果是逻辑链路控制子层发送请求），在发送使能窗口结束时重新设置。

图 2-94 一个专用报文的发送触发示例

当已经开始重新设置一个媒介访问控制子层的发送请求时，在媒介访问控制子层发送过程中不能中断传输，媒介访问控制子层的发送应完整。当一个节点需要在指定窗口发送一个报文时，不能在发送使能窗口中开始（如因为总线不是空闲的或者应用程序暂时关闭了报文发送），传输在这个时间窗口中不会开始，对于需要发送的报文将会延缓发送，直到下个发送触发或彻底被忽略。任何情况下，在报文发送触发事件中，报文发送请求（逻辑链路控制子层发送请求）从逻辑链路控制子层转发到媒介访问控制子层，媒介访问控制子层发送请求在发送使能窗口结束时被关闭。

合并仲裁窗口的发送使能窗口在第一个时间窗口启动时开始，在最后一个合并的时间窗口的发送使能窗口结束时停止。因此，最后的合并时间窗口长度指定了在合并仲裁时间窗口中可以发送的报文的最大长度。

合并仲裁时间窗口内的第一个和最后一个发送触发，应被每个加入合并仲裁时间窗口中的帧同步实体所识别。

（3）发送消息对象 一个消息对象应提供一个 LLC 帧的存储，当这个消息对象的发送触发器被激活时，LLC 帧、控制信息和状态信息将一起发送。对于时间触发 CAN 总线，消息对象包含附加的状态信息。在初始化期间，消息对象应被配置，并且在时间触发的操作期间可能会被更新。

2. 报文接收

报文接收涉及接收触发器和接收消息对象。

（1）接收触发器 在帧同步实体同步到时间触发 CAN 总线网络时，接收触发器控制着报文接收的检验。接收触发器与发送触发器的组成部分一样，可核实一个专用报文的成功接收。接收触发器的时间标志给出了一个时间点，在此时间点之后以及下一个基本周期开始之前，相应报文接收应完成。多个接收触发器有可能指定给相同的报文。

（2）接收消息对象 消息对象应提供 LLC 帧的存储，如果接收触发器的时间标志与当前周期时间相匹配，消息对象也应为接收到的专用报文的确认提供控制和状态信息。对于时间触发 CAN 总线，消息对象应包含额外的状态信息，用于展示验证的结果。在初始化期间，消息对象应被配置，并且在时间触发的操作期间可能会被更新。

3. 参照报文的发送

参照报文的发送涉及发送参照触发器、发送参照触发器的消息对象、参照触发器偏移和监察触发器。

（1）发送参照触发器　发送参照触发器是一个特别的发送触发器，这个发送触发器只与参照报文的触发相关。发送参照触发器只在潜在时间主节点中出现。在严格的时间触发系统中，只有一个发送参照触发器保证参照报文的周期性发送。只要发送参照触发器出现，帧同步实体尝试发送一个参照报文。

在一个事件同步基本周期的系统中，需要使用两个发送参照触发器。在周期性的情况下，一个发送参照触发器是活跃的，并且在下一个基本周期被同步到一个事件（时间主节点激活下个间隔位）之前，需要保证参照报文的周期性发送。在同步事件未出现或者丢失的情况下，另一个发送参照触发器应该重新开始参照报文的周期性发送，因此对于间隙情况，发送参照触发器检查应用程序规定的最大间隙长度。在一个给定的时间内，只会有一个发送参照触发器有效。

周期情况的发送参照触发器的时间标志应与网络中所有的潜在时间主节点相同，这些时间标志的大小给出了基本周期的长度。此外，发送参照触发器的时间标志可以被参照触发偏移修改。

（2）发送参照触发器的消息对象　发送参照触发器的消息对象应保存参照报文标识符和数据长度代码。参照报文的数据部分由时间触发 CAN 总线协议机制提供，参照报文标识符的最后三位规定了帧同步实体的时间主节点优先权。

（3）参照触发器偏移　参照触发器偏移通过修改发送参照触发器的时间标志来实现时间主节点的初始化和容错。发送参照触发器的时间标志与参照触发器的偏移决定参照报文发送的开始时间。参照触发器偏移的值应由主节点状态和初始化状态决定。在当前主节点正常运转情况下，参照触发器偏移的值为 0，对于其他的备用时间主节点，参照触发器偏移等于初始化参照偏移量。这里初始化参照偏移量是一个由配置确定的正值。例如，在初始化期间或在重新设置之后，一个备用的时间主节点有比当前主节点更高的优先权，其应重新设置参照触发器偏移的值等于 0（如果参照触发器偏移的值是正的），并且参照触发器偏移每经过一个基本周期都减 1，直到发出或接收到的参照报文有更高的优先权，间隙中不会减少。参照触发器偏移的值在 -127 ～ 127 范围内。

（4）监察触发器　如果很长时间没有参照报文发送（如在总线受到强烈干扰期间，所有备用主节点经过多次重试发送参照报文之后），帧同步实体的监察触发器应当激活（对于发送参照触发器，应有两个监察触发器，一个用于周期情况，另一个用于事件同步情况，这也适用于时间接收的帧同步实体），然后错误处理程序将开始运作并告知应用层。在初始化过程中，监察触发器应关闭直到完全发送或接收一个报文。

单元 7　CAN FD 总线

CAN FD（CAN with Flexible Data rate）为具有灵活数据速率的 CAN 总线。CAN FD 总线继承了 CAN 总线的主要特性，弥补了 CAN 总线的数据长度和带宽的限制，可以简单认为 CAN FD 总线就是 CAN 总线的升

2.7 CAN FD 总线

级版。

2012 年博世公司发布了 CAN 总线的替代总线 CAN FD 总线协议。2015 年，国际标准化组织正式发布了包含 CAN FD 总线的 ISO 11898-1 协议。2016 年发布了 ISO 11898-2 协议，将 CAN 收发器支持超过 1Mbit/s 的技术标准化。

一、引入 CAN FD 总线的背景

随着电子、半导体和通信等行业的快速发展，汽车智能化的诉求越来越强。为了提高汽车的安全性和舒适性，实现汽车的电动化、智能化和网联化，汽车制造商将越来越多的功能集成到了汽车上，电子控制单元大量地增加，使总线负载率急剧增大。

目前，汽车上使用的车载网络主要以 CAN 总线为主，但由于 CAN 总线的最高传输速率为 1Mbit/s（通常汽车 CAN 总线系统的实际使用速率最高为 500kbit/s），电子控制单元大量增加使总线负载率急剧增大，以致造成网络拥堵，影响信息传输的可靠性和实时性。为了满足日益增长的汽车网络需求，所以需要能够传输更多信息的高速车载网络。另外，CAN 总线报文中只有约 40%～50% 的带宽用于实际数据传输；最大总线速度受到响应机制的限制，例如 CAN 控制器中的 ACK 生成延迟、收发器传播延迟、导线延迟等，为了解决 CAN 总线的局限，就对其进行升级，CAN FD 总线就此诞生。

二、CAN FD 总线的特点

CAN FD 总线具有以下特点：

（1）增加传输速率　CAN FD 总线支持双比特率：与传统 CAN 总线一样，标称（仲裁）比特率限制为 1Mbit/s，而数据比特率取决于网络拓扑和收发器，CAN FD 总线可以实现高达 5Mbit/s 的数据比特率。

（2）增加数据长度　CAN FD 总线每个数据帧最多支持 64 个数据字节，而传统 CAN 总线最多支持 8 个数据字节，这减少了协议开销，并提高了协议效率。

（3）增加可靠性　CAN FD 总线使用改进的循环冗余校验（CRC）和受保护的填充位计数器，从而降低了未被检测到的错误风险。

CAN FD 总线通过改变帧结构和提高位速率等方法把数据传输速率提高到了 5Mbit/s，其基本原理图如图 2-95 所示。

图 2-95　CAN FD 总线提高传输速率的基本原理图

三、CAN FD 总线的分层架构

ISO/OSI 参考模型的详细定义见表 2-71，一共分为七层。其中，应用层、表示层、会话层、传输层和网络层由软件控制，主要用来实现通信传输报文的信息定义、转换表现形式、数据加密、数据同步以及访问路由等功能；逻辑链路层和物理层由硬件控制，主要负责报文的帧化、传输保证和位时序等功能。根据开放系统互连参考模型定义和功能定义，可以将 CAN FD 总线的功能合理地分割到数据链路层和物理层，而数据链路层的功能可以更细地划分为媒介访问控制子层和逻辑链路控制子层。由此可将 CAN FD 总线的功能和 OSI 参考模型一一映射分割，完成功能切割。

表 2-71 ISO/OSI 参考模型的详细定义

ISO/OSI 参考模型		各层定义及主要功能
软件控制	7. 应用层	由实际应用程序提供可利用的服务
	6. 表示层	转换数据表现形式，数据加密等
	5. 会话层	数据同步，建立会话式通信
	4. 传输层	错误检测、寻址、缓存和应答等
	3. 网络层	提供数据在网络间的传输介质，最优路径选取等
硬件控制	2. 数据链路层	数据帧化和去帧化、错误检测、错误纠正等
	1. 物理层	规定了通信网络的物理特征，包括通信介质的类型、拓扑结构、介质电压、传输带宽等

CAN FD 总线的具体功能分割见表 2-72。根据表 2-72 中 OSI 参考模型对数据链路层和物理层的功能定义，可以将报文的接收过滤、过载通知、错误恢复管理、信息的帧化、多主仲裁、总线错误检测和错误通知、应答等功能划分到数据链路层；而位填充、位时序和位同步属于通信网络的物理特征，所以被划分到物理层中。

表 2-72 CAN FD 总线的具体功能分割

开放系统互连参考模型子层		CAN FD 总线功能
数据链路层	逻辑链路控制子层	报文的接收过滤
		过载通知
		错误恢复管理
	媒介访问控制子层	信息的帧化
		多主仲裁
		总线错误检测和错误通知
		应答
物理层		位填充
		位时序
		位同步

四、CAN FD 总线协议

1. 数据帧分析

CAN FD 总线报文中的数据帧由七个位场构成，按照一帧报文的发送顺序分别为帧起始（SOF）、仲裁场、控制场、数据场、CRC 场、ACK 场和帧结束（EOF）。CAN FD 数据帧的结构如图 2-96 所示。与传统的 CAN 总线相比，CAN FD 每帧传输的数据量更多，基本帧可传输最多 64 字节，传输速率也从 CAN 总线的 1Mbit/s 提升至最高 10Mbit/s，增强了传统 CAN 总线的错误漏检率。除此之外，控制域中还增加了错误状态指示（ESI）、位速率转换开关（BRS）、FDF 位，同时在 CAN FD 控制器中可以实现 CAN 总线通信。

图 2-96 CAN FD 数据帧的结构

（1）帧起始（SOF）　当节点发送一帧数据时，发送的第一部分就是帧起始部分，帧起始是一个 1bit 的位域，显性位（逻辑 0）有效。无论是 CAN 总线还是 CAN FD 总线，只要总线当前为空闲状态，总线网络中的任意节点都可以发送 SOF 信号，SOF 会将总线从隐性（1）拉至显性（0）。在通信过程中，最先开始发送报文的节点将作为后续报文发送的时间参考，这个节点的帧起始对接下来发送节点的硬同步起决定性作用。

（2）仲裁场　CAN FD 总线的仲裁场是由识别符（ID）和 RRS 位构成的，用于判断报文帧格式以及确定哪个报文可以优先进行传输。

（3）控制场　CAN FD 总线的控制场由 IDE 位、FDF 位、RES 位、BRS 位、ESI 位和 DLC 位构成，主要用于控制报文数据场的数据长度。

仲裁场和控制场的结构图如图 2-97 所示。

图 2-97 仲裁场和控制场的结构图

1）ID（标识符）。标识符根据帧类型存在两种不同长度的位域，当报文为标准帧时，标识符由一个 11bit 的位域组成；当报文为扩展帧时，标识符由一个 29bit 的位域组成，其中包含 11bit 的基本标识符和 18bit 的扩展标识符。标识符的作用就是区分消息和判断消息的优先级。

2）RTR。RTR 为 CAN 总线报文远程传输请求位，由 1bit 位域组成，逻辑 0 表示此时为数据帧，逻辑 1 则表示此时为远程帧。

3）RRS。RRS 为 CAN FD 总线报文远程请求替换位（RRS 替换 RTR 位），由于 CAN FD 总线报文不支持远程帧，因此在 CAN FD 总线报文中此位始终为显性。

4）SRR。SRR 为 CAN FD 总线扩展帧报文替换远程请求位（SRR 替换 RTR 位），通常表现为隐性。

5）IDE。IDE 为标识符扩展位，用于区分标准帧和扩展帧，逻辑 0 为标准帧，逻辑 1 为扩展帧。

6）FDF。FDF 用于区分报文格式，FDF 位表现为隐性时数据流为 CAN FD 总线报文，FDF 位表现为显性时数据流为 CAN 总线报文。

7）RES。RES 为 CAN FD 帧的保留位，设置为隐性可以表示一个新的协议。

8）BRS。BRS 为位速率转换开关，只存在于 CAN FD 总线报文中，用于控制数据域传输速率的切换，当 BRS 位为显性时，CAN FD 数据帧将以一般比特率即最高 1Mbits/s 来发送；当 BRS 位为隐性时，数据帧的数据场部分将以更高的比特率（5Mbit/s）来发送。

9）ESI。ESI 为错误状态指示位，ESI 位为显性表示错误有效，节点处于主动错误状态，相反则处于被动错误状态。

10）DLC。DLC 为数据长度编码，表示传输了多少字节的报文。CAN 总线和 CAN FD 总线都由 4bit 位域组成。CAN FD 数据场所能携带的最大字节数可以达到 64bit，与 CAN 总线相比有了很大的提升。数据长度可以从 0～8、12、16、20、24、32、48、64 字节中选择。而 CAN 只有 0～8 个字节。DLC 与数据长度之间的关系见表 2-73。DLC 不能指定除此处描述之外的数据长度，例如 14 字节或 50 字节。

表 2-73　DLC 与数据长度之间的关系

帧类型	DLC3	DLC2	DLC1	DLC0	数据字节数量
传统帧和 FD 帧	0	0	0	0	0
	0	0	0	1	1
	0	0	1	0	2
	0	0	1	1	3
	0	1	0	0	4
	0	1	0	1	5
	0	1	1	0	6
	0	1	1	1	7
	1	0	0	0	8
传统帧	1	0 或 1	0 或 1	0 或 1	8
FD 帧	1	0	0	1	12
	1	0	1	0	16
	1	0	1	1	20
	1	1	0	0	24
	1	1	0	1	32
	1	1	1	0	48
	1	1	1	1	64

（4）数据场　与CAN总线一样，数据场中存放的是数据帧中要发送的有效数据，但是CAN总线的有效数据场只有8bit，而CAN FD总线增加了数据场的长度，每帧报文的有效数据长度可达64bit。

（5）CRC场　CRC场用于检测一帧数据发送是否正确，只有确认对错的作用没有纠错的能力。CAN总线和CAN FD总线报文的CRC场如图2-98所示。CAN FD总线的CRC场与CAN总线的CRC场相比，增加了填充位计数和奇偶校验位，而且CRC校验、填充位和CRC界定符都发生了变化。

图2-98　CAN总线和CAN FD总线报文的CRC场
a）CAN总线报文的CRC场　b）CAN FD总线报文的CRC场

1）CRC校验。随着数据场的扩大，为了保证信息发送的质量，CAN FD总线的CRC计算不仅要包括数据段的位，还包括来自帧起始的填充位，即CRC以含填充位的位流进行计算，以一个填充位开始并且序列每4位插入一个填充位加以分割，且填充位的值是上一位的反码。作为格式检查，如果填充位不是上一位的反码，就报错处理。

CAN总线CRC场的位数是17位，而CAN FD总线CRC场的位数扩展到了21位。当传输数据为16字节或者更少时，使用CRC17位；当传输数据超过16字节时，使用CRC21位。

填充位计数由格雷码计算（前3位）和奇偶校验（最后1位）两个元素组成。填充计数编码见表2-74。

表2-74　填充计数编码

填充位除以8得到的余数	格雷码（3bit）	奇偶校验（1bit）
0	000	0
1	001	1
2	011	0
3	010	1
4	110	0
5	111	1
6	101	0
7	100	1

2）填充位。与 CAN 一样，填充位插在帧起始和数据场的末尾之间。插入的位数值是经过格雷码计算转换后的值，并且受到奇偶校验位保护。

在 CRC 场中，填充位被放置在固定的位置，这称为固定填充位。填充位的值是上一位的反码。从 CRC 场的第一位开始，每间隔 4 位添加一个填充位。CRC 场填充位的结构如图 2-99 所示。

图 2-99 CRC 场填充位的结构

3）CRC 界定符。CRC 界定符表示 CRC 场的结束，是一个 1bit 位域，通常表现为逻辑 1。但是在 CAN FD 总线中，考虑到节点之间位的距离，在接收端允许最大 2bit 位域。CAN FD 帧的数据场（可变速段）是 CRC 界定符的第一位采样点。

（6）ACK 场　CAN FD 总线的 ACK 场由一个 2bit 位域构成的应答间隙和 1bit 位域构成的应答界定符两部分组成，其构成和 CAN 总线是基本相同的。不同的是，在 CAN 总线中，ACK 场的长度是 1 位，但在 CAN FD 总线中，接收节点利用两位时间将其识别为有效应答。在传输过程中，当传输完数据场即将开始传输仲裁场时，传输速率需要从数据位速率转换到标称位速率，而速率的切换会导致接收和发送节点控制器的相位偏移与延迟。所以在 CAN FD 总线的应答间隙中加入了一个额外的位时间作为应答有效。ACK 界定符这个位就是表示当前 ACK 场结束，通常表现为隐性。

（7）帧结束　帧结束（EOF）表示一帧报文传输结束。无论是 CAN 总线还是 CAN FD 总线，帧结束（EOF）都是 7 个连续的隐性位。

2. 远程帧分析

一个完整的远程帧是由多个位场构成的，如图 2-100 所示，与数据帧相比，结构类似，只缺少数据场。由于远程帧中不存在数据场，所以报文中 DLC 位的值没有限制，可以为 64 以内的任意值，并且远程帧请求位（RTR）为 1。

图 2-100 远程帧的结构

3. 过载帧分析

过载帧用来向总线网络中的发送节点告知当前节点接收能力已经透支，无法接收更多的报文。一个完整的过载帧由两部分组成，即过载标志和过载界定符。CAN 总线和 CAN FD 总线的过载帧结构如图 2-101 所示。

图 2-101　CAN 总线和 CAN FD 总线的过载帧结构

过载标志是由一个 6bit 的位域组成的，但是总线上可能会出现不止一个节点发送过载帧的情况，由于每个节点发送过载标志的时间存在先后差异，就会引起总线上的过载标志叠加。通常，过载标志的 6bit 都为显性位，由于过载帧只在帧间隔进行发送，帧间隔中的间歇场就会遭到破坏。

过载界定符是由一个 8bit 位域组成的，当节点检测到总线上有一个跳变沿且为上升沿，说明此时过载标志传输完成，此时开始发送这个 8bit 的位域，通常位域中的每一位都表现为隐性。

只有下面三个条件会触发过载帧：

1）接收节点由于自身某些因素无法继续接收报文，需要将接下来要接收的数据帧或者远程帧延迟一定时间发送。

2）通常，间歇场由 3bit 的隐性位组成，一旦采样到间歇场中存在非法显性位就会引发过载帧。但是当采样到间歇场的最后一位为显性位时，不会触发过载帧，因为控制器认为这个显性位为帧起始。

3）节点在接收报文时检测到这个数据流的接收界定符和过载界定符的末位为 0（显性位），表示此时仍有其他节点向这个接收节点发送报文，此时这个接收节点将会发送一个过载帧。

4. 错误帧分析

CAN FD 总线错误帧与 CAN 总线错误帧结构相同，都由两部分组成，即错误标志和错误界定符。错误帧的结构如图 2-102 所示。错误标志分为主动错误标志与被动错误标志，两种错误标志都由一个 6bit 位域构成，每一位可以表现为显性或是隐性。当所有位全部表现为显性这就构成了一个主动错误标志。

图 2-102　错误帧的结构

错误界定符在错误标志后进行发送，它由 8bit 位域组成，通常每一位都表现为隐性。

5. 帧间隔分析

在总线通信过程中，两个连续的帧之间通过插入帧间隔来区分本帧和先行帧。先行帧可以为 CAN 总线报文中四种帧格式的任意一种，但是由于先行帧可能为过载帧或错误帧（之前不可以存在帧间隔），当前帧只能为数据帧或者远程帧。帧间隔主要由间隔段与总线空闲段两部分组成。

间隔段由一个 3bit 位域组成，每一位可以表现为显性或隐性。当位域中的所有位表现为隐性时，表示发送间歇场，这使总线中的节点在下一个消息帧来到之前有内部处理的时间。当间隔段出现逻辑 0 时，总线中的节点会发送过载帧，提示总线过载。在间隔段后，直到下一帧消息起始需要发送连续的隐性位作为总线空闲标志。

总线空闲周期没有限制，并且可以被视为新消息可以发送的标志。当总线上的电平一直表现为隐性，此时总线网络中的所有节点都可以向总线发送帧起始信号。如果有节点先前因为消息冲突而导致有报文被挂起，则该节点将会在总线空闲状态到来时继续发送，总线空闲的判断标志就是间歇场结束后的第一个位是否隐性。

6. 位流编码分析

CAN FD 总线报文的位流编码方式与 CAN 总线报文相同，都采用不归零编码。不归零编码方式的通信过程中总线电平只有两种表现形式，即显性电平（逻辑 0）和隐性电平（逻辑 1）。

在报文传输过程中如出现多位连续相同的电平值就会导致总线上有效沿的距离过长，从而会影响总线的位同步机制，为解决这个问题，CAN FD 总线和 CAN 总线都采用位填充的方法。只有 ACK 场和帧结束两个位场不需要进行位填充操作。

CAN 总线报文采用单一的位填充方式，当总线节点控制器检测到 5 个连续且相同的位后就会插入一位与前面 5 位相反的位。CAN FD 总线报文则采用两种填充方式，CRC 场采用独特的固定位填充方式，即每 4 位就填充一位与上一位相反的位。其他需要进行填充的场位采用 CAN 总线报文的填充方式。CAN FD 总线报文固定填充位填充方式如图 2-103 所示。

图 2-103　CAN FD 总线报文固定填充位填充方式

7. 位时间分析

位时间是总线传输一个二进制位所用的时间，也就是说它的倒数就是位速率。由于 CAN FD 总线在传输速率上做了提升，在报文发送过程中可以提供两种位速率以供选择，分别为标称位速率和数据位速率。CAN 总线报文的传输速率以及 CAN FD 总线报文的仲裁段和 ACK 段传输速率被称为标称位速率，CAN FD 总线数据段传输的速率可以选择更快的数据位速率。

总线协议中定义了节点许多的状态和功能，这些功能都与总线位时间息息相关。由于 CAN FD 总线节点报文需要提供两种位速率，那么就需要两种位时间与之对应，即标称位时间和数据位时间。数据位时间的长度要小于标称位时间长度，然而无论是哪种位时间，它们都由四个时间片段组成，分别是同步段（SYNC）、传播段（PROP）、相位缓冲段 1（SEG1）和相位缓冲段 2（SEG2）。其中，同步段是每一个位时间周期的起始部分，总线上的所有节点都是从同步段开始的，在总线通信过程中产生的上升沿和下降沿都需要落在同步段的范围内，这是总线是否触发硬同步的重要标志。总线的发送过程中发送节点发送一帧报文，接收节点无法立刻收到，那是因为总线上的节点间有一定的物理延时，传播段存在的意义就是消除这个延迟时间。相位缓冲段 1 和相位缓冲段 2 在重同步机制中必不可少，延长或减少这两个时间片段的长度是达到重同步的唯一手段。

每个时间片段占整个位时间的比重决定位时间的长度，每个时间片段的长度都由若干个基本时间单位（Tq）组成。总线控制器中会将基本时间单位的大小进行定义，无论是标称位时间还是数据位时间，同步段的时间长度与基本时间单位的大小相等，而其他三个时间段的长度在标称位时间和数据位时间中的大小各不相同，但是它们的时间长度都是由整数个基本时间单位组成的。CAN FD 总线报文中时间片段长度范围见表 2-75。

表 2-75 CAN FD 总线报文中时间片段长度范围

时间段	时间份额	
	标称位时间	数据位时间
同步段	1 个基本时间单位	1 个基本时间单位
传播时间段	1～32 个基本时间单位	1～8 个基本时间单位
相对缓冲段 1	1～32 个基本时间单位	1～8 个基本时间单位
相对缓冲段 2	2～32 个基本时间单位	2～8 个基本时间单位
信息处理时间	两个基本时间单位	两个基本时间单位

8. 位时间切换及位同步分析

（1）位时间切换　CAN FD 总线通信过程中提供两种位速率，一种是与 CAN 总线相同的位速率，即标称位速率，另一种是更快的数据位速率。由于位时间是位速率的倒数，所以数据位速率的位时间要小于标称位速率的位时间。但是在 CAN FD 总线报文传输中，只有位速率转换位（BRS）到 CRC 界定符这部分可以使用数据位速率进行传输。当采样点采集到 BRS 和 CRC 界定符后立即进行位速率切换，如果检测到错误帧，总线将会保持标称位速率传输。

（2）位同步　位同步是保证总线通信准确性和稳定性的前提，无论是传统 CAN 总线还是 CAN FD 总线，都有硬同步和重同步两种同步方式。硬同步和重同步的主要差别在于是否需要改变时间片段的长度，其中，硬同步方式是在总线空闲时检测到帧起始就会将同步段的位置进行移动，强制帧起始的下降沿落在同步段内，不改变任何一个时间片段的长度。硬同步方式如图 2-104 所示。

图 2-104　硬同步方式

重同步的同步机制是如果消息帧之后的位中，一旦检测到一个跳变沿并且是从逻辑 0 跳变到逻辑 1 时就会促使产生一次重同步，重同步方式如图 2-105 所示。重同步的同步方式确保总线采样正确的方法就是调节采样点（SP）的位置。当这个上升沿落入同步段和采样点之间，此时接收节点的相位超前于发送节点，为保证能够正确地采样发送节点发送到总线上的报文，接收控制器需要延长相位缓冲段 1（SEG1）时间片段的长度。同理，一旦此边沿落在采样点与同步段之间，表示此时的相位误差为负值，接收节点控制器会认为此跳变沿是由发送节点控制器发送的一个提前边沿，并且认为此跳变沿应该来自下一个位时间周期，所以接收节点控制器会调节相位缓冲段 2（SEG2）时间片段的长度，强制缩短此时间片段。

图 2-105 重同步方式

9. 错误处理分析

总线在通信过程中可能会发生位错误、位填充错误、CRC 错误、ACK 错误和格式错误。对这五种错误制订了相应的处理办法，见表 2-76。

表 2-76 错误分类及处理方法

错误	检测内容	检测帧类型	检测节点
位错误	发送节点发送到总线上的数据与采样点采集到总线上的数据不一致	数据帧 远程帧 错误帧	发送节点
位填充错误	检测到需要进行位填充的位域存在六个连续相同位	过载帧 数据帧 远程帧	接收节点
CRC 错误	CAN FD 总线报文中填充位计数的值与计算出的计数填充值不同，接收到的 CRC 序列与计算得到的 CRC 序列不一致	数据帧 远程帧	接收节点
ACK 错误	发送控制器早 ACK 槽时间段没有收到接收节点的响应	数据帧 远程帧	发送节点
格式错误	CAN FD 总线报文中孤岛填充出现错误，固定格式位值与理论固定值不一致	数据帧 远程帧 错误界定符 过载界定符	接收节点

控制器在检测到总线通信过程中发生错误，将会发送相应的错误标志，但是如果为 CRC 错误时，错误标志会在 ACK 界定符后进行发送。如果错误发生在 CAN FD 总线报文数据位速率传输过程中，节点会在发送错误帧之前进行位速率转换，也就是说错误帧将会以标称位速率进行传输。

单元 8 CAN 总线测试

一、测试工具和测试项目

1. 测试工具

测试工具分为手动测试工具和自动测试设备。

（1）手动测试工具　手动测试工具包括通用工具和总线专用工具。

通用工具主要包括电源、万用表、示波器和信号发生器等。电源为给测试装置提供测试所需电源；万用表主要用于测试节点或总线的终端电阻；示波器主要用于观察总线和电源波形，测量总线电压、信号斜率、位时间以及网络相应时间等；信号发生器模拟测试所需的常规信号，如高电平或脉冲信号。

总线专用工具主要包括 CANoe、CANscope 和 CANstress 等。CANoe 用于编写测试程序、仿真节点，配置测试条件，监视及记录总线数据，生成测试报告等；CANscope 用于监视总线波形，分析总线信号质量；CANstress 用于干扰总线数据，模拟总线故障。

手动测试方法是依据测试用例的不同测试项，把以上的测试工具搭建成台架按照测试用例要求进行测试。

（2）自动测试设备　自动测试设备集成了测试所需要的仪器，如图 2-106 所示。自动测试设备的测试主机中安装自动测试管理软件，用于自动生成测试报告。

图 2-106　自动测试设备

2. 测试项目

测试项目主要有物理层测试、数据链路层测试、网络管理层测试和应用层测试。

（1）物理层测试　物理层测试主要是验证节点的物理电平特性、电路设计合理性、抗电磁干扰能力等方面的性能等。物理层测试项目主要包括输入电压阈值测试、CAN 总线电压测试、阻抗测试、边沿测试、容错性测试、信号质量测试、比特率测试等。手动测试首先需要搭建测试环境。物理层测试环境原理图如图 2-107 所示，包括 12V 可调电源、示波器、CANoe、故障注入盒和测试样件（DUT）等。

图 2-107 物理层测试环境原理图

在测试物理层故障管理时需要对 CAN 总线制造故障，包括 CAN 总线断路、CAN 总线对地短路、CAN 总线对电短路、CAN_H 对 CAN_L 短路等。

（2）数据链路层测试　数据链路层测试主要验证帧结构和功能是否遵循设计规范要求。数据链路层测试项目主要包括采样点测试、位时间测试、CAN 报文 DLC 一致性检查、总线负载率测试、满负载下报文接收测试、短时突增下报文接收测试等。数据链路层测试环境原理图如图 2-108 所示，包括 12V 可调电源、CANoe、测试样件等。

图 2-108　数据链路层测试环境原理图

（3）网络管理层测试　网络管理层测试主要验证整车网络是否能够进入可控制的唤醒和休眠状态。网络管理层测试项目主要包括节点总线发送初始化时间、本地唤醒发送使能时间、网络唤醒发送使能时间、休眠前应用数据帧持续发送时间、休眠前通信内核停止等待时间、总线断开行为等。手动测试首先需要搭建测试环境。网络管理层测试环境原理图如图 2-109 所示，包括 12V 可调电源、示波器、CANoe、测试样件等。

图 2-109　网络管理层测试环境原理图

（4）应用层测试　应用层测试主要验证报文的发送节点和接收节点、报文的周期公差和所占字节数是否符合应用层设计要求。应用层测试项目主要包括接收报文数据长度、发送报文数据类型、发送报文 ID、发送报文 DLC、未使用字节填充规则、发送周期公差等。手动测试首先需要搭建测试环境。应用层测试环境原理和数据链路层测试环境原理基本相同。

上述测试环境原理仅供参考，CAN 总线物理层、数据链路层、网络管理层和应用层的实际测试环境应以测试设备供应商提供的测试环境为准。

二、典型项目测试方法

典型项目测试包括输入电压阈值测试、CAN 总线电压测试、阻抗测试、边沿测试、容错性测试和采样点测试。

1. 输入电压阈值测试

（1）输入电压阈值测试的目的　在物理层中，CAN 总线设计规范对于 CAN 总线节点的输入电压阈值有着严格的规定，如果节点的输入电压阈值不符合规范，则在现场组网后容易出现不正常的工作状态，各节点间出现通信故障，所以输入电压阈值测试是 CAN 总线物理层一致性测试中的重要部分。阈值测试分为隐性输入电压阈值和显性输入电压阈值，节点差分电压 U_{diff} 大于 0.9V 时必须识别为显性，小于 0.5V 时必须识别为隐性，在 0.5～0.9V 范围内，属于不确定区域。因此，测试的目的是为了验证节点在 ISO 11898 中标示的输入电压阈值范围内均可以正常通信。

（2）输入电压阈值要求　依据标准 ISO 11898，输入电压阈值要求见表 2-77。

表 2-77　输入电压阈值要求

测试内容	最小值 /V	典型值 /V	最大值 /V	测试条件
显性输入电压阈值	0.9	2	5	总线负载电阻为 60Ω，共模电压为 -2V/6.5V
隐性输入电压阈值	-1	0	0.5	

（3）输入电压阈值测试方法　输入电压阈值测试接线图如图 2-110 所示。输入电压阈值测试方法分为隐性输入电压阈值测试方法和显性电压阈值测试方法。

图 2-110　输入电压阈值测试接线图

隐性输入电压阈值测试时，使用示波器来监测 CAN 总线报文帧，测试样件处于发送报文状态。调节电源电压 U，使示波器上 CAN_H 空闲时刻的电压分别为 -2V 及 6.5V，通过调节电流 I 使差分电压 U_{diff} 达到 0.5V 的上限值。重复上述步骤连续测试 10 次，记录每次测试结果，取其平均值保证结果的准确性。在差分电压 U_{diff}≤0.5V 时，如果测试样件可以正常发送报文，则隐性输入电压阈值测试通过。

显性输入电压阈值测试时，使用示波器来监测 CAN 总线报文帧，测试样件处于发送报文状态。调节电源电压 U，使示波器上 CAN_L 空闲时刻的电压分别为 -2V 及 6.5V，通过调节电流 I 使差分电压 U_{diff} 以步长为 0.1V 的速度，依次从隐性输入电压上限值 0.5V 调整至显性输入电压下限值 0.9V。重复上述步骤连续测试 10 次，记录每次测试结果，取其平均值保证结果的准确性。

（4）输入电压阈值判定　当显性输入电压限值为 0.5V 时，测试样件应能正常发送 CAN 总线报文；在显性输入电压限值达到 0.9V 时，测试样件停止 CAN 总线报文的发送，则显性输入电压阈值测试通过。

2. CAN 总线电压测试

（1）CAN 总线电压测试的目的　CAN 总线电压用于检查测试样件的 CAN_H 与 CAN_L 的隐性输出电压和显性输出电压是否满足标准 ISO 11898 中 CAN 总线物理层的要求。

（2）CAN 总线电压要求　依据标准 ISO 11898，CAN 总线电压要求见表 2-78。

表 2-78　CAN 总线电压要求

测试内容	符号	单位	最小值	典型值	最大值
隐性输出电压	$U_{\text{CAN\_H}}$	V	2.0	2.5	3.0
	$U_{\text{CAN\_L}}$	V	2.0	2.5	3.0
隐性差分输出电压	U_{diff}	V	-1.2	0	0.05
隐性共模电压	U_{cm}	V	2.25	2.5	2.75
显性输出电压	$U_{\text{CAN\_H}}$	V	3.0	3.5	5.0
	$U_{\text{CAN\_L}}$	V	0.5	1.5	2.25
显性差分输出电压	U_{diff}	V	1.5	2.0	3.0
显性共模电压	U_{cm}	V	2.1	2.5	2.9

（3）CAN 总线电压测试方法　CAN 总线电压测试接线图如图 2-111 所示。CAN 总线电压测试方法分为隐性电压测试方法和显性电压测试方法。

图 2-111　CAN 总线电压测试接线图

CAN 总线隐性电压测试时，测试样件工作状态正常且处于隐性输出状态，接入终端负载 60Ω（如测试样件内有终端电阻 120Ω，则外接 120Ω 终端电阻），用示波器测试 CAN_H 的平均电压 $U_{\text{CAN\_H}}$、CAN_L 的平均电压 $U_{\text{CAN\_L}}$。

CAN 总线显性电压测试时，测试样件工作状态正常且处于显性输出状态，接入终端负载 60Ω（如测试样件内有终端电阻 120Ω，则外接 120Ω 终端电阻），用示波器测试 CAN_H 的平均电压 $U_{\text{CAN\_H}}$、CAN_L 的平均电压 $U_{\text{CAN\_L}}$。

计算差分电压 $U_{\text{diff}} = U_{\text{CAN\_H}} + U_{\text{CAN\_L}}$ 和共模电压 $U_{\text{cm}} = 0.5 \times (U_{\text{CAN\_H}} + U_{\text{CAN\_L}})$，并与测试要求进行比较。

（4）CAN总线电压判定　CAN_H的平均电压、CAN_L的平均电压、CAN_H与CAN_L之间的差分电压和CAN_H与CAN_L之间的共模电压满足表2-78的最大值和最小值要求。

3. 阻抗测试

（1）阻抗测试的目的　阻抗测试用于模拟当电源断开（如熔丝熔断）时，CAN_H和CAN_L的各自内阻及CAN_H、CAN_L之间的差分电阻是否满足标准ISO 11898中CAN总线物理层的要求。

（2）阻抗测试的要求　依据标准ISO 11898，CAN总线对地电阻和差分电阻要求见表2-79。

表2-79　CAN总线对地电阻和差分电阻

参数	最小值/kΩ	标称值/kΩ	最大值/kΩ	条件
CAN_H对地电阻 $R_{in\_CAN\_H}$	5	—	50	电源正常连接
CAN_L对地电阻 $R_{in\_CAN\_L}$	5	—	50	电源正常连接
CAN_H对地电阻 $R_{in\_CAN\_H}$	5	—	—	电源或地线断开
CAN_L对地电阻 $R_{in\_CAN\_L}$	5	—	—	电源或地线断开
差分电阻 R_{diff}	10	—	100	测试样件无终端电阻
差分电阻 R_{diff}	116	120	128	测试样件有终端电阻

（3）阻抗测试的方法　CAN总线阻抗测试需人为模拟电源正常连接或断开、地线正常连接或断开、测试样件有或无终端电阻等测试条件。

当电源正常连接时，按照图2-112阻抗测试接线图连接测试电路，测试电阻R_{test}为5kΩ。测试时，测试样件正常工作且处于隐性输出状态，调节电压源$U=-2V$和7V，用万用表分别测试CAN_H和CAN_L的对地电压V，计算电源和地线正常连接时CAN_H和CAN_L的阻抗，其中，U_{CAN_H}和U_{CAN_L}分别为CAN_H和CAN_L的隐性输出电压。CAN_H和CAN_L的阻抗R_{in_H}和R_{in_L}分别为

$$R_{in\_H}=R_{test}(U_{CAN\_H}-V)/(V-U) \tag{2-9}$$

$$R_{in\_L}=R_{test}(U_{CAN\_L}-V)/(V-U) \tag{2-10}$$

当电源或地线断开时，测试CAN_H和CAN_L的对地电压V，计算电源或地线断开时CAN_H和CAN_L的阻抗。

差分电阻按照图2-113差分电阻测试接线图连接测试电路，测试时，调节电压源$U=5V$，用万用表测试CAN_H和CAN_L之间的电压V，计算CAN_H和CAN_L的差分阻抗，其中，U_{diff}为隐性差分电压。CAN_H和CAN_L的差分阻抗R_{diff}为

$$R_{diff}=R_{test}(U_{diff}-V)/(V-U) \tag{2-11}$$

图2-112　阻抗测试接线图

图2-113　差分电阻测试接线图

（4）阻抗判定　CAN_H、CAN_L对地电阻和CAN_H、CAN_L之间的差分电阻满足表2-79的最大值和最小值要求。

4. 边沿测试

（1）边沿测试的目的　由于CAN总线较长，导致总线上导线电容增加，从而增加电路阻抗。边沿测试用于模拟导线在最大、最小容抗下，测试样件发送的CAN总线信号的隐性转显性和显性转隐性的转换时间，检查位上升/下降时间（即位斜率）是否满足标准ISO 11898中CAN总线物理层规范中的要求。边沿测试分为上升时间测试、下降时间测试，上升/下降时间定义如图2-114所示。

图2-114　上升/下降时间定义

（2）边沿测试的要求　依据标准ISO 11898，CAN总线边沿测试要求见表2-80。

表2-80　CAN总线上升/下降时间

测试内容	上升时间/ns 最小值	上升时间/ns 最大值	下降时间/ns 最小值	下降时间/ns 最大值
最小电容负载 C=100pF	20	200	20	400
最大电容负载 C=4700pF	20	1300	20	1300

（3）边沿测试方法　用示波器采集CAN总线波形，设置幅值光标为20%～80%，记录上升沿时间和下降沿时间。测试并记录多次数据，确认每次求得上升沿、下降沿时间都满足表2-80的要求。

（4）边沿测试结果判定　CAN_H、CAN_L上升时间和下降时间应满足表2-80的最大值和最小值要求。

5. 容错性测试

（1）容错性测试的目的　容错性测试用于模拟电源断路、CAN_H或CAN_L断路、短接电源或地，以及地线偏移等情况下测试样件的CAN总线通信状态，并检查故障修复后测试样件恢复CAN总线通信的行为。

（2）容错性测试的要求　容错性测试具有以下要求：

1）地偏移。在地偏移电压从0变化至±2V过程中，不允许测试样件出现CAN总线通信故障（如发送错误帧等）。

2）掉电、掉地。掉电或掉地后，测试样件停止CAN总线报文的发送和接收，不能造成测试样件任何形式的损坏，掉电修复后测试样件恢复正常通信。

3）CAN_H或CAN_L对电源短路、对地短路。CAN_H或CAN_L对电源短路、对地短路后，测试样件停止CAN总线报文的发送和接收，不能造成测试样件任何形式的损坏，掉电修复后测试样件恢复正常通信。

（3）容错性测试的方法　CAN总线容错性测试方法分为地偏移、掉电、掉地、对电源短路和对地短路。

地偏移测试方法按照图2-115地偏移测试接线图连接测试电路，调节电源电压U为$0 \sim \pm 2V$，用示波器观察测试样件是否正常发送、接收CAN总线报文。

掉电、掉地测试方法按照图2-116掉电、掉地测试接线图连接测试电路，使测试样件单独丢失电源，用示波器观察测试样件是否正常发送、接收CAN总线报文，电源恢复后测试样件是否能恢复通信。

图 2-115　地偏移测试接线图　　　　图 2-116　掉电、掉地测试接线图

按照图2-116掉电、掉地测试接线图连接测试电路，使CAN_H单独对电源短路1min，用示波器观察测试样件是否正常发送、接收CAN总线报文，故障恢复后测试样件是否能恢复通信。

按照图2-116掉电、掉地测试接线图连接测试电路，使CAN_L单独对电源短路1min，用示波器观察测试样件是否正常发送、接收CAN总线报文，故障恢复后测试样件是否能恢复通信。

按照图2-116掉电、掉地测试接线图连接测试电路，使CAN_H和CAN_L同时对电源短路1min，用示波器观察测试样件是否正常发送、接收CAN总线报文，故障恢复后测试样件是否能恢复通信。

按照图2-116掉电、掉地测试接线图连接测试电路，使CAN_H单独对地短路1min，用示波器观察测试样件是否正常发送、接收CAN总线报文，故障恢复后测试样件是否能恢复通信。

按照图2-116掉电、掉地测试接线图连接测试电路，使CAN_L单独对地短路1min，用示波器观察测试样件是否正常发送、接收CAN总线报文，故障恢复后测试样件是否能恢复通信。

按照图2-116掉电、掉地测试接线图连接测试电路，使CAN_H和CAN_L同时对地短路1min，用示波器观察测试样件是否正常发送、接收CAN总线报文，故障恢复后测试样件是否能恢复通信。

按照图2-116掉电、掉地测试接线图连接测试电路，使CAN_H单独断开1min，用示波器观察测试样件是否正常发送、接收CAN总线报文，故障恢复后测试样件是否能恢复通信。

按照图2-116掉电、掉地测试接线图连接测试电路，使CAN_L单独断开1min，用示波器观察测试样件是否正常发送、接收CAN总线报文，故障恢复后测试样件是否能恢复通信。

按照图 2-116 掉电、掉地测试接线图连接测试电路，使 CAN_H 和 CAN_L 同时断开 1min，用示波器观察测试样件是否正常发送、接收 CAN 总线报文，故障恢复后测试样件是否能恢复通信。

按照图 2-116 掉电、掉地测试接线图连接测试电路，使 CAN_H 和 CAN_L 短路 1min，用示波器观察测试样件是否正常发送、接收 CAN 总线报文，故障恢复后测试样件是否能恢复通信。

6. 采样点测试

（1）采样点测试的目的　采样点是接收节点判断信号逻辑的位置，CAN 总线通信属于异步通信，需要通过不断的重同步才能保证接收节点的采样准确；若采样点太靠前或太靠后，则因为线缆容抗原因，容易发生采样错误，所以对 CAN 总线节点进行采样点的测试十分重要。采样点测试用于检查测试样件的采样点是否满足标准 ISO 11898-2 中 CAN 总线物理层规范的要求。

（2）采样点测试要求　测试样件发送的 CAN 总线报文信号的采样点应处于标准 ISO 11898-2 定义的范围：75%≤采样点≤87.5%。

（3）采样点测试的方法　按照图 2-117 采样点测试接线图连接测试电路，测试样件正常工作后启动 CAN 总线干扰仪（VH6501）报文干扰功能，从位时间的 45% 位置，每次干扰递增 1%，直至 100%，通过 CAN 总线卡统计记录错误报文，出现错误报文的干扰点则为采样点。

图 2-117　采样点测试接线图

随着 CAN 总线在国内应用的日益广泛，CAN 总线测试技术将越发重要。CAN 总线的一致性有效保证 CAN 总线网络的环境稳定，提高 CAN 总线网络的抗干扰能力。CAN 总线一致性测试是 CAN 总线测试的核心，需要根据相关的 CAN 协议和实际 CAN 总线设计需求制定测试内容和测试方法。除以上提及的测试内容外，CAN 总线一致性测试还应包括对称性、报文数据类型、报文 ID、报文 DLC、位填充、信号缺省、周期公差和负载率等测试。

复习思考题

1. CAN 总线有哪些特点？
2. CAN 总线主要有哪些标准？
3. CAN 总线的分层结构是怎样的？
4. CAN 总线的帧有哪些类型？
5. CAN 总线的基本组成是怎样的？

6. CAN 总线的工作原理是怎样的？
7. CAN 总线物理层主要的作用是什么？
8. 电平位时间组成是怎样的？
9. 什么是硬同步和重同步？
10. 逻辑链路控制子层的功能有哪些？
11. 逻辑链路控制帧的结构是怎样的？
12. J1939 协议栈结构是怎样的？
13. 报文是如何发送和接收的？
14. CAN FD 总线具有哪些特点？
15. CAN FD 数据帧结构是怎样的？
16. CAN 总线测试项目主要有哪些？

模块 3

LIN 总线

【学习目标】

通过对本模块的学习，学生能够掌握 LIN 总线的基本知识、LIN 总线的基本组成与工作原理以及 LIN 总线协议。

通过对本模块的学习，培养学生敬业精神和服务意识；培养学生沟通、协调、合作的能力，逐步养成良好的心理素质。

【教学要求】

知识要点	能力要求	参考学时
LIN 总线概述	了解 LIN 总线的发展历程，掌握 LIN 总线的特点，了解 LIN 总线的标准，掌握 LIN 总线的分层结构	2
LIN 总线的基本组成与工作原理	掌握 LIN 总线的基本组成以及 LIN 主控制单元、LIN 从控制单元、LIN 总线数据传输和信息等，掌握 LIN 总线的工作原理和 LIN 总线基本特性的信息传输方式（信息路由）、位传输速率、LIN 总线网络节点、无仲裁的单主机、物理层、LIN 总线网络上的物理值、应答、命令帧和扩展帧、睡眠模式以及唤醒等	2
LIN 总线协议	了解 LIN 总线物理层协议，掌握 LIN 总线数据链路层协议中的 LIN 总线的报文帧结构、报文帧的传输类型、报文帧进度表，了解 LIN 总线传输层协议和 LIN 总线应用层协议中的应用层的信号处理功能、应用层的配置功能、识别功能和诊断功能	2

【导入案例】

图 3-1 所示为广汽传祺的基本网络构成，其他车型的车载网络都是由此基本网络演变而成的，主要使用 CAN 总线和 LIN 总线。网络节点是汽车各电子控制单元。

图 3-1 广汽传祺的基本网络构成

LIN 总线有哪些特点和标准？LIN 总线的基本组成与工作原理是怎样的？LIN 总线协议是如何规定的？通过对本模块的学习，可以得到答案。

单元 1　LIN 总线概述

LIN 总线是为汽车网络开发的一种低成本、低端多路复用通信标准。虽然 CAN 总线满足了高带宽、高级错误处理网络的需求，但是实现 CAN 软硬件的费用导致低性能设备（如电动车窗和座椅控制器）无法采用该总线。若应用程序无须 CAN 的带宽及多用性，可采用 LIN 总线这种高性价比的通信方式。用户可在最先进的低价位 8 位微控制器中嵌入标准串行通用异步收发器，以相对廉价的方式实现 LIN 总线通信。

一、LIN 总线的发展历程

随着汽车电子设备的增多，市场上对于成本低于 CAN 总线的需求日益强烈，不同的车厂相继开发各自的串行通信协议，以在低速和对性能要求不高的场合取代 CAN 总线。由于不同车厂定义的协议兼容性的问题，在 1998 年由欧洲五大车厂（宝马集团、大众汽车集团、奥迪集团、沃尔沃汽车集团、梅赛德斯 - 奔驰集团）成立联合工作组，开发一种定位于车身电子领域传感器和执行器组网的串行通信总线，要求该总线系统的协议和时序控制尽可能简单，即使低端 MCU 没有专用通信单元也可以实现基于该总线的通信，这种总线为 LIN 总线。

LIN 总线是在汽车内广泛应用的串行通信协议，它的第一个完整版本 LIN 总线 1.3 发布于 2002 年，2016 年，LIN 总线被正式列为国际标准（ISO 17987）。LIN 总线是指总线上所有设备基本处于相邻的物理空间（如车门），由 LIN 总线构建的区域子系统再经由电子控制单元（或网关）等接入上层的 CAN 总线。

LIN 总线适用于节点数目不大于 16 个、数据传输速率为 20kbit/s 以内的应用场合。通过 LIN 总线可以简单而快速地组网，总线上节点设备分为一个主机和多个从机，主机通常为接入上层网络的电子控制单元，而从机为执行器、智能传感器或包括 LIN 总线硬件接口的开关等。主机控制 LIN 总线上的整个通信过程，在通信过程中，从机时钟必须与主机时钟同步。LIN 总线拓扑通常为总线型，即所有节点设备均通过单线连在一起。

LIN 总线作为一种低成本、高效率的串行通信网络，已经普遍应用于现在的汽车上。LIN 总线作为 CAN 总线的辅助，通常用于对传输速率和性能要求不高的较小的网络。

二、LIN 总线的特点

1）LIN 总线的通信是基于串行通信接口为数据格式，媒介访问采用单主节点、多从节点的方式，数据优先级由主节点决定，灵活性好。LIN 总线网络的主从结构如图 3-2 所示。主控制单元可以向任一从控制单元发送信息；从控制单元仅在主控制单元的控制下向 LIN 总线发送数据；从控制单元一旦将数据发布到总线上，任何控制单元都可接收该数据。

图 3-2　LIN 总线网络的主从结构

2）一条 LIN 总线最多可以连接 16 个节点，共有 64 个标识符。
3）LIN 总线采用低成本的单线连接，传输速率最高可达 20kbit/s。

4）不需要进行仲裁，同时，在从节点中无须石英或陶瓷振荡器，只采用片内振荡器就可以实现自同步，从而降低了硬件成本。

5）几乎所有的 MCU 均具备 LIN 总线所需硬件，且实现费用较低。

6）网络通信具有可预期性，信号传播时间可预先计算。

7）通过主机节点可将 LIN 总线与上层网络（CAN）相连接，实现 LIN 总线的子总线辅助通信功能，从而优化网络结构，提高网络效率和可靠性。

8）LIN 总线最大通信距离不超过 40m。在 LIN 总线规范中，除定义了基本协议和物理层外，还定义了开发工具和应用软件接口。因此，从硬件、软件以及电磁兼容性方面，LIN 总线保证了网络节点的互换性。这极大地提高了开发速度，同时保证了网络的可靠性。

LIN 总线与 CAN 总线具有以下区别和联系：

（1）信号线及信号　CAN 总线以 CAN_H 和 CAN_L 两条信号信（双绞线）工作，舒适 CAN 总线两条线的电平分别约为 0 和 5V（隐性时）。LIN 总线只以一条信号线工作，隐性时电平接近蓄电池电压，并随之浮动，显性时电平接近地电平，使用横截面面积为 $0.35mm^2$ 导线，颜色为紫底白色。

（2）组件　CAN 总线工作时，电子控制单元中除了需要相对复杂的收发器外，通常还需要用专门的协议控制器。LIN 总线单元中的收发器较简单，而且由于协议简单，通常不需要专门的协议控制器。

（3）传输速率　CAN 总线的传输速率较高，在汽车上使用时通常为 500kbit/s，最低的也达到 100kbit/s。LIN 总线的最高传输速率为 20kbit/s。

（4）系统结构　CAN 总线为多主机系统，即接入总线的任一电子控制单元都可通过总线仲裁来获取总线控制权，并向总线系统中发送信息，电子控制单元在发出完整的 ID 时为主机；CAN 总线使用 11 位 ID（甚至更多），在一个子系统中可有较多的电子控制单元。LIN 总线为单主机多从机系统，每一子系统中有且只有一个主机，所有的信息传送都由主机控制，从机必须等待主机发出了与它对应的 ID 后才能发送信息；LIN 总线使用 6 位 ID，在一个子系统中只能有较少的电子控制单元。

（5）可靠性　CAN 总线采用可靠性很高的 CRC 校验，LIN 总线采用可靠性相对较低的带进位和校验。

（6）成本　CAN 总线能用于各种信息传送的场合，但成本相对较高，工艺性相对差些；LIN 总线只能用于对传输速率及可靠性要求不是很高的场合，如舒适系统或某些子系统等，优点是成本低、工艺性好。

三、LIN 总线的标准

1. ISO 17987-1-2016

标准 ISO 17987-1-2016《道路车辆－局域互连网络（LIN）第 1 部分：通用信息和用例定义》概述了 ISO 17987（所有部分）的结构、划分和用例，定义的术语适用于所有 LIN 总线通信系统。

2. ISO 17987-2-2016

标准 ISO 17987-2-2016《道路车辆－局域互连网络（LIN）第 2 部分：传输协议和网络层服务》规定了传输协议和网络层服务，以满足基于 LIN 总线的本地互连网络上的车辆网络系统的要求；提供了传输协议和网络层服务，以支持不同的应用层实现正常的通信消息和诊断通信消息。

3. ISO 17987-3-2016

标准 ISO 17987-3-2016《道路车辆 - 局域互连网络（LIN）第 3 部分：协议规范》规定了 LIN 总线协议，包括信号管理、帧传输、调度表处理、任务行为和状态管理以及 LIN 总线主从节点，还包括 LIN 总线的节点配置和标识服务的 OSI 第 5 层属性。

4. ISO 17987-4-2016

标准 ISO 17987-4-2016《道路车辆 - 局域互连网络（LIN）第 4 部分：电气物理层规范 12V/24V》规定了 LIN 总线通信系统的 12V 和 24V 电气物理层。LIN 总线的电气物理层设计用于连接汽车电子控制单元的低成本网络，比特率为 20kbit/s。使用的介质是每个接收器和发射器相对于地面的单线。本标准包括传输本身电气特性的定义以及总线驱动器设备基本功能的文档。

5. ISO/TR 17987-5-2016

标准 ISO/TR 17987-5-2016《道路车辆 - 局域互连网络（LIN）第 5 部分：应用程序接口（API）》中的 TR 表示该文件是技术报告，它定义了 LIN 应用程序接口（API）。

6. ISO 17987-6-2016

标准 ISO 17987-6-2016《道路车辆 - 局域互连网络（LIN）第 6 部分：协议一致性试验规范》规定了 LIN 协议一致性测试，该测试验证了 LIN 通信控制器对于 ISO 17987-2 和 ISO 17987 的一致性。本标准提供所有必要的技术信息，以确保测试结果在不同的测试系统上是相同的。

7. ISO 17987-7-2016

标准 ISO 17987-7-2016《道路车辆 - 局域互连网络（LIN）第 7 部分：电气物理层一致性试验规范》规定了 LIN 通信系统电物理层的一致性测试。本标准的目的是提供一种标准化的方法来验证 LIN 总线驱动器是否符合 ISO 17987-4，以确保系统环境中不同来源的 LIN 总线驱动程序具有一定的互操作性。本标准提供了所有必要的技术信息，以确保即使在不同的测试系统上，测试结果也是一致的。

8. ISO 17987-8-2019

标准 ISO 17987-8-2019《道路车辆 - 局域互连网络（LIN）第 8 部分：电气物理层规范：直流电力线（DC-LIN）上的 LIN》规定了 ISO 17987 系列局域互联网络（LIN）的附加电物理层，规定了在不影响 LIN 更高层的情况下通过直流电力线传输，规定了电气特性、传输的调制方法以及如何将载波信号施加在直流电力线上。

四、LIN 总线的分层结构

根据 ISO/OSI 参考模型，LIN 总线被分为物理层和数据链路层，如图 3-3 所示。物理层定义了信号如何在总线上传输，定义了物理层的驱动器/接收器特性。数据链路层又分为媒介访问控制子层（MAC）和逻辑链路控制子层（LLC），媒介访问控制子层是 LIN 总线协议的核心，它管理从逻辑链路控制子层接收到的报文，也管理发送到逻辑链路控制子层的报文；逻辑链路控制子层涉及报文滤波、恢复管理和报文确认等。

数据链路层
逻辑链路控制子层
验收滤波
恢复管理
时基同步
报文同步
媒介访问控制子层
数据封装/解封装
错误检测
错误标定
串行化/解串
物理层
位定时
位同步
总线驱动器/接收器

管理程序
系统同步
错误界定
总线故障管理

图 3-3 LIN 总线的分层结构

LIN 总线除物理层和数据链路层外,还有传输层和应用层。传输层规范主要叙述分组数据单元的结构和传输层的通信等内容,应用层主要是对信号的处理、配置、识别和诊断功能的介绍。

单元 2　LIN 总线的基本组成与工作原理

LIN 总线是一种串行通信协议,用于连接车辆电子控制模块之间的通信。它通过数据传输的方式实现模块之间的信息交换。LIN 总线通常由一个主控制模块和多个从控制模块组成。主控制模块可以向从控制模块发送指令,并接收从控制模块的响应。在传输数据时,LIN 总线使用了特定的协议和校验机制,以确保数据传输的可靠性和正确性。LIN 总线在车辆电子控制系统中扮演着重要的角色。

3.2 LIN 总线的基本组成与工作原理

一、LIN 总线的基本组成

LIN 总线主要由 LIN 主控制单元、LIN 从控制单元、LIN 总线数据传输和信息等组成,如图 3-4 所示。

图 3-4　LIN 总线的基本组成

1. LIN 主控制单元

LIN 主控制单元连接在 CAN 总线上(图 3-5),它执行 LIN 总线的主功能,具有以下作用:

1)监控数据传输和数据传输的速率,发送信息标题。

2)主控制单元的软件内已经设定了一个周期,这个周期用于决定何时将哪些信息发送到 LIN 总线上多少次。

3)主控制单元在 LIN 总线上与 CAN 总线之间起"翻译"作用,它是 LIN 总线系统中唯一与 CAN 总线相连的控制单元。

4)通过 LIN 主控制单元进行与之相连的 LIN 从控制单元的自诊断。

图 3-5 LIN 主控制单元

2. LIN 从控制单元

在 LIN 总线系统内，单个的控制单元（如新鲜空气鼓风机）或传感器及执行元件（如水平传感器及防盗警报蜂鸣器）都可看作 LIN 从控制单元，如图 3-6 所示。传感器内集成有一个电子装置，该装置对测量值进行分析。数值是作为数字信号通过 LIN 总线传输的。有些传感器和执行元件只使用 LIN 主控制单元插口上的一个针脚。LIN 执行元件都是智能型的电子部件或机电部件，这些部件通过 LIN 主控制单元的 LIN 总线数字信号接受任务。LIN 主控制单元通过集成的传感器来获知执行元件的实际状态，然后就可以进行规定状态和实际状态的对比。只有当 LIN 主控制单元发送出标题后，传感器和执行元件才会做出反应。

图 3-6 LIN 从控制单元

主控制单元和从控制单元具有类似的硬件结构，如图 3-7 所示。图中①为物理接口，②为硬件串口，③为软件串口，④为从控制单元功能，⑤为主控制单元功能，⑥为主控制单元，⑦为从控制单元。

3. LIN 总线数据传输

LIN 总线数据传输速率为 1～20kbit/s，在 LIN 控制单元的软件内已经设定完毕，该速率最大能达到舒适 CAN 总线数据传输速率的 1/5，如图 3-8 所示。

图 3-7 主控制单元和从控制单元具有的硬件结构

图 3-8 LIN 总线的最大数据传输速率

4. 信息

对于带有从控制单元回应的信息，LIN 从控制单元会根据识别码给这个回应提供信息，如图 3-9 所示。

图 3-9 LIN 从控制单元回应信息

对于主控制单元带有数据请求的信息，LIN 主控制单元会提供回应，如图 3-10 所示。根据识别码的情况，相应的 LIN 从控制单元会使用这些数据执行各种功能。

图 3-10 LIN 主控制单元回应信息

二、LIN 总线的工作原理

LIN 总线网络采用单主机多从机模式，一个 LIN 总线网络包括一个主节点和若干个从节点。由于过多的网络节点将导致网络阻抗过低，因此，一般情况下网络节点总数不宜超过 16 个。如图 3-11 所示，所有的网络节点都包含一个从任务，提供通过 LIN 总线传输的数据，主节点除了从任务还包括一个主任务，负责启动网络中的通信。

图 3-11 LIN 总线网络结构

LIN 总线网络的数据通信主要有主 – 从通信模式和从 – 从通信模式，两种通信模式都是由主节点控制的，有各自的优势和劣势。

1. 主 – 从通信模式

主节点传输信息 ID，进而发送数据传输命令。网上所有 LIN 总线节点将该信息进行转换，然后再进行相应的操作。根据主 – 从通信模式，主节点内部有一个从节点正在运行。它对正确的 ID 进行响应，然后将规定的比特传输到 LIN 总线。不同 LIN 总线节点在网络中都拥有完整的 LIN 帧，同时还按照各自的不同应用提供主节点数据和流程。例如，主节点可能希望所有门锁都打开，这样每个门锁节点被设定为对单个信息进行响应，然后完成开锁；或者主节点可能传输四条不同信息，然后有选择性地打开门锁。

主 – 从通信模式的一个优势是将大部分调度操作转移到主节点上，从而简化其他节点操作。因此，LIN 总线从节点硬件大幅减少，甚至可能减少为单个状态设备。另一个优势是，由于主节点能够同时与所有节点通信，已知信息和要求的 ID 数量都大大减少。主节点将所有数据通信发送到全部节点，然后在所有数据传输到其他设备之前从节点上接收该数据，这样可以检查传输数据的有效性。该操作允许主节点对所有通信进行监测，减少并消除潜在错误。但是，这种通信模式速度缓慢，LIN 总线节点很难及时地接收和处理数据，并有选择性地将它传输给其他节点。

2. 从 – 从通信模式

与主 – 从通信模式相比，从 – 从通信模式更迅速。各个信息帧上的节点共用信息，从而极大地提高响应速度。例如，单个信息可以打开两扇车窗，关闭一个车门，打开三个车门或者移动车窗，这样就可以明显减少网上的数据流量。但是，从 – 从通信模式有重要的局限性，各个从节点的时钟源未知，因此从节点将数据传输到网络时（根据主节点请求），数据可能发生漂移。主节点有一个精确度很高的时钟，数据漂移有较大的误差范围，但另一个接收数据的 LIN 总线从节点没有，这会导致数据误译。这种情况下，主节点不显示从 – 从通信已经失效。

三、LIN 总线的基本特性

LIN 总线的基本特性包括信息传输方式（信息路由）、位传输速率、LIN 总线网络节点、无仲裁的单主机、物理层、LIN 总线网络上的物理值、应答、命令帧和扩展帧、睡眠模式以及唤醒等。

1. 信息传输方式（信息路由）

在 LIN 总线网络中，除了需要主节点进行 LIN 总线网络配置之外，其余从节点不需要加载关于 LIN 总线网络配置的任何信息。这就会使 LIN 总线网络系统十分灵活，如果想添加新的从节点进入 LIN 总线网络中，可以不用改变其他从节点的软件或硬件条件，只需要在主节点的网络配置中增加该从节点的信息，并将该节点的针脚连接进 LIN 总线即可。

2. 位传输速率

由于来自传输介质电磁干扰的限制，LIN 总线网络最大的传输速率被限制为 20kbit/s，并且由于 LIN 总线协议规定的定时溢出时间的限制，最小的传输速率被限定为 1kbit/s。在 LIN 总线网络的实际应用中，建议低速的位传输速率为 2.4kbit/s，中速的位传输速率为 9.6kbit/s，高速的位传输速率为 19.2kbit/s。

3. LIN 总线网络节点

LIN 总线网络节点的数量被两个关键因素限制不能超过 16 个，一方面，LIN 总线协议规定标识符数量为 64 个；另一方面，还受到线束物理特性的限制，如果 LIN 总线网络中节点的数量超过 16 个，则会降低网络阻抗，LIN 总线有概率会发生通信失效。在 LIN 总线中每多一个节点会降低 3% 的网络阻抗，约为 30～1kΩ，并且 LIN 总线的电线长度需要保持在 40m 以下。

4. 无仲裁的单主机

报头由主节点发送并且由从节点来响应该报头。由于整个过程没有网络仲裁，所以多个从机同时响应可能会发生冲突。在这种情况下，用户可以根据自身使用需求来定义仲裁。

5. 物理层

LIN 总线的物理层如图 3-12 所示，图中的 U_{BAT} 为 12V 电源，由汽车蓄电池提供；每个节点都会连接一个上拉电阻，上拉电阻大小为 1kΩ（主控制单元）、30kΩ（从控制单元）；与上拉电阻串联的二极管可以防止当电源电压下降时从 LIN 总线消耗电能；电容可消除信号波动，大小为 2.2nF（主控制单元）、220pF（从控制单元）；SCI 为串行通信接口；GND 为信号搭铁回路。

6. LIN 总线网络上的物理值

LIN 总线上的逻辑值，显性电平为值"0"，隐性电平为值"1"。在 LIN 总线协议上，电平的规则被定义为"线与"：当 LIN 总线网络上只要存在一个节点发送"0"，总线消息即显示为显性；只有当任何节点都发送"1"时，总线消息即显示为隐性电平，即显性电平在 LIN 总线网络上起主导。

LIN 总线信号发送低电平（显性）时，SCI 通过 Tx 控制晶体管，使 U_{BAT} 与 GND 通过上拉电阻接通，LIN 总线搭铁，此时 LIN 总线为低电平（显性），靠近搭铁电压，如图 3-13 所示。

图 3-12　LIN 总线的物理层

图 3-13　LIN 总线信号发送低电平

LIN 总线信号发送高电平（隐性），SCI 不控制晶体管时，晶体管处于截止状态，此时 LIN 总线为高电平（隐性），接近供电电压，如图 3-14 所示。

LIN 总线信号接收时，Rx 线可以接收高低变化的电压信号，并判断其含义，如图 3-15 所示。

图 3-14　LIN 总线信号发送高电平　　　　图 3-15　LIN 总线信号接收

7. 应答

LIN 总线协议中对于收到消息之后的响应并没有特殊的协议来定义，在 LIN 总线协议中并没有详细说明各个节点在接收到消息之后的响应过程该是如何进行的。主节点将自身初始化后的数据与从节点接收到的数据进行比较，并对这两个数据进行核查是否相同。如果主节点检测到两次报文出现不一致的结果，则主机任务需要根据协议中的进度表进行更改处理。如果由从节点检测到两次报文出现不一致，那从节点会利用诊断帧的方式向主节点发出请求处理的消息，并将不一致的结果保存记录下来发送给主节点。

8. 命令帧和扩展帧

在 LIN 总线网络中，有四个为特定目的而保留的消息帧，其中，每个帧都拥有 8 个字节的响应标识符，包括命令帧和扩展帧各两个。因为命令帧能够将数据路由到 LIN 总线网络上，而且能够下载数据，所以开发者可以利用其来对节点进行升级和配置，而且还可以对 LIN 总线进行诊断分析。用户可以采用扩展帧来自行定义报文帧，以及在未来定义的 LIN 消息帧被合并到 LIN 总线协议中时就需要采用拓展帧来定义。

9. 睡眠模式以及唤醒

为了降低 LIN 总线网络的待机功耗，LIN 总线网络上的各个节点都可以支持无任何活动的睡眠模式。在 LIN 总线网络上主节点在满足睡眠条件后发送一个睡眠指令给到其他从节点，随后 LIN 总线网络就会进入睡眠模式，且直到节点被再次唤醒之前任何节点不会往总线上发送任何消息。当 LIN 总线上有任意节点发送消息时，所有节点将会结束其睡眠状态。当从节点被内部唤醒时，主节点会被从节点发送的唤醒信号唤醒，主节点开始依据进度表进行初始化内部活动，从节点不会再往 LIN 总线上发送任何消息直至主节点发出其同步信号。

单元 3　LIN 总线协议

LIN 总线协议包括 LIN 总线物理层协议、LIN 总线数据链路层协议、LIN 总线传输层协议和 LIN 总线应用层协议。

3.3　LIN 总线协议

一、LIN 总线物理层协议

物理层的位定时以主节点的位时间为参考进行定时，LIN 总线网络的主节点必须要设置较高精度的时钟，而从节点不需要设置高精度的时钟；也就是说，LIN 总线网络以主节点作为基准时钟，这样就可以大大提高位速率的精度。LIN 总线协议规定了一个 LIN 总线网络里有且仅有一个主节点，这样就可以唯一确定位速率，而不会出现由于基准的不同所导致的位速率不同。LIN 总线协议规定由主节点来发起所有通信任务，并在主节点的帧头中加入同步字段，从而保证从节点的同步。只有当从节点的位速率与主节点的位速率相同时，才可以进行通信任务。它的优点是降低了成本，同时不需要总线仲裁，复杂度也降低；缺点是数据的传输效率变低。而且，LIN 总线协议还可以将电磁干扰维持在一个可控制的范围内，这都得益于物理层的协议控制器和总线收发器，前者可以控制位速率，后者可以调节压摆率（转换速率）。此外，为了平衡数据位速率与电磁干扰，使物理层性能达到最优，LIN 总线协议将 LIN 总线的最高位速率定义为 20kbit/s，但其实物理层还可以允许更高。

二、LIN 总线数据链路层协议

1. LIN 总线的报文帧结构

每一个 LIN 总线的报文帧都由帧头和应答两部分组成，其中，帧头主要包括同步间隔段、同步段和受保护 ID 段，应答主要包括数据段、校验和段，如图 3-16 所示。图中，帧间隔为帧之间的间隔，应答间隔为帧头和应答之间的间隔，字节间隔包括同步段和受保护 ID 段之间的间隔、数据段各字节间之间的间隔以及数据段最后一个字节和校验和段之间的间隔。应答间隔和字节间隔的最小取值为 0。

图 3-16 LIN 总线的报文帧结构

（1）帧头　在 LIN 总线协议中，一个完整的帧包含着主机任务发送的帧头和从机任务反馈的应答，主机任务的帧头必须包含同步间隔段、同步段和受保护 ID 段。

1）同步间隔段如图 3-17 所示，同步间隔段由同步间隔以及同步间隔段间隔符两部分组成。同步间隔全部都是显性电平，并且至少持续 13 位（基于主机的时钟速率），同步间隔是帧头的起始，也是一个完整帧的起始。而同步间隔段间隔符至少是持续 1 位的隐性电平。

图 3-17 同步间隔段

2）同步段是采用字节域的格式传输至 LIN 总线上的，LIN 总线通信的同步是以同步段的第一个下降沿为起始标志，形式是 0x55（也表示为 01010101b），同步段如图 3-18 所示。图中，LSB 代表最低有效位，即一个二进制数字中的第 0 位；MSB 代表最高有效位，即一个 n 位二进制数字中的 n−1 位。

图 3-18 同步段

从节点可以不使用高精度时钟来调整其传输速率，而是使用精度比较低的时钟来实现时钟同步。这就必然会导致从节点和主节点之间有一定量的时钟偏差，这种时钟偏差需要通过同步段来进行调整，需要将从节点时钟速率调整到与主节点的时钟速率一致，从节点可以通过帧头的同步段来计算出主节点的时钟速率，并且按照计算的结果来实时调整自己的时钟。

3）受保护 ID 段如图 3-19 所示，受保护 ID 段由 8 个数据组成，前 6 位为帧 ID 再加上两个奇偶校验位，由此不难计算出帧 ID 共有 64 个，取值范围分布在 0x00～0x3F 之间。帧 ID 可以在开发时定义好该帧 ID 的类别和目的地，同时也定义了从节点对于该帧头做出的响应。

图 3-19 受保护 ID 段

受保护 ID 段中帧的 ID5 和 ID4 决定了从节点发送应答的长度，见表 3-1。在 LIN 总线协议中，规定所有标识符分别组成 4 个小组，每组包含有 16 个标识符，定义的应答报文数据场的长度分别为 2 个、2 个、4 个和 8 个字节的长度。

表 3-1 数据场的长度

ID5, ID4	数据场长度
0, 0	2
0, 1	2
1, 0	4
1, 1	8

如果受保护 ID 段在 LIN 总线上传输出现问题，则报文将无法到达正确的从节点，因此需要引入奇偶校验位，来验证受保护 ID 段。

（2）应答　从节点接收来自主节点的帧头，分析帧头中所包含的信息，然后再决定是发送响应、接收响应还是忽略该响应。从机任务发送的应答包含着数据段以及校验和段。

1）数据段长度最小为 1 个字节，最长可达 8 个字节。首先发送第 1 字节，之后发送数据编码依次增加，如图 3-20 所示。

数据段帧的类型有信号携带帧、诊断帧和保留帧，见表 3-2。信号是通过信号携带帧来传输的，每个帧 ID 对应的数据段会包含一个或多个信号。在信号更新时，要保证信号的完整性，而不仅是更新部分信号。

表 3-2　帧的类型

帧的类型		帧 ID
信号携带帧	无条件帧	0x00～0x3B
	事件触发帧	
	偶发帧	
诊断帧	主机请求帧	0x3C
	从机应答帧	0x3D
保留帧		0x3E，0x3F

2）校验和段是用于验证帧的传输内容正确与否，共有 8 位，如图 3-21 所示。校验和又分为标准校验和、增强校验和两种，两者的不同见表 3-3。

图 3-20　数据段

图 3-21　校验和段

表 3-3　校验和类型

校验和类型	校验对象	适用场合
标准校验和	数据段各字节	诊断帧，与 LIN1.x 从机节点通信
增强校验和	数据段各节点以及受保护 ID	与 LIN2.x 从机节点通信（诊断帧除外）

主节点管理报文使用哪种校验和，在前期开发时开发者将该信息绑定在帧 ID 上，通过帧 ID 来识别使用标准校验和还是增强校验和。

对帧的每个字节进行二进制相加运算（当结果不小于 256 时减去 255），并将计算的结果反转，即校验和。接收端收到的应答进行同样的运算法则，将计算出的结果与接收到的校验和相加。如果相加后的结果是 0xFF，那么就说明校验和是正确无误的，LIN 总线协议正是通过这种方式来保证传输数据的正确性。

2. 报文帧的传输类型

LIN 总线网络中报文帧的传输类型主要有无条件帧、事件触发帧、偶发帧、诊断帧和保留帧。

（1）无条件帧　无条件帧是单一发布节点，这就意味着不管该节点的信号有没有发生变化，从节点都是要无条件应答的。无条件帧会在主节点给它分配的固定帧时隙中进行传输。一旦有一个帧头被发送到总线上，就必须有一个从节点来应答（即无条件发送应答），如图 3-22 所示。

图 3-22　无条件帧的传输过程

（2）事件触发帧　如果主节点需要一直轮询所有从节点的信号，并且从节点信号变化的频率较低时，主节点采用无条件帧会占取大部分的网络带宽。为了减小这种情况对网络带宽的影响，LIN 总线协议开发了一个特殊的帧——事件触发帧。事件触发帧是主节点用来查询所有从节点的信号在一个帧的时间内是否发生变化时采用的帧。当存在多个从节点响应时，主节点会使用开发时定义的进度表来解决冲突。事件触发帧的传输过程如图 3-23 所示。

图 3-23　事件触发帧的传输过程

（3）偶发帧　偶发帧是指当主节点自身信号在同一帧时隙发生变化时，主节点向 LIN 总线发送该帧。当存在多个相关的响应信号变化时，通过预先设置的优先级进行仲裁。偶发帧的传输过程如图 3-24 所示。

（4）诊断帧　诊断帧由主机请求帧以及从机响应帧组成，主要用于配置、识别和诊断，诊断帧的数据段被指定为 8 字节，并且使用标准校验和来检查。

（5）保留帧　保留帧 ID 为 0x3E 以及 0x3F，用于后续扩容。

3. 报文帧进度表

进度表是帧的调度表，规定 LIN 总线上帧的传输次序以及各帧在总线上的传输时间。进度表位于主节点，主机任务根据应用层需要进行调度。进度表可以有多个，一般情况下，轮到某个进度表执行的时候，从该进度表规定的入口处开始顺序执行，到进度表的最后一个帧时，如果没有新的进度表启动，则返回到当前的进度表第一个帧循环执行；也有可能在执行某个进度表当中发生中断，执行另一个进度表后再返回，如事件触发帧的冲突解决过程就是一个典型的例子，如图 3-25 所示。

图 3-24　偶发帧的传输过程

图 3-25　进度表
a）只有一个进度表时采用循环执行　b）三个进度表存在时顺序执行　c）进度表发送中断

进度表除规定了帧 ID 的传输次序外，还规定了帧时隙的大小。帧时隙是进度表规定的一个帧的帧头起始到下一个的帧的帧头起始的时间。每个帧的帧时隙都可以不同，一个帧时隙对应了进度表的一个入口，如图 3-26 所示。抖动为帧的同步间隔段的下降沿与帧时隙起始时刻相差的时间。时基为 LIN 总线子网的最小计时单位，通常设定为 5ms 或 10ms。帧时隙必须为时基的整数倍，并且起始于时基的开始时刻（称为时基的节拍），切换到另外一个进度表时一定要等到当前帧时隙的结束。

图 3-26　帧时隙

三、LIN 总线传输层协议

LIN 总线传输层主要对报文帧起到中间转换的功能，即它把应用层发来的信息拆分成协议数据单元（PDU）后再发送到数据链路层，逆过程是将数据链路层的 PDU 重组成消息信息发送给应用层。报文帧结构数据场中的字节就是 PDU 格式，并通过诊断帧发送或接收。LIN 总线 PDU 的格式如图 3-27 所示。

图 3-27　LIN 总线 PDU 的格式

从发送格式上看，PDU 格式包含单帧（SF）、首帧（FF）和续帧（CF）三种。从数据源节点上看，主节点发送 PDU 格式的请求数据，从节点发送 PDU 格式的响应数据。一个 PDU 包括节点地址（NAD）、协议控制信息（PCI）、长度（LEN）、服务 ID（SID）、应答服务 ID（RSID）和消息字节段（D1～D6）。

节点地址用于表示诊断请求中 LIN 总线从节点的地址，位于 PDU 的第一个字节。节点地址的值在 1～127 的范围内，其中，0 和 128～255 保留用于其他目的。协议控制信息包含了 PDU 类型信息和消息字节长度信息，位于 PDU 的第二个字节。服务 ID 表示从节点的服务功能标识符。节点配置服务的服务 ID 范围是 0xB0～0xB7 之间。诊断服务的服务 ID 范围是 0x00～0xAF 和 0xB8～0xFE 之间。应答服务 ID 表示从节点应答的内容，它的值是服务 ID 的值再加上 0x40。消息字节段的内容取决于服务的种类。在单帧中，消息字节段最多 6 个字节。在首帧和续帧中，所有 PDU 的消息字节段，经过重组成一个完整的消息。

如果信息的长度不超过 PDU 中的单帧容量时，信息会从应用层出发，经过传输层到达数据链路层，这一过程叫作信息的拆分，而反过来的过程称为信息重组。如果发送的信息大小大于 PDU 中单帧的容量时，这时传输层将会把信息拆分，变成首帧和续帧的形式并按照次序将其发送到数据链路层。相反，传输层收到数据链路层发来的首帧和续帧后，按照规定的顺序将首帧和续帧重新组合成信息，再发送给应用层处理。

四、LIN 总线应用层协议

LIN 总线应用层的主要功能有信号处理功能、配置功能、识别功能和诊断功能。配置、识别和诊断又分了许多小的功能，统称这些小的功能为服务。其中，后三个功能的作用目标是逻辑节点，所谓逻辑节点就是那些可以对某些请求做出应答的实体，这些被响应的请求包括主节点或诊断设备所发出的请求。为了区分不同的逻辑节点，LIN 总线协议定义了节点地址。而把那些完成报文帧收发的软硬件实体称为物理节点。物理节点由具体的从机和接口唯一确定，同时，一个物理节点可以由一个或多个逻辑节点组成。

1. 应用层的信号处理功能

信号处理功能就是获取或更改 LIN 总线网络中的信号，而不用传输层作为信号的中转，应用层与数据链路层直接进行信号的收发。这些信号由节点性能文件定义。信号处理功能的工作模型如图 3-28 所示，LIN 总线网络中每个节点都可以发送和接收信号，它们之间传输的是信号触发帧。

图 3-28　信号处理功能的工作模型

2. 应用层的配置功能

LIN 总线协议规定了每个逻辑节点都必须有节点地址，而且每个逻辑节点的节点地址必须不同，如果相同就会发生冲突。配置功能就是在保证网络正常工作的前提下，主节点能够自动地配置所有逻辑节点，并消除由于在节点地址和进程 ID 中进行的分配而发生的冲突。配置功能是保证各节点运行的内部功能，由传输层来完成。配置功能的工作模型与计算机网络中的"客户端－服务器"模型类似，如图 3-29 所示。其中，主节点类似于计算机网络中的客户机，逻辑节点类似于计算机网络中的服务器。其工作过程是主节点（或客户端）发送请求服务信息到逻辑节点（或服务器），逻辑节点判断接收到的请求服务的内容决定是否响应主节点。

图 3-29　配置功能的工作模型

3. 识别功能和诊断功能

识别功能就是主节点通过获取逻辑节点的信息，从而达到识别逻辑节点的目的。除此之外，它还可以自定义一些其他的功能。识别功能的工作模型与配置功能的相同。如果在 LIN 总线网络外的诊断设备想与网络的主节点进行通信，则可以使用应用层的诊断功能将其直接或间接地连接到该网络的主节点上。当连接建立后，根据对应的诊断协议可以与 LIN 总线网络中的逻辑节点进行通信。诊断功能是 LIN 总线网络的一个对外接口，用来连接网络以外的诊断设备。诊断功能的工作模型如图 3-30 所示，该工作模型是配置功能工作模型的补充延伸，在该功能中，主节点起到了中心节点的作用，在诊断设备和 LIN 总线网络之间传输请求和响应信息。

图 3-30 诊断功能的工作模型

一般情况下，LIN 总线网络中的节点所起到的作用越大、职责越多，相应的实现成本就越高。但是诊断功能可以根据具体的节点来减少实现成本。由于诊断功能有多种实现方式，并且可以支持的种类多样，所以可以减少实现成本。

复习思考题

1. LIN 总线有哪些特点？
2. LIN 总线主要有哪些标准？
3. LIN 总线的分层结构是怎样的？
4. LIN 总线的基本组成是怎样的？
5. LIN 总线的工作原理是怎样的？
6. LIN 总线网络信号是如何传输的？
7. LIN 总线的报文结构是怎样的？
8. LIN 总线网络中报文帧的传输类型主要有哪些？

模块 4
其他总线技术

【学习目标】

通过对本模块的学习，学生能够掌握 FlexRay 总线、MOST 总线、车载以太网和 SENT 总线的基本知识。

通过对本模块的学习，培养学生敬业精神和服务意识；培养学生沟通、协调、合作的能力，逐步形成良好的心理素质。

【教学要求】

知识要点	能力要求	参考学时
FlexRay 总线	了解 FlexRay 总线的发展历程，掌握 FlexRay 总线特点，了解 FlexRay 总线标准，掌握 FlexRay 总线分层结构和 FlexRay 总线协议	2
MOST 总线	了解 MOST 总线的发展历程，掌握 MOST 总线特点，了解 MOST 总线标准，掌握 MOST 总线分层结构、MOST 总线控制单元和 MOST 总线协议	2
车载以太网	了解车载以太网的发展历程，掌握车载以太网特点，了解车载以太网标准，掌握车载以太网分层结构和车载以太网协议	2
SENT 总线	了解 SENT 总线的发展历程，掌握 SENT 总线特点，掌握 SENT 总线协议	

【导入案例】

图 4-1 所示为带有 MOST/FlexRay 总线的网络架构。车辆主网络架构分为车身 CAN（B-CAN）、动力底盘 CAN（P-CAN）和一路 MOST 总线，P-CAN、B-CAN 和 MOST 网段通过网关进行数据交互。MOST 总线实现娱乐系统数据传输，FlexRay 总线作为动力底盘 CAN 的补充，实现线控转向控制功能。

FlexRay 总线、MOST 总线、车载以太网的特点和标准有哪些？它们的分层结构和协议是怎样规定的？通过对本模块的学习，读者可以得到答案。

图 4-1　带有 MOST/FlexRay 总线的网络架构

单元 1　FlexRay 总线

图 4-2 所示为凯迪拉克 CT6 汽车装配的 FlexRay 总线，主要用于自适应巡航控制系统，采用双星混合型结构，主动安全模块 1 和主动安全模块 2 都是中心节点模块，前视摄像头模块和长距离雷达模块同时连接在 A 通道和 B 通道上，即使用双通道通信。

图 4-2　凯迪拉克 CT6 汽车装配的 FlexRay 总线

一、FlexRay 总线的发展历程

随着汽车电动化和网联化的不断发展，主机厂意识到目前的总线通信解决方案无法满足将来数据传输的需求，2000 年，由宝马公司和戴姆勒-奔驰公司发起，联合飞利浦和摩托罗拉等组织成立了 FlexRay 总线联盟。目前，FlexRay 总线联盟包括宝马、博世、戴姆勒-奔驰、飞思卡尔、通用汽车、飞利浦、吉利汽车、大众汽车和恩智浦半导体公司

等。该联盟的目标是开发一种独立于汽车供应商并为全行业制定确定性和容错的 FlexRay 总线通信标准。FlexRay 总线联盟于 2010 年发布了 3.0.1 版规范,并开始向 ISO 规范方向推进,于 2013 年发布了 ISO 17458 标准。第一款采用 FlexRay 总线通信技术的量产车宝马 X5 于 2006 年推出,应用在其电子控制减振系统中;2008 年,全新宝马 7 系全面采用了 FlexRay 总线,随后奥迪、奔驰以及领克等车型上也逐渐开始应用。

汽车电子领域使用最多的是 CAN 总线,它可用于大多数汽车控制器、传感器和执行器,随着新的 x-by-wire(线控系统)的出现,对于汽车系统的传输速度和时间确定性等方面的要求也越来越高。FlexRay 总线是一种集高数据速率、高确定性、拓扑结构多样、容错性等各种优点于一身的通信协议,已经成为用于开发更高可靠性、安全性和娱乐性的下一代汽车电子产品的理想协议。

FlexRay 总线是专门针对下一代汽车应用及线控应用的新型网络通信系统,旨在应用于需要高通信带宽和决定性容错数据传输能力的底盘控制、车身控制和动力总成控制等场合。FlexRay 总线具有创新的功能和安全的特点,能够使汽车的系统安全达到一个崭新的水平。FlexRay 总线不仅能简化汽车电子系统和通信系统结构,同时还可帮助汽车电子控制单元变得更加稳定和可靠。

二、FlexRay 总线特点

FlexRay 总线具有数据传输速率高、可靠性好、确定性、灵活性、同步时基和高容错性等特点。

1. 数据传输速率高

FlexRay 总线最大传输速率可达到 10Mbit/s,双通道总数据传输速率可达到 20Mbit/s,因此,应用在车载网络上,FlexRay 总线网络带宽可以是 CAN 总线网络的 20 倍。

2. 可靠性好

FlexRay 总线能够提供很多 CAN 总线网络所不具有的可靠性特点,尤其是 FlexRay 总线具备的冗余通信能力。具有冗余数据传输能力的总线系统使用两个相互独立的信道,每个信道都由一组双绞线组成。一个信道失灵时,该信道应传输的信息可在另一条没有发生故障的信道上传输。此外,总线监护器的存在进一步提高了通信的可靠性。

3. 确定性

FlexRay 总线是一种时间触发式总线系统,它也可以通过事件触发方式进行部分数据传输。在时间控制区域内,时隙分配给确定的信息。一个时隙是指一个规定的时间段,该时间段对特定信息开放。对时间要求不高的其他信息则在事件控制区域内传输。确定性数据传输用于确保时间触发区域内的每条信息都能实现实时传输,即每条信息都能在规定时间内进行传输。

4. 灵活性

灵活性是 FlexRay 总线的突出特点,反映在以下方面:支持多种方式的网络拓扑结构,点对点连接、串级连接、星形连接、混合型连接等;信息长度可配置,可根据实际控制应用需求,为其设定相应的数据载荷长度;双通道拓扑既可用于增加带宽,也可用于传输冗余的信息;周期内静态和动态信息传输部分的时间都可随具体应用而改变。

5. 同步时基

FlexRay 总线中使用的访问方法是基于同步时基的,该时基通过协议自动建立和同步,并提供给应用;时基的精确度介于 0.5μs 和 10μs 之间(通常为 1~2μs)。

6. 高容错性

FlexRay 总线使用循环冗余检验（CRC），来检验通信中的差错；FlexRay 总线通过双通道通信能够提供冗余功能，并且使用星形拓扑可完全解决容错问题。

三、FlexRay 总线标准

1. ISO 17458-1-2013

标准 ISO 17458-1-2013《道路车辆-FlexRay 通信系统：使用情况定义和通用信息》概述了 ISO 17458 的结构和划分，并显示了不同部分之间的关系。

2. ISO 17458-2-2013

标准 ISO 17458-2-2013《道路车辆-FlexRay 通信系统：数据链路层规范》规定了用于汽车网络的 FlexRay 通信协议。FlexRay 协议的一些基本特征包括同步和异步帧传输、同步传输期间的保证帧延迟和抖动、异步传输期间的帧优先级、跨多个网络的单个或多个主时钟同步时间同步、错误检测和信令以及可伸缩的容错。

3. ISO 17458-3-2013

标准 ISO 17458-3-2013《道路车辆-FlexRay 通信系统：数据链路层一致性测试规范》规定了 FlexRay 协议一致性测试，该测试用于验证 FlexRay 通信控制器是否符合 ISO 17458-2 要求，给出了一些可测试性要求，适用于 FlexRay 通信控制器的一致性测试。

4. ISO 17458-4-2013

标准 ISO 17458-4-2013《道路车辆-FlexRay 通信系统：电气物理层规范》规定了 FlexRay 通信系统的电气物理层，FlexRay 的电气物理层设计用于数据速率高达 10Mbit/s 的时间触发网络，用于连接汽车电子控制单元，使用的介质是双线；总线上的信号发送是通过导线之间的差分电压来完成的；拓扑变化范围从线性无源总线和无源星型拓扑的点对点连接到有源星型拓扑。

5. ISO 17458-5-2013

标准 ISO 17458-5-2013《道路车辆-FlexRay 通信系统：电气物理层一致性试验规范》规定了 FlexRay 通信系统电气物理层的一致性测试；定义了考虑 ISO 9646 和 ISO 17458-4 的测试，它提供了一种标准化的方法来验证 FlexRay 总线驱动程序和收发器产品是否符合 ISO 17458-4 要求，主要目的是确保 FlexRay 总线驱动程序和系统环境中不同来源的收发器具有一定程度的互操作性；提供了所有必要的技术信息，以确保即使在不同的测试系统上测试结果也相同。

四、FlexRay 总线分层结构

FlexRay 总线的分层结构由物理层、传输层、表示层及应用层组成，如图 4-3 所示。物理层定义了信号的实际传输方式，包括在时域上检测通信控制器故障的功能；传输层是 FlexRay 总线协议的核心，负责定时、同步、信息包装、错误检测与错误信令以及故障界定，从表示层获得节点要发送的信息并将网络接收的信息传送给表示层；表示层完成信息过滤、信息状态处理以及通道控制器

应用层

表示层
信息过滤，信息以及状态处理

传输层
故障状态界定，错误检测及错误信令，信息检验， 信息格式化，通信周期控制，同步，传输速率及定时

物理层
通信控制器故障状态界定，错误检测及错误信令， 时域错误检测，数据编码，传输介质

图 4-3 FlexRay 总线的分层结构

与主机的接口；应用层由应用系统定义。

五、FlexRay 总线协议

FlexRay 总线协议涉及通信模式、信号状态帧位流的编码和解码、数据帧格式、时钟同步和启动过程等。

1. FlexRay 总线通信模式

FlexRay 总线是通过通信周期循环的方式进行信息的传输的，FlexRay 总线网络的周期长度一般是 1～5ms 的固定值，一个通信周期是 FlexRay 总线协议所规定的媒介访问的基本单位。FlexRay 总线的时间分层包括通信周期层、仲裁层、宏时钟层和微时钟层四个时间层级，其结构如图 4-4 所示。

图 4-4 FlexRay 总线通信周期

一个通信周期包含了由固定时隙组成的静态段、由可变时隙组成的动态段、符号窗口和网络空闲段四个部分。其中，静态段和动态段中的时隙都是由 FlexRay 帧构成的。

（1）静态段的通信　静态段是由 62 个时隙构成的，一个时隙只能发送到一个特定的总线用户中，但是，所有总线用户可以接收所有静态时隙；静态时隙的长度都是 42 字节；时隙的顺序固定不变；各个静态段传输不同内容信息，允许不承载信息。静态段的通信具有以下特点：

1）同步帧只能在已经连接好的通道上进行数据的发送。

2）异步帧可以选择在一个通道上发送数据，也可以选择在两个通道上发送数据。

3）静态段采用的是基于时分多址的通信方式，能为网络中的每个节点分配固定大小的时隙。

4）每个时隙都是通过响应节点的方式来进行数据通信的。

5）每个时隙一次只能分配给一个节点，但能同时分配给该节点内的多个报文。

6）在网络通信开始后不能对已经分配好的时隙进行任何的修改，因此在网络通信开始之前就应合理分配需要在通信周期静态部分传输的信息，并在一定程度上限制要传输的最大数据量，不能超过其固定长度。这也是为什么即使受到外部环境的干扰，FlexRay 总线也能有效地减少因外部干扰所带来的抖动和延迟。

（2）动态段的通信　动态段被分成若干个最小时隙，所有总线用户都会接收动态段的信息。动态段是通信周期中为了能够传输事件触发的数据而预留的位置。与静态段有所不同，动态段可以根据需要通过改变时隙长度来动态分配它的带宽长度，有效地提高了带宽利用率和消息传输中的灵活性。动态段的通信具有以下特点：

1）动态段采用的是基于时分多路的通信技术，可用于时间不确定的消息帧传输，因为时分多路相对于时分多址拥有更好的灵活度。

2）动态段采用的是基于事件触发的消息传输机制，可以在总线任务量非常大的情况下依然保证高优先级任务的信息传输。

3）在动态段中应该把紧急和重要的消息放在较低序列号的时隙中，使这类消息在每个周期都有机会被传输，这样能够有效降低消息传输时的风险。

4）当节点的时隙号对应于发送的帧 ID 时，该节点待发送的消息就会被自动发送，当没有节点有消息需要发送时，时隙计数器自动加 1，所有节点等待下一个时隙。

5）动态段不仅能减少因静态段时隙固定而浪费的网络资源，还能保证总线上消息传输的确定性。

（3）符号窗口　FlexRay 总线的一个通信周期有一个符号窗口，通过配置设定一定数量宏时钟的时间宽度，如果配置值为零，则不用符号窗口。符号窗口的内容及功能由高层协议规定。

（4）网络空闲段　对 FlexRay 总线网络进行调整，根据节点的实际需要，动态配置动态段和网络空闲段各部分的带宽。在网络空闲段，FlexRay 总线网络中的节点不进行任何通信。所有总线用户利用网络空闲段使内部时钟与时基同步。

2. 信号状态

FlexRay 总线的两条导线分别是总线正和总线负，电压在 1.5V 和 3.5V 之间变换，如图 4-5 所示。

图 4-5　FlexRay 总线的电压

FlexRay 总线的信号状态有空闲、数据 0 和数据 1 三种。空闲表示两条导线的电平都为 2.5V；数据 0 表示总线正上为低电平，总线负上为高电平；数据 1 表示总线正上为高电平，总线负上为低电平。

3. 帧位流的编码和解码

一个信息帧在物理层传输要进行编码，将帧要传输的信息加上位置标识和同步等需要的信息编码成一个二进制位流，每帧以一组位流在物理层由发送节点发出；接收端接收到这些位流要进行解码，分解出一帧的信息，提供给传输层。

（1）编码　编码就是对网络中待发送的数据进行打包的过程，与之对应的解码就是对已接收的数据包进行解包的过程。在 FlexRay 总线网络的通信过程中，任何时候都是同时对所有信道节点上的数据进行编码和解包的。如图 4-6 所示，FlexRay 总线的编码和解码过程就是在通信控制器与总线驱动器之间同时进行，其中，RxD、TxD、TxEN分别为通信控制器的接收信号、发送信号和对总线驱动器的请求信号。FlexRay总线协议采用的编码形式是不归零编码，能够在相同的带宽情况下比其他编码形式传输更多的消息。

图 4-6　FlexRay 总线的编码和解码

FlexRay 总线的帧编码方式分为 FlexRay 总线的静态帧编码、FlexRay 总线的动态帧编码两种，其编码方式分别如图 4-7 和图 4-8 所示。

图 4-7　FlexRay 总线的静态帧编码

图 4-8　FlexRay 总线的动态帧编码

1）传输起始序列（TSS）的功能是发起网络通信的连接，由一小段持续的低电平组成。

2）帧起始序列（FSS）紧接在 TSS 之后，它的功能是当 TSS 之后的首字节帧起始序列发生量化误差时起到补偿的作用，由一个时间位的高电平组成。

3）字节起始序列（BSS）的功能是向 FlexRay 总线网络中接收节点设备提供定时信息，由一个时间位的高电平和紧随其后的一个低电平组成。

4）帧结束序列（FES）的功能是用来标识数据帧最后一个字节序列结束，由一个时间位的低电平和紧随其后的一个高电平组成。

5）动态尾部序列（DTS）的功能是用来指示发送节点的精确时间点，但只有在动态段的发送数据到网络以后才会使用，此时 FES 之后会附加一个 DTS，由一段连续的低电平和紧随其后的一个高电平组成。

将这些序列与有效位（从最高有效位到最低有效位）组装起来就是编码过程，最终形成能够在网络传播的数据位流。

（2）解码　接收端在总线空闲时监测到总线上的 TSS，表示有帧将要启动传输，此时启动帧按照同步机制定时开始接收后续位流，并按编码规则进行解码处理。当接收端节点检测到错误时，终止通信位流的解码过程，并一直等待总线回到空闲状态。

4. FlexRay 总线数据帧格式

FlexRay 总线数据帧格式如图 4-9 所示，它由头部段、负载段和尾部段组成。

图 4-9　FlexRay 总线数据帧格式

（1）头部段　头部段包括保留位、数据指示符、空帧指示符、同步帧指示符、启动帧指示符、帧 ID、负载段长度、头部校验码和循环计数。

1）保留位（1 位）是为以后扩展做准备。

2）数据指示符（1 位）用于指明帧的负载段的向量信息，静态帧指明网络管理矢量，动态帧指明信息 ID。

3）空帧指示符（1 位）用于指明负载段的数据帧是否为零。

4）同步帧指示符（1 位）用于指明同步帧。

5）启动帧指示符（1 位）用于指明发送帧的节点是否为起始帧。

6）帧 ID（11 位）用于指明系统设计过程中分配到每个节点的 ID（有效范围为 1～2047），其长度说明负载段的数据长度。

7）负载段长度（7 位）用于指明有效数据的长度，以字节为单位。

8）头部校验码（11 位）用于指明同步帧指示器和起始帧指示器的 CRC 计算值，以及由主机计算的帧 ID 和帧长度。

9）循环计数（6 位）用于指明在帧传输时间内传输帧节点的周期计数。

（2）负载段　负载段包含 0～254B 的数据、信息 ID 和网络管理向量。其中，数据可用数据 0、数据 1、数据 2……数据 n 表示；信息 ID 使用负载段的前两个字节进行定义，可在接收方作为可过渡数据使用；网络管理向量长度必须为 0～10bit，并与所有节点相同。

（3）尾部段　尾部段主要是循环冗余校验（CRC），用于检查前面的数据传输是否正确，包括帧头循环冗余校验和数据帧循环冗余校验。

FlexRay 总线网络上的通信节点在发送一个报文帧时，先发送头部段，再发送负载段，最后是尾部段。

5. FlexRay 总线时钟同步

如果使用基于时分多址的通信协议，则通信媒介的访问在时间域中控制。因此，每个节点都必须保持时钟同步，这一点非常重要。所有节点的时钟必须同步，并且最大偏差（精度）必须在限定范围内，这是实现时钟同步的前提条件。

时钟偏差分为相位偏差和频率偏差。相位偏差是两个时钟在某一特定时间的绝对差别；频率偏差是相位偏差随时间推移的变化，它反映了相位偏差在特定时间的变化。FlexRay 总线使用一种综合方法，同时实施相位修正和频率修正，包含时间同步校正机制（最大时间节拍生成）和时钟同步计算机制（时钟同步进程）两个主要过程。时钟发生器控制时隙初值，即周期计数器和最大时钟节拍的计数器，并对其进行修正。时钟同步处理模块主要完成一个通信循环开始的初始化，测量并存储偏差值，计算相位和频率的修正值。FlexRay 总线时钟同步机制如图 4-10 所示。

图 4-10　FlexRay 总线时钟同步机制

相位修正仅在奇数通信周期的网络空闲段执行，在下一个通信周期起始前结束。相位改变量指明了添加到网络空闲向量段的相位修正段的微节拍数目，它的值由时钟同步算法决定，并有可能为负数。相位改变量的计算发生在每个周期内，但修正仅应用在奇数通信周期的末尾。

在频率修正中，需要使用两个通信循环的测量值。这些测量值之间的差值反映每个通信循环中的时钟偏差变化。它通常用于计算双循环结束时的纠正值，在整个后来的两个通信周期中都使用该纠正值。

6. FlexRay 总线启动过程

为了节省资源，部分节点处于不工作状态时，进入节电模式。当这些节点需要再次工作时就需要唤醒。主机可以在通信信道上传输唤醒模式，当节点接收到唤醒特征符后，主机处理器和通信控制器才进行上电。

在通信启动执行之前，整个簇需要被唤醒。启动节点工作需要在所有通道上同步执行。初始一个启动过程的行为称为冷启动；能启动一个起始帧的节点是有限的，称为冷启动节点。在至少由三个节点组成的簇中，至少要有三个节点被配置为冷启动节点。在冷启动节点中，主动启动簇中消息的节点称为主冷启动节点，其余的冷启动节点则称为从冷启动节点。

当节点被唤醒并完成初始化后，它就可以在相应的主机控制命令发出之后进入启动程序。在非冷启动节点接收并识别至少两个相互通信的冷启动节点前，非冷启动节点一直等待。同时，冷启动节点监控两个通信信道，确定是否有其他的节点正在进行传输。当检测到通信信道没有进行传输时，该节点就成为主冷启动节点。

冷启动尝试以冲突避免操作符开始，只有传输冲突避免特征符的冷启动节点能在最开始的四个周期传输帧。主冷启动节点先在两个通道上发送无格式的符号（一定数量的无效位），然后启动集群。在无格式符号发送完毕后，主冷启动节点启动该节点的时钟，进入第一个通信周期。从冷启动节点可以接收主冷启动节点发送的消息，在识别消息后，从冷启动节点便可确认主冷启动节点发送消息的时槽位置。然后等待下一个通信周期，当接收到第二个消息后，从冷启动节点便开始启动它们的时钟。根据两条消息的时间间隔，测量与计算频率修正值，尽可能地使从启动节点接近主冷启动节点的时间基准。为减少错误的出现，冷启动节点在传输前需等待两个通信周期。在这期间，其余的冷启动节点可继续接收从主冷启动节点及已完成集群冷启动节点的消息。

从第五个周期开始，其余的冷启动节点开始传输起始帧。主冷启动节点接收第五与第六个周期内其余冷启动节点的所有消息，并同时进行时钟修正。在这个过程中没有故障发生，且冷启动节点至少收到一个有效的起始帧报文对，主冷启动节点则完成启动，开始进入正常运行状态。

非冷启动节点首先监听通信信道，并接收信道上传输的信息帧。若接收到信道上传输的信息帧，便开始尝试融入启动节点。在接下来的两个周期内，非冷启动节点要确定至少两个发送启动帧的冷启动节点，并符合它们的进度。若无法满足条件，非冷启动节点将退出启动程序。非冷启动节点接收到至少两个启动节点连续的两组双周期启动帧后，开始进入正常运行状态。非冷启动节点进入正常工作状态，比主冷启动节点晚两个周期。

图 4-11 所示描述了正确的启动过程。其中，A 是主冷启动节点，B 是从冷启动节点，C 是非冷启动节点。

图 4-11 FlexRay 总线启动过程

CAN 总线与 FlexRay 总线的比较见表 4-1。

表 4-1 CAN 总线与 FlexRay 总线的比较

特性	CAN 总线	FlexRay 总线
布线	双绞线	双绞线（总线正，总线负）
信号状态	0 代表显性；1 代表隐性	空闲；数据 0；数据 1
数据传输速率	500kbit/s	10Mbit/s
访问方式	事件触发	时间触发
拓扑结构	总线，被动星形	点对点，主动星形
优先设定	先发送优先级别比较高的信息	无优先级，数据在固定时间点发送
确认信号	接收器确认收到有效的数据帧	发送器不会获得数据帧是否正确传输信息
故障日志	在网络能用故障日志标记故障和错误	接收器自行检测接收到的数据帧是否正确
帧数据长度	有效数据最长 8 字节	有效数据最长 256 字节
传输	按需要传输	传输数据帧的时间点确定
	可用 CAN 总线的时间点由负载决定	传输持续时间确定
	CAN 总线可能超负荷	即使不需要，也保留时间槽
到达时间	不可知	可知

单元 2 MOST 总线

MOST 总线是一种用于多媒体数据传送的网络系统，该系统将符合地址的信息传送到某一接收器上，这点与 CAN 总线是不同的。MOST 总线是光线数据总线。MOST 总线在汽车上的应用示意图如图 4-12 所示。

图 4-12 MOST 总线在汽车上的应用示意图

一、MOST 总线的发展历程

MOST 总线是一种专门针对汽车内使用而开发的、服务于多媒体应用的数据总线技术。MOST 总线由宝马公司、戴姆勒克莱斯勒公司、Harman/Becker 公司（音响系统制造商）和 Oasis Silicon Systems 公司联合开发。1998 年，参与各方建立了一个自主的实体，即 MOST 公司，由它控制总线的定义工作。Oasis 公司自己保留对 MOST 总线命名的权利。由一家独立的测试机构负责产品的认证过程，还为 MOST 总线系统开发提供使用的软、硬件分析工具以及 MOST 总线系统的培训。2020 年，国际标准化组织颁布了 MOST 总线的标准。

二、MOST 总线特点

MOST 总线网络具有以下特点：
1）在保证低成本的条件下，最高可以达到 147.5Mbit/s 的数据传输速率。
2）无论是否有主控计算机都可以工作。
3）支持声音和压缩图像的实时处理。
4）支持数据的同步和异步传输。
5）发送/接收器嵌有虚拟网络管理系统。
6）支持多种网络连接方式，提供 MOST 总线设备标准，具有方便、简洁的应用系统界面。

7）通过采用 MOST 总线，不仅可以减小连接各部件的线束质量和噪声，而且可以减轻系统开发技术人员的负担，最终在用户处实现各种设备的集中控制。

8）光纤网络不会受到电磁辐射干扰与搭铁环的影响。

MOST 总线的传输速率根据使用设备的不同而不同，如图 4-13 所示。这种光纤数据传输对于实现娱乐系统的所有功能具有重要意义，因为以前所使用的 CAN 总线系统的传输速度无法满足相应的数据量的传送。视频和音频所要求的数据传输速率达数兆比特每秒。仅仅是带有立体声的数字式视频信号就需要约 6Mbit/s 的传输速率。MOST 总线的传输速率可以达到 21.2Mbit/s。

图 4-13 MOST 总线的传输速率

在 MOST 总线中，相关部件之间的数据交换是以数字方式进行的。通过光波进行数据传输，有导线少且质量小的优点，另外，传输速度也快。与无线电波相比，光波的波长更短，因此它不会产生电磁干扰，同时对电磁干扰也不敏感。这些特点就决定了 MOST 总线的传输速率高且抗干扰性也很强。

三、MOST 总线标准

1. ISO 21806-1-2020

标准 ISO 21806-1-2020《道路车辆媒体导向系统传输（MOST）第 1 部分：一般信息和定义》规定了面向媒体的系统传输（MOST）的一般信息和定义，MOST 是一种同步时分复用网络；描述了 ISO 21806 系列引用的大多数规范的使用。

2. ISO 21806-2-2020

标准 ISO 21806-2-2020《道路车辆媒体导向系统传输（MOST）第 2 部分：应用层》指定了应用程序、应用层和表示层。应用程序涵盖设备型号、注册管理、流式数据的连接管理、诊断以及错误处理；应用层覆盖大多数消息的结构，包括致辞、功能块标识符、实例标识符、函数标识符、操作类型以及定时定义；表示层包括数据的定义、基本数据类型和函数类。

3. ISO 21806-3-2020

标准 ISO 21806-3-2020《道路车辆媒体导向系统传输（MOST）第 3 部分：应用层一致性测试计划》规定了 ISO 21806-2 中规定的同步时分复用网络 MOST 应用层的一致性测试计划，规定了以下类别的一致性测试用例：设备型号、数据和基本数据类型、登记管理、连接管理、错误管理和诊断。

4. ISO 21806-4-2020

标准 ISO 21806-4-2020《道路车辆媒体导向系统传输（MOST）第 4 部分：传输层和网络层》规定了与 MOST 传输层和网络层功能相关的技术要求：应用层的服务接口、网络层服务、数据传输机制、节点的动态行为、网络错误管理。

5. ISO 21806-5-2020

标准 ISO 21806-5-2020《道路车辆媒体导向系统传输（MOST）第 5 部分：传输层和网络层一致性测试计划》规定了 ISO 21806-4 中规定的同步时分复用网络 MOST 传输层和网络层的一致性测试计划，规定了以下类别的一致性测试用例：网络层服务、数据传输机制、节点的动态行为。

6. ISO 21806-6-2020

标准 ISO 21806-6-2020《道路车辆媒体导向系统传输（MOST）第 6 部分：数据链路层》规定了与 MOST 数据链路层功能相关的技术要求，MOST 总线网络由两个或多个通过物理层连接的节点组成；数据链路层功能由每个节点提供；在每个网络上，所有节点都是同步的，一个节点提供系统时钟；节点的定时配置（定时主节点或定时从节点）决定了需要在数据链路层上执行的任务；数据链路层指定以下主题：与网络层的服务接口，网络框架、区域和指标，不同的网络渠道，不同的流量控制机制，负载自适应仲裁和循环仲裁，不同的寻址选项，不同的循环冗余校验、它们的用法和循环冗余校验确认，框架指示器。

7. ISO 21806-7-2020

标准 ISO 21806-7-2020《道路车辆媒体导向系统传输（MOST）第 7 部分：数据链路层一致性试验计划》规定了 ISO 21806-6 中规定的同步时分复用网络 MOST 数据链路层的一致性测试计划；规定了以下类别的一致性测试用例：网络帧、分配渠道、受保护的系统通道、时间戳信道、流量控制、循环冗余校验、仲裁、默认数据包通道。

8. ISO 21806-8-2020

标准 ISO 21806-8-2020《道路车辆媒体导向系统传输（MOST）第 8 部分：150Mbit/s 光物理层》规定了同步时分复用网络 MOST（MOST150 PHY）的 150Mbit/s 光物理层；规定了适用的约束条件，并定义了适用于基于 MOST150 PHY 的产品开发的接口和参数，此类产品包括光纤链路和插接器、光纤接收器、光纤发射器、光电转换器和电光转换器；还确定了 MOST150 PHY 的基本测量技术和实际参数值。

9. ISO 21806-9-2020

标准 ISO 21806-9-2020《道路车辆媒体导向系统传输（MOST）第 9 部分：150Mbit/s 光物理层一致性试验计划》规定了同步时分复用网络 MOST（MOST150 PHY）150Mbit/s 光物理层的一致性测试计划，规定了与验证网络、节点和大多数组件与 ISO 21806-8 规定要求的兼容性相关的基本一致性测试测量方法。

10. ISO 21806-10-2021

标准 ISO 21806-10-2021《道路车辆媒体导向系统传输（MOST）第 10 部分：150Mbit/s 同轴物理层》规定了同步时分复用网络 MOST（MOST150 PHY）的 150Mbit/s 同轴物理层；规定了适用的约束条件，并定义了适用于基于 MOST150 PHY 产品开发的接口和参数，此类产品包括同轴链路、同轴接收器、同轴发射器、电－同轴转换器和同轴－电转换器；还确定了 MOST150 PHY 的基本测量技术和实际参数值。

11. ISO 21806-11-2021

标准 ISO 21806-11-2021《道路车辆媒体导向系统传输（MOST）第 11 部分：150Mbit/s 同轴物理层一致性试验计划》规定了同步时分复用网络 MOST（MOST150 PHY）150Mbit/s 同轴物理层的一致性测试计划和一致性测试测量方法。

12. ISO 21806-12-2021

标准 ISO 21806-12-2021《道路车辆媒体导向系统传输（MOST）第 12 部分：50Mbit/s 平衡媒体物理层》规定了同步时分复用网络 MOST（MOST50 PHY）的 50Mbit/s 平衡媒体物理层；规定了适用的约束条件，并定义了适用于基于 MOST50 PHY 产品开发的接口和参数，此类产品包括电气互连、集成接收器、发射器、电－平衡介质转换器和平衡介质－电转换器；还确定了 MOST50 PHY 的基本测量技术和实际参数值。

13. ISO 21806-13-2021

标准 ISO 21806-13-2021《道路车辆媒体导向系统传输（MOST）第 13 部分：50Mbit/s 平衡媒体物理层一致性试验计划》规定了同步时分复用网络 MOST（MOST50 PHY）50Mbit/s 平衡媒体物理层的一致性测试计划和一致性测试测量方法。

14. ISO 21806-14-2021

标准 ISO 21806-14-2021《道路车辆媒体导向系统传输（MOST）第 14 部分：精益应用层》规定了 MOST（同步时分多路复用网络）精益应用层的技术要求，精益应用层包括可用于控制网络管理的配置和行为的服务规范，精益应用层包括以下定义：节点类型、节点寻址、数据传输、网络配置、精益网络服务接口、网络管理、诊断以及定时定义。

15. ISO 21806-15-2021

标准 ISO 21806-15-2021《道路车辆媒体导向系统传输（MOST）第 15 部分：精益应用层一致性试验计划》规定了 ISO 21806-14 中规定的同步时分复用网络 MOST 精益应用层的一致性测试计划，规定了根节点和远程节点在以下类别中的一致性测试用例：网络启动、网络关闭、网络活动、节点发现、连接管理。

四、MOST 总线分层结构

MOST 总线包含了国际标准化组织规定的开放系统互连模型的所有七层结构。开放系统互连分层、MOST 总线分层和硬件分层的对应关系如图 4-14 所示。

物理层对应的是光学/电气物理层；数据链路层对应的是网络接口控制器；网络层、传输层、会话层、表示层、应用层对应的是网络服务层和功能块。与之相对应的硬件分别是光纤/电缆、智能网络接口控制器和外部控制器。

1. 物理层

MOST25 采用塑料－光纤传输介质，数据流的传输速率大约为 25Mbit/s。利用曼彻斯特码进行调制光信号的传输。除了采用光信号传输外，为了扩大 MOST 总线网络的应用范围，MOST50 中可以采用双绞线作为传输介质。

图 4-14 MOST 总线分层结构

2. 数据链路层

数据链路层定义了 MOST 总线传输的基本机制，包括帧的结构和时间主节点与从节点。MOST 数据帧由传播流媒体数据的同步数据区、传播数据包的异步数据区和专门传输控制数据的控制信道组成，如图 4-15 所示。MOST25 的数据帧长度为 512 位，MOST50 的数据帧长度为 1024 位。MOST25 中，每一帧有 2 字节长度用于控制消息的传输，16 帧才能构成一个控制信息块。

图 4-15 MOST 数据帧的基本结构

所有的从节点都从传输的数据流中提取出时钟信号，所有节点在正常状态下是同步工作的。产生该时钟信号的节点称为时间主节点，通常情况下由人机接口充当这个角色。其他节点都称为时间从节点，通过锁相环（PLL）同步上该时钟脉冲，如图 4-16 所示。

图 4-16 时间主节点和时间从节点

3. 网络层

网络层可分为网络服务基础层和网络服务应用接口层两部分。网络服务基础层主要提供管理网络状态、信息接收/发送驱动和流信道分配等底层服务；网络服务应用接口层提供与功能块的接口，包括命令解释等。

4. 应用层

MOST 总线网络应用层主要是功能块以及相应的动态特性。功能块定义了由属性和方法构成的应用层协议接口。属性用于描述功能块的相关属性，方法用于执行相应的操作，利用属性和方法可以对整个 MOST 总线网络进行控制。

五、MOST 总线控制单元

MOST 总线控制单元主要由光导纤维 – 光导插头、电气插头、内部供电装置、收发单元 – 光导发射器、MOST-收发机、标准微控制器和专用部件等组成，如图 4-17 所示。

图 4-17　MOST 总线控制单元的结构

（1）光导纤维 – 光导插头　光信号通过光导纤维 – 光导插头进入控制单元，或产生的光信号通过光导纤维 – 光导插头传往下一个总线用户。

（2）电气插头　电气插头用于供电、环断裂自诊断以及输入/输出信号。

（3）内部供电装置　由电气插头送入的电再由内部供电装置分送到各个部件，这样就可单独关闭控制单元内某一部件，从而降低了静态电流。

（4）收发单元 – 光导发射器　收发单元 – 光导发射器由一个光电二极管和一个发光二极管构成。到达的光信号由光电二极管转换成电压信号后传至 MOST-收发机。发光二极管的作用是把 MOST-收发机的电压信号再转换成光信号，产生的光波波长为 650nm，是可见红光。数据经光波调制后传送，调制后的光经由光导纤维传到下一个控制单元。

（5）MOST-收发机　MOST-收发机由发射机和接收机两个部件组成。发射机将要发送的信息作为电压信号传至光导发射器。接收机接收来自光导发射器的电压信号并将所需的数据传至控制单元内的标准微控制器。其他控制单元不需要的信息由收发机来传送，而不是将数据传到标准微控制器上，这些信息原封不动发至下一个控制单元。

（6）标准微控制器　标准微控制器是控制单元的核心元件，它的内部有一个微处理器，用于操纵控制单元的所有基本功能。

（7）专用部件　专用部件用于控制某些专用功能，例如 CD 播放机和收音机调谐器。

1. 光导纤维

光导纤维的任务是将在某一控制单元发射器内产生的光波传送到另一控制单元的接收器，如图 4-18 所示。

图 4-18　光导纤维

2. 光导插头

为了能将光导纤维连接到控制单元上，使用了一种专用插头，如图 4-19 所示。插塞连接上有一个信号方向箭头，它表示输入方向（通向接收器）。插头壳体就是与控制单元连接处。

图 4-19　光导插头

3. 光导纤维总线内的信号衰减

为了能对光导纤维的状态做出评价，需要测量信号衰减。如果在传输的过程中，光波的功率减小，这种情况称为衰减。衰减常数（A）用分贝（dB）来表示。分贝不是一个绝对值，它是两个值的比值。因此分贝也没有被定义成专门的物理量。例如，在确定声压和音量时也会用到分贝这个单位。在进行衰减测量时，衰减常数（A）是对发射功率和接收功率比值取对数后得出的，计算公式为

$$衰减常数（A）=10\lg\frac{发射功率}{接收功率} \tag{4-1}$$

衰减常数越大，信号传送的效果就越差。如果有几个部件一同传送光信号，那么与串联的电气部件中的电阻相似，各个部件的衰减常数应加起来成为一个总的衰减常数。由于每个控制单元都会在 MOST 总线内发送光波，所以两个控制单元之间的总衰减常数才有意义。

光纤数据总线信号衰减增大的原因主要有光导纤维的曲率半径过小、光导纤维的包损坏、端面刮伤、端面脏污、端面错位、端面未对正、光导纤维的端面与控制单元的接触面

之间有空隙、端套变形等。

4. MOST 总线系统状态

MOST 总线系统状态主要有休眠模式、备用模式和通电模式。

（1）休眠模式　休眠模式下的 MOST 总线内没有数据交换，所有装置处于待命状态，只能由系统管理器发出的光启动脉冲来激活，静态电流被降至最小值。进入休眠模式需要以下前提条件：

1）MOST 总线上的所有控制单元显示为准备进入休眠模式。

2）其他总线系统不经过网关向 MOST 总线提出要求。

3）自诊断未被激活。

（2）备用模式　备用模式下无法为用户提供任何服务，MOST 总线系统在后台运行，但所有的输出介质（如显示屏、收音机放大器等）都不工作或不发声。进入备用模式需要通过以下方式：

1）由其他数据总线通过网关激活，如驾驶人座位旁车门开锁/开门时，点火开关接通。

2）由 MOST 总线上的一个电子控制单元激活，如接听电话时。

（3）通电模式　在通电模式中，电子控制单元完全接通，MOST 总线上有数据交换，用户可使用所有功能。进入通电模式需要以下前提条件：

1）MOST 总线处于备用模式。

2）其他数据总线通过网关激活，如 S 触点、显示屏工作。

3）通过使用者的功能选择来激活，如通过多媒体操纵单元实现。

六、MOST 总线协议

以 MOST25 帧为例，通过介绍控制数据、同步数据和异步数据的传输，了解 MOST 总线协议。

1. MOST 数据帧

MOST25 数据帧的结构如图 4-20 所示。数据帧的长度是固定的，对不同的 MOST 总线标准，数据帧的长度不一样。MOST25 数据帧的长度为 512bit，MOST50 数据帧的长度为 1024bit，128B。在 MOST25 中，每一帧有 2B 长度用于控制消息的传输，16 帧才能构成一个控制信息块。

图 4-20　MOST25 数据帧的结构

前导符占 4bit，每个节点是利用前导符与网络同步的；边界描述符占 4bit，边界描述符由时间主节点确定，取值范围为 6～15，表明后面数据段同步区与异步区各自所占的带宽；同步数据区占 24～60 字节，异步数据区占 0～36 字节，两个区共占用 60 字节，它们的分界靠边界描述符限定，以每 4 字节为单位进行调节；控制信道占 2 字节，控制数据可以用控制信道进行传输；帧控制和校验位占 1 字节。

2. 控制数据的传输

控制命令在控制信道中传送。控制命令在各层的映射如图 4-21 所示。发送控制命令，控制命令以应用协议的形式存在于应用层；控制命令传到网络服务层，将添加设备地址，如果控制命令的数据长度大于 12 字节，那么控制命令将被分段；控制命令传到数据链路层，将打包成控制报文的形式，控制报文将被分配到 16 个 MOST 数据帧中，以数据块的形式发送出去。每个数据块第一个帧的前导符具有特殊的格式。

图 4-21 控制命令在各层的映射

控制报文固定的长度为 32 字节，各部分的意义如下：

（1）仲裁（4 字节）　由起始的两个帧来实现，根据载波监听多路访问机制由 MOST 总线网络接口控制器自动产生的仲裁数据，保证总线的公平分配。

（2）地址（4 字节）　4、5 字节为目的地址，6、7 字节为源地址。

（3）报文类型（1 字节）　0x00 为常规报文，其他为系统消息，由 MOST 总线网络接口控制器自己解决，应用程序不可见。

（4）数据域（17 字节）　这一部分实际上就是应用协议的数据格式。12 字节用于传输参数，当参数少于 12 字节时，报文标识符为 0，一个报文就能发送完一条完整的控制消息；如果数据格式参数多余 12 字节，报文要分段发送，第一个报文的报文标识符为 1，中间报文的报文标识符都为 2，最后一个报文的报文标识符为 3。在 12 字节参数数据中，如果是多段消息，第一个字节还要用于报文计数，传输参数的只有 11 字节。

（5）循环冗余校验（CRC）　循环冗余校验用 2 字节实现，使接收者确定接收的信息是否有误。

（6）应答域（2字节） 接收消息方通过应答域将接收成功、缓冲区阻塞或 CRC 错误的其中一种接收状态告诉发送方。

3. 异步数据的传输

异步数据（图片、用于计算的信息及文字）在异步区传送。异步数据在各层协议中的数据格式及其映射如图 4-22 所示。MOST 总线网络高层协议用来传输异步数据。一个数据包中包含若干个数据块，一个数据块包含 256 个帧。

图 4-22 异步数据在各层协议中的数据格式及其映射

在数据链路层中，异步数据的传输过程为：数据区的可选长度有 1014 字节和 48 字节两种；准备好发送数据的节点必须等待指令牌；传输完一个数据帧后必须将令牌放回网络；由 MOST 总线网络接口控制器自动产生 CRC 来校验，如果有错误，需要更高层协议来实现重新发送。

4. 同步数据的传输

同步数据（音频信号和视频信号）在同步区传送，与异步数据共享 60 字节的数据域，它们之间的带宽由边界描述符确定。数据传输前，必须利用连接管理功能块通过控制信道建立连接。在智能网络接口控制器中，以 4 字节为单位，建立起数据传送专用的信道，配置完后，就可在建立的信道中分别写入和读取数据，在信道中采用时分多址的方式进行连接。同步数据中既没有发送端地址，也没有接收端地址，数据之间的通信完全由控制命令完成。

5. 数据链路层编址

MOST 总线网络支持在数据链路层上的四种编址，见表 4-2。地址的长度均为 16 位。

表 4-2　数据链路层编址

地址	范围
物理地址	0x0400 ～ 0x043F
逻辑地址	0x0100 ～ 0x013F（动态） 0x0140 ～ 0x02FF（静态） 0x0500 ～ 0x0FEF（静态）
群组地址	0x0300 ～ 0x03C7 0x03C9 ～ 0x03FF
广播地址	0x03C8

6. MOST 总线的环形结构

MOST 总线系统的一个重要特征就是环形结构，如图 4-23 所示。控制单元通过光导纤维沿环形方向将数据发送到下一个控制单元。这个过程一直在持续进行，直至首先发出数据的控制单元又接收到这些数据为止。这就形成了一个封闭环。通过数据总线自诊断接口和诊断 CAN 来对 MOST 总线进行诊断。

图 4-23　MOST 总线的环形结构

单元 3　车载以太网

图 4-24 所示为基于 CAN 总线的汽车诊断拓扑图。可以看出，利用 CAN 总线进行汽车诊断，通过网关而到车上控制单元的数据传输速率最高为 1Mbit/s，因此，FlexRay 总线的传输速率（10Mbit/s）在诊断或软件升级时就利用不上。但加上以太网连接，就可以完全利用 FlexRay 总线的带宽，这在发动机控制单元和变速器控制单元配置参数时尤其有意义。基于 CAN 总线和以太网的汽车诊断拓扑图如图 4-25 所示。

4.3　车载以太网

图 4-24　基于 CAN 总线的汽车诊断拓扑图

图 4-25　基于 CAN 总线和以太网的汽车诊断拓扑图

一、车载以太网的发展历程

车载以太网是一种用以太网连接车内电子控制单元的新型局域网技术，使车载网络不仅有了更高的带宽，也具有了以太网的全双工和包交换技术。业界对车载以太网的应用研究主要分成以下三个阶段：

（1）局部网络阶段　局部网络阶段单独在某个子系统使用以太网技术，并且目前已经有一些车型以这种方式搭载以太网，如使用全景摄像的驾驶辅助系统。近年来汽车中摄像头数量迅速增加，传统摄像头网络系统使用的线缆十分厚重，甚至还在线缆的外层使用屏蔽层，来避免信号干扰。基于以太网的技术不仅能提高视频传输质量，同时还能降低设备重量。

（2）子网络阶段　子网络阶段通过将几个使用了以太网技术的子系统功能整合，连接到同一网关形成一个功能齐全的系统。

（3）域级别阶段　域级别阶段区别于前两个阶段，开始使用以太网作为车载网络骨干，将驾驶辅助系统、车身控制、动力总成、底盘控制以及娱乐系统集成起来，形成一个域级别的网络架构。

车载以太网的发展速度较快，国外各大汽车厂商纷纷加入研发行列。2008年，宝马（BMW）作为第一个在车型上尝试搭载以太网的汽车厂商，宣布车载以太网进入了局部网络阶段。到了2013年，宝马正式宣布旗下最新车型X5搭载了车载以太网技术，并且开创了只使用一对非屏蔽双绞线的以太网物理层设计。2013年之后，许多国外汽车厂商（如大众、沃尔沃、奥迪等），陆续在自家的车型上开始部署车载以太网，并开始将娱乐、安全和通信子系统进行整合，构建车载以太网子系统，渐渐增大以太网在车载网络中的比重，即上述提到的子网络阶段。2018年，逐渐开始进入多子网络阶段，使用以太网作为车载骨干，将之前的子网络系统也用以太网互联，真正形成一个域级别的汽车网络。

2011年，博通联合恩智浦、飞思卡尔等半导体公司，以及宝马、现代、通用等汽车制造商组建了针对车载以太网技术的OPEN联盟。OPEN联盟致力于改善汽车的网络复杂性和降低布线成本，帮助汽车行业提升安全度以及行车舒适度。目前，OPEN联盟作为车载以太网领域里最为重要的联盟，吸引了大批汽车领域内的汽车厂商、芯片商、互联网公司以及研究机构等。国内的汽车厂商包括一汽、北汽、长城、华晨等，以及一些研究院也在积极关注并逐渐采用OPEN联盟的技术。

二、以太网特点

1. 数据传输速率高

现在以太网的最大传输速率能达到100Gbit/s，并且还在提高，比任何一种现场总线都快。

2. 应用广泛

基于TCF/IP协议的以太网是一种标准的开放式网络，不同厂商的设备很容易互联。这种特性非常适合于解决不同厂商设备的兼容和互操作的问题。以太网是目前应用最广泛的局域网技术，遵循国际标准规范IEEE 802.3，受到广泛的技术支持。几乎所有的编程语言都支持以太网的应用开发，如Java、C++、VB等。

3. 容易与信息网络集成

由于具有相同的通信协议，以太网能实现与因特网的无缝连接，方便汽车网络与地面网络的通信。汽车网络与因特网的接入极大地解除了为获取汽车信息而带来的地理位置上的束缚，这一特点是目前其他任何一种现场总线都无法比拟的。

4. 支持多种物理介质和拓扑结构

以太网支持多种传输介质，包括同轴电缆、双绞线、光缆、无线等，使用户可根据带宽、距离和价格等因素做多种选择。以太网支持总线型和星形等拓扑结构，可扩展性强，同时可采用多种冗余连接方式，提高网络的性能。

5. 软硬件资源丰富

由于以太网已应用多年，人们对以太网的设计和应用等方面有很多的经验，对其技术也十分熟悉。大量的软件资源和设计经验可以显著降低系统的开发成本，从而可以显著降低系统的整体成本，并大大加快系统的开发和推广速度。

6. 可持续发展潜力大

由于以太网的广泛应用，使它的发展一直受到广泛的重视和大量的技术投入。车载网络采用以太网，可以避免其发展游离于计算机网络技术的发展主流之外，从而使车载网络与信息网络技术互相促进，共同发展。特别是无人驾驶汽车的发展，以太网有望成为高度自动化汽车的主流车载网络。

三、车载以太网标准

在车载以太网的标准化方面，IEEE 802.3 和 IEEE 802.1 工作组、汽车开放系统架构联盟 AUTOSAR、OPEN 联盟以及 AVnu 联盟起到了主要的推动作用。

IEEE 802.3 制定的局域网标准代表了业界主流的以太网技术，车载以太网技术是在 IEEE 802.3 基础上开发研制的，因此，IEEE 是目前最为重要的车载以太网国际标准化机构。为了满足车内的要求，涉及 IEEE 802.3 和 802.1 两个工作组内的多个新规范的制定和原有规范的修订，包括物理层规范、音视频桥接规范、单线对数据线供电等。另外，音视频桥接中有关音频的传输、定时同步等规范还需 IEEE 的其他技术委员会的标准化，如 IEEE 1722、IEEE 1588 等。

OPEN（开放技术）联盟于 2011 年 11 月由博通、恩智浦以及宝马公司发起成立的开放产业联盟，旨在推动将基于以太网的技术标准应用于车内联网。相关单位可通过签署 OPEN 联盟的规范许可协议成为其成员，参与其相关规范的制定活动。OPEN 的主要标准化目标有：制定 100Mbit/s 的物理层标准并将其推广成为开放的产业标准；在相关标准化组织中，鼓励和支持开发更高速的物理层技术规范；制定 OPEN 的互通性要求，选择第三方执行互操作性测试；发现车载以太网在实现过程中的标准化缺口；OPEN 联盟与 IEEE 802 形成紧密的标准化合作。

AUTOSAR 是由汽车制造商、供应商以及工具开发商发起的联盟，旨在制定一个开放的、标准化的车用软件架构。AUTOSAR 的规范包括车用 TCP/UDP/IP 协议栈。AUTOSAR 获得了汽车产业的普遍认可，各制造商将放弃私有标准的开发转而在标准实现上展开竞争，实现 AUTOSAR 的标准可使多个设备无缝地运行在同一个共享网络上。

AVnu 联盟是由博通联合思科、哈曼和英特尔成立的，致力于推广 IEEE 802.1 的音视频桥接技术标准和时间同步网络标准，建立认证体系，并解决诸如精确定时、实时同步、带宽预留以及流量整形等重要的技术和性能问题。目前，AVnu 已发布其车载以太网的认证测试规范，并已认证了多个型号的产品。AVnu 的技术不仅可应用于汽车领域，也可应用于专业音视频、工业以及消费类电子领域。

由此可见，车载以太网标准（协议）非常多，下面介绍 IEEE 颁布的几个标准：

1. IEEE 802.3BW-2015

IEEE 802.3BW-2015《单平衡双绞线（100BASE-T1）100Mbit/s 操作的物理层规范和管理参数》定义了以太网的局域网、接入网和城域网。以指定的速度选择以太网，并使用通用媒介访问控制规范和管理信息库。具有冲突检测的载波侦听多路访问 MAC 协议规定了共享介质（半双工）操作以及全双工操作。速度特定介质独立接口为选定的物理层实体提供架构和可选的实现接口。物理层对帧进行传输，并对接收到的帧进行编码，并以操作速度、传输介质和支持的链路长度为指定的调制进行解码。

2. IEEE 1722-2016

IEEE 1722-2016《桥接局域网内时间敏感应用传输协议》规定了协议、数据封装和表示时间程序，用于确保基于音频和视频的终端站之间的互操作性，这些终端站使用所有 IEEE 802 网络提供的标准网络服务，通过利用 IEC61883 的概念，满足时间敏感应用的服务质量要求。

3. IEEE 802.1AC-2016

IEEE 802.1AC-2016《局域网和城域网——媒介访问控制（MAC）服务定义》规定

了所有 IEEE 802（R）MAC 提供的媒介访问控制服务，以及媒介访问控制网桥内提供的内部子层服务。

4. IEEE 802.1CM-2018

IEEE 802.1CM-2018《局域网和城域网——前端时间敏感网络》定义了局域网的功能、选项、配置、默认值、协议和程序的配置文件，这些功能、选项、默认值、协议和程序对于构建能够传输前端运输流的网络是必要的，这些网络对时间敏感。

5. IEEE 802.1AS-2020

IEEE 802.1AS-2020《局域网和城域网——桥接局域网络中时间敏感应用的定时和同步》规定了协议、程序和管理对象，用于确保跨多个应用程序满足时间敏感应用程序（如音频、视频和时间敏感控制）的同步要求网络，包括在正常运行期间以及在添加、移除或故障网络组件和网络重新配置之后保持同步时间。

6. IEEE 802.1CS-2020

IEEE 802.1CS-2020《局域网和城域网——链路本地注册协议》规定了链路本地注册的协议、过程和托管对象，将注册数据库从点到点链路的一端复制到另一端，并将更改复制到该数据库的部分。

7. IEEE 802.1AX-2020

IEEE 802.1AX-2020《局域网和城域网——链路聚合》规定了链路聚合提供的协议、过程和托管对象，允许以下各项：将一个或多个点到点链路的并行实例聚合在一起形成链路聚合组，以便链路聚合客户端可以将滞后视为一个单独的实例链接；会话敏感收集和分发，指定一种方法来识别分发算法，该算法用于将帧分配给滞后中的各个链路，并将该信息传输给滞后另一端的系统；分布式弹性网络接口，使延迟能够在一对协作系统上终止，以提供系统级和链路级别弹性。

8. IEEE 802.1X-2020

IEEE 802.1X-2020《局域网和城域网——基于端口的网络访问控制》提供了基于端口的网络访问控制的一般方法，指定为 IEEE Std 802.1AE（TM）MAC 安全性建立安全关联的协议，便于使用行业标准的身份验证和授权协议。

9. IEEE 802.1Q-2022

IEEE 802.1Q-2022《局域网和城域网——桥接和桥接网络》规定了使用不同或相同的媒介访问控制方法互联单个局域网（每个局域网支持 IEEE 802MAC 服务）的网桥，以提供桥接网络和虚拟局域网。

IEEE 802.3 工作组关于以太网的标准见表 4-3。

表 4-3　IEEE 802.3 工作组关于以太网的标准

标准编号	标准名称
IEEE Std 802.3.1-2013	以太网的管理信息库（MIB）定义
IEEE Std 802.3cc-2017	以太网修订 11：单模光纤上串行 25Gbit/s 以太网操作的物理层和管理参数
IEEE Std 802.3cb-2018	以太网修正案 1：通过背板运行的 2.5Gbit/s 和 5Gbit/s 的物理层规格和管理参数
IEEE Std 802.3bt-2018	以太网修正案 2：4 线对以太网供电的物理层和管理参数

(续)

标准编号	标准名称
IEEE Std 802.3cd–2018	以太网修正案 3：50Gbit/s 的媒体访问控制参数和 50Gbit/s、100Gbit/s 和 200Gbit/s 操作的物理层和管理参数
IEEE Std 802.3.2–2019	以太网 YANG 数据模型定义
IEEE Std 802.3cn–2019	以太网修正案 4：单模光纤上 50/200/400Gbit/s 操作的物理层和管理参数
IEEE Std 802.3cg–2019	以太网修正案 5：用于 10Mbit/s 操作的物理层规范和管理参数以及通过单对平衡导体进行的相关功率传输
IEEE Std 802.3cq–2020	以太网修正案 6：维护 #13：通过 2 对以太网供电
IEEE Std 802.3cm–2020	以太网修正案 7：多模光纤 400Gbit/s 的物理层和管理参数
IEEE Std 802.3ch–2020	以太网修正案 8：2.5/5/10Gbit/s 汽车电子的以太网物理层规格和管理参数
IEEE Std 802.3ca–2020	以太网修正案 9：25Gbit/s 和 50Gbit/s 无源光网络的物理层规格和管理参数
IEEE Std 802.3cr–2021	以太网修正案 10：维护 #14：隔离
IEEE Std 802.3cu–2021	以太网修正案 11：在单模光纤上以每波长 100Gbit/s 的速度运行 100Gbit/s 和 400Gbit/s 的物理层和管理参数
IEEE Std 802.3cv–2021	以太网修正案 12：维护 #15：以太网供电

四、车载以太网分层结构

以太网基本遵循 802 整体架构，但相对于 802 架构，802.3 架构有两个重要变化，首先是逻辑链路控制子层基本上被以太网所忽视。以太网忽视了逻辑链路控制子层的连接和确认服务，以太网帧中往往没有 IEEE 802.2 所定义的额外字段。其次是在物理层中定义了一个重要的子架构，它包含几个子层和自定义接口。这两大变化的最终结果是促成了由下至上的一般架构，如图 4-26 所示。

图 4-26　IEEE 802.3 模型与 OSI 模型对比

（1）物理层　物理层包括 PHY、介质无关接口和协调子层。PHY 为一组子层，专门用于针对特定的以太网定义信令和编码并与下方的物理介质相连接。介质无关接口依赖物理介质的功能与不依赖物理介质的功能之间的分界接口。协调子层负责处理介质无关接口信令与媒介访问子层之间的映射或翻译需求的一个特殊子层。

（2）数据链路层　数据链路层包括媒介访问控制子层和逻辑链路控制子层。媒介访问控制子层是以太网的逻辑部分，负责实现 CSMA/CD（若使用），处理成帧和字段计算以及特殊功能；逻辑链路控制子层（可选），以太网选择地使用 IEEE 802.2 逻辑链路控制标准中定义的功能。

（3）上层（网络层及以上）　与分层原则一致，不在 IEEE 802.3 所涉及范围内。任何能够与以太网媒介访问控制子层交互的三层技术都可以在以太网上运行。

五、车载以太网协议

以太网发送数据时，媒介访问控制子层把逻辑链路控制子层传输来的数据按某种格式再加上一定的控制信息，然后再经物理层发送出去。媒介访问控制子层传输给物理层的数据格式称为 MAC 帧格式。IEEE 802.3 规定的 MAC 帧格式如图 4-27 所示，它包含 6 部分，分别是前导域及帧起始定界符、目的地址域、源地址域、长度/类型域、数据域和 FCS 域。

前导域	帧起始定界符	目的地址域	源地址域	长度/类型域	数据域	FCS域
8B		6B	6B	2B	46～1500B	4B

图 4-27　IEEE 802.3 规定的 MAC 帧格式

（1）前导域及帧起始定界符　前 7 个字节都是 10101010，最后一个字节是 10101011。用于将发送方与接收方的时钟进行同步，主要是由于以太网类型的不同，同时发送、接收速率也不会是完全精确的帧速率传输，因此，需要在传输之前进行时钟同步。

（2）目的地址域　目的地址域标识了目的（接收）节点的地址，由 6 字节组成。目的地址可以是单播地址、多播地址或广播地址。

（3）源地址域　源地址域标识了最后一个转发此帧设备的物理地址，也由 6 字节组成，但源地址只能是单播地址。

（4）长度/类型域　长度/类型域由 2 字节组成，同时支持长度域和类型域。允许以太网多路复用网络层协议，可以支持除了 IP 协议之外的其他不同网络层协议，或者是承载在以太网帧里的协议（如解析协议）。接收方根据此字段进行多路分解，从而达到解析以太网帧的目的，将数据字段交给对应的上层网络层协议，这样就完成了以太网作为数据链路层协议的工作。

（5）数据域　数据域是上层传输来的要求发送的实际数据，该域的长度被限制在 46～1500 字节之间。如果超过 1500 字节，就要启用 IP 协议的分片策略进行传输；如果不够 46 字节必须要填充到 46 字节。

（6）FCS 域　FCS 域是 4 字节的检验域，该域由前面的目的地址域、源地址域、长度/类型域及数据域经过 CRC 算法计算得到。接收节点将依次收到的目的地址域、源地址域、长度/类型域及数据域进行相同的计算，如计算结果与收到的 FCS 域不一致，则表明发生了传输错误。

单元 4　SENT 总线

在近几年刚上市的各品牌新车型中，越来越多的车辆采用了一种新型数据总线——传感器数据（SENT）总线。它是一种点对点的单边半字节传输协议，广泛应用于汽车及运输行业中，对汽车中传感器和电子控制单元之间高清传感器数据的传输起到了良好的作用。

图 4-28 所示为采用 SENT 总线的空气流量传感器，它采用三根导线连接，一根 5V 供电、一根搭铁线和一根 SENT 信号导线。

图 4-28 采用 SENT 总线的空气流量传感器

图 4-29 所示为 SENT 总线的标准波形，可以看出其电压值在 1～5V 范围内变化，相比于 LIN 总线的 0～12V 电压要小得多，所以 SENT 总线的通信速率基本上是 LIN 总线的两倍多。

图 4-29 SENT 总线的标准波形

一、SENT 总线的发展历程

随着车载传感器数量的增加和对测量精度要求的提升，需要一种相比 CAN 总线或 LIN 总线更便捷、可靠、经济的车载数据通信解决方案。

通用汽车（GM）公司根据这种需求，首先制定了 SENT 标准，后来成为 SAE J2716 标准。随后一些公司在动力系统中逐渐采用该标准，并应用在整车传感器、执行器及 Drive-by-wire 等子系统中，总之，目前越来越多的传感器都已支持 SENT 类型的信号。

SENT 是美国汽车工程师协会推出的一种点对点的、单向传输的方案，被用于车载传感器和电子控制单元之间的数据传输。

SENT 总线不能替代 CAN 总线或是 LIN 总线，因为 SENT 总线是连续单向传输的，CAN 总线和 LIN 总线都需是双向传输。

二、SENT 总线特点

1）SENT 总线是一种数字信号传输协议，具有更高的传输精度和速度。

2）SENT 总线是单线传输数据，减少信号线、降低成本；它加上电源和地线，总共 3 线。

3）SENT 总线具有更强大的诊断功能。

4）SENT 总线的逻辑电平为 4.75～5.25V。

5）SENT 总线单向传输协议，数据只能从传感器到电子控制单元，传输是连续的，不需要请求命令。

6）SENT 总线由帧来传输数据，或者以数据包的形式，每一帧由不同宽度的脉冲（即半字节）组成。

7）SENT 总线数据的传输可以分为快速通道和慢速通道，重要的信号用快速通道以实现高频率的更新（如压力等），对于非关键的信号（如诊断等），可以放在慢速通道传输。

8）SENT 总线快速通道是每一帧传输一个完整的信号，慢速通道需要多帧来传输一个完整的信号，即更新频率不同。

三、SENT 总线协议

SENT 总线协议的数据使用半字节（Nibble），即 4bit 来进行编码定义的，一个半字节是通过两个下降沿之间的时间差来定义的。图 4-30 所示为一个半字节的电压逻辑信号。图中，Ticks 表示时钟节拍的数量，SENT 信号传输时会有一时钟计时每个脉冲所占用的时间，例如，同步脉冲在此例总共耗用了 840μs，由于每个同步脉冲由 56 个时钟节拍组成，那么可得每个时钟节拍为 15μs。

图 4-30 一个半字节的电压逻辑信号

时间精度以 1 个时钟节拍来定义（一般 1 个时钟节拍的时间是 3～10μs），一个半个字节从一个下降沿开始，并且之后在逻辑 0 状态至少维持 4 个时钟节拍，之后下一个下降沿距离第一个下降沿的时间差作为半个字节的编码依据。需要注意的是，后一个下降沿距离第一个下降沿至少相隔 12 个时钟节拍，至多 27 个时钟节拍，且相隔时钟节拍数减去 12 为最终的半个字节值，半个字节值最小为 0，最大为 15（12Ticks～27Ticks），用二进制表示时为 4bit。

SENT 总线协议以半字节为基础单元进行编码，一个完整的 SENT 数据帧结构如图 4-31 所示。

SENT 协议输出方式和 LIN 总线相比，具有更高的数据传输速度、更高的可靠性，抗干扰性能也更好，具有故障诊断能力。在汽车以及其他的工业自动化领域，这种 SENT 协议输出的智能传感器的应用会越来越多。特别是智能网联汽车的兴起，对传感器的响应速度和精度要求越来越高，采用 SENT 数据总线的性价比无疑是非常高的。

同步脉冲	状态及通信段	数据段	CRC校验段	暂停脉冲
56Ticks	12～27Ticks	12～162Ticks	12～27Ticks	12～768Ticks

92～1040Ticks

图 4-31　SENT 总线的帧结构

复习思考题

1. FlexRay 总线有哪些特点？
2. FlexRay 总线主要有哪些标准？
3. FlexRay 总线的数据帧由哪几部分组成？
4. MOST 总线有哪些特点？
5. MOST 总线主要有哪些标准？
6. MOST 的数据帧由哪几部分组成？
7. 以太网有哪些特点？
8. 以太网主要有哪些标准？
9. 以太网的数据帧由哪几部分组成？
10. SENT 总线有哪些特点？

模块 5

车联网技术

【学习目标】

通过对本模块的学习，学生能够掌握车联网的基本知识，了解车载自组织网络技术、V2X 通信技术和车路协同控制技术。

通过对本模块的学习，培养学生敬业精神和服务意识；培养学生沟通、协调、合作的能力，逐步养成良好的心理素质。

【教学要求】

知识要点	能力要求	参考学时
车联网概述	掌握车联网定义、车联网体系架构、车联网特点和车联网发展趋势	2
车载自组织网络技术	了解车载自组织网络的定义、车载自组织网络的类型、车载自组织网络的路由协议类型和车载自组织网络的特点	2
V2X 通信技术	了解 V2X 通信的定义、专用短程通信技术、LTE-V 通信技术、5G 通信技术、V2X 通信系统安全风险和 V2X 通信的应用场景	2
车路协同控制技术	了解车路协同控制的定义、车路协同控制的架构和车路协同控制应用场景	

【导入案例】

图 5-1 所示为某车联网的网络拓扑结构。图中，高速 CAN 网络传输发动机模块、变速器模块以及电机模块等动力模块的控制信息和状态信息，低速 CAN 网络负责车门、座椅及刮水器等车身模块信息的传输。车载其他网络（FlexRay 网络、MOST 网络）通过网关与 CAN 网络进行连接。在车联网架构下，车外网络及设备也可通过有线或者无线方式与车辆进行通信。外部 OBD 诊断可通过 OBD 接口与车载 CAN 网络进行通信。车载导航、广播以及其他电子控制单元可以通过其通信模块与外部进行连接。ETC、智能车钥匙以及车载雷达的应用使车载网络可以和周围设备快速连接。随着车载娱乐设备的不断升级，车载娱乐系统的功能与对外交互也越来越多。

什么是车联网？车联网有什么特点？车联网有哪些新技术？通过对本模块的学习，读者可以得到答案。

图 5-1 某车联网的网络拓扑结构

单元 1 车联网概述

车联网是由车辆位置、速度和路线等信息构成的巨大交互网络，可以把它看作是物联网、智能交通、车辆信息服务、云计算和汽车电子技术相结合的产物，当今的无人驾驶、人机交互、智能语音识别等都是车联网的体现。

一、车联网定义

车联网是指利用汽车上的车载单元（OBU）和道路附近的路侧单元（RSU）等数据传输设备，按照特定的通信协议和数据交换标准，进行 V2X 间的无线信息交互与共享，建立集交通实时动态管理、信息化服务及汽车控制于一体的网络，如图 5-2 所示。

二、车联网体系架构

根据车联网的系统功能划分，车联网体系架构分为感知与控制层、网络与传输层、综合应用层，如图 5-3 所示。

图 5-2 车联网定义

图 5-3 车联网体系架构

1. 感知与控制层

感知与控制层的功能包括完成汽车自身与道路交通信息的全面感知，通过车与车、车与网络、车与基础设施、车与行人的通信，及车载传感器、汽车定位等信息感知技术，实时采集汽车状态、道路环境及汽车位置等信息，为车联网应用提供全面的信息感知服务。

2. 网络与传输层

通过设计异构网络协同通信所需要的专用网络架构和协议模型，对感知层的数据进行预处理；通过对云计算、大数据、虚拟化等技术的综合应用，充分利用专用短程通信和蜂窝移动通信等现有通信网络资源，为综合应用层提供透明的信息传输服务和应用支撑。

3. 综合应用层

各项服务在现有的网络体系和协议基础上，提供兼容未来可能的网络拓展功能，为车联网用户提供汽车信息收集、存储、处理、共享与发布等各类信息服务，具体应用包括但不限于车联网服务云平台、交通信息管理云平台、自动驾驶服务云平台和地图云平台等。

三、车联网的特点

车联网与其他的移动网络和通信网络相比，具有以下特点：

1. 无限制的节点能量

与传统的感知网络相比，车联网移动设备的能量问题通常不是一个重要的限制条件，汽车本身能够给计算和通信设备提供持续的能量。

2. 更强的计算能力

相对于传感器节点等小型设备，汽车节点可以提供更强的计算、通信和感知能力。

3. 可预测的移动性

不同于传统移动自组织网络，汽车节点的移动受限于道路网络，因此汽车节点的运动具有很好的可预测性。道路网络信息通常是可得的，且汽车的位置信息可以通过 GPS 获得。因此，根据汽车的平均速度、当前瞬时速度和历史轨迹可以预测汽车在未来时间出现的位置。

4. 大规模的节点分布

车联网原则上可以扩展到整个道路网络上，并且有众多参与者，包括路面上的汽车、路边停靠的汽车和路边设备等，而之前研究的自组织网络通常假设存在于局部有限的空间范围。

5. 高移动性

车联网中的大部分汽车节点都在高速移动，而且汽车之间的相对速度范围很大。在高速公路上，相对速度可以达到 300km/h，这时节点的密度可能很低；在城市交通中，相对速度可以达到 60km/h，这时节点的密度会很高。

6. 通信网络的不可连通性

车联网通常瞬时是不连通的，交通的动态性导致在稀疏交通场景下汽车之间存在大的间隙，从而形成多个孤立的节点簇。节点连通程度高度依赖于无线链路的通信半径和加入车联网的汽车比例两个因素。

7. 网络拓扑的动态性

与传统的自组织网络相比，车联网的汽车节点一直在移动，因此车联网场景具有很强的动态性，具体表现在节点之间的无线链路时断时续、网络拓扑动态变化频繁。

四、车联网发展趋势

1）石油能源短缺的现状与持续增加的汽车尾气排放量，将使人们的生存环境趋向恶劣。车联网在未来的汽车驾驶中得以应用，将能够以生态作为中心，实现生态出行。

2）能够应用于安全驾驶、协同驾驶以及汽车活动安全等领域。

3）涉及交通智能化方面。具体表现在：对已经得到确切定位的货物进行位置信息的跟踪，并为货物在供应链与物流链当中提供服务；同时，可以实现对汽车信息的实时传输，通过汽车传感器收集信息，并在云中心实施计算与分类处理，将不同类型的数据分类发放，使不同部门都能够掌握信息数据，通过得到的反馈数据实施交通智能调度。

4）导航精确化。在灵敏导航系统的运行下，汽车将能够即时获得系统指示，并会依据驾驶人的既往经验对导航路径实施精准计算，以此为驾驶人提供精准的导航指示。

5）整车硬件的联网化。汽车电子电气系统正逐渐向集中式架构体系发展，未来的每一台汽车都将像一台智能手机，对应的也是应用软件、操作系统、芯片层、硬件层。应用软件可以基于唯一的操作系统和计算芯片开发，通过统一集中的电子控制单元，控制多个硬件。汽车软件控制将更高效，并能像手机一样，实现 OTA 升级，从而实现对控制软件的持续优化，不断改善硬件性能体验。通过这种集中式的电气架构，整车硬件的运转情况就可以通过软件实现远程调校修改。

6）用车服务的线上化。整车数字化时代的车联网，将极大地提高汽车用车服务的质量。线下付费的用车场景都将实现线上化，汽车的实时车况可以通过云端传输给服务商，车况的透明化将助力服务商为用户提供一系列主动式的服务，如代驾、停车场、加油站、违章查询代缴、充电桩收费、上门保养、上门洗车、UBI 保险等。这时候汽车成为流量出口，服务商有动力推销服务，线上高效快捷的服务体验也将吸引用户，从而大大促进用车服务的效率。

7）车联网功能服务方式的多样化。整车数字化时代，每辆车的所有车况信息都可以在云端对应一个 ID。通过 ID 的统一管理和适配开发，车联网功能将不再局限于车机这一个交互渠道，可拓展到手机 APP、微信小程序、智能穿戴设备、智能家居设备等多个交互设备，将极大地便利用户的用车体验，延长人车交互的频率和时间，改善交互体验及用车体验。另外，通过分拆车联网功能，把有些对网速或运算能力要求高的功能分拆至车外，如手机 APP、智能穿戴设备等 [但车机上应有的功能（如导航什么的）必须要保留]，这样就对车载车联网硬件要求降低，从而覆盖更多的低端车型。通过大数据积累自学习，实现千人千面的交互服务方式。

8）助力无人驾驶技术发展。随着整车联网能力的增强，智慧城市基础设施的进一步发展，自动驾驶感知和决策功能将从车上转移至道路基础设施，有助于单车成本下降，并且能通过区域内集中控制实现所有汽车的自动驾驶，提升交通效率与安全性。自动驾驶功能的商业模式也将有极大的创新应用，因为整车硬件的功能都可以通过云端开启、关闭，同一个车型可以拥有一样的硬件，但通过软件限制区分不同的配置，允许用户在购车之后，再通过付费开启车上的硬件功能，使"免费试用"的模式成为可能。这样既可以实现对消费者的推销，又能反向促进车企提供能足够吸引用户的自动驾驶软件体验。

下一代车联网的重点业务场景分为辅助驾驶类、自动驾驶及智能交通类。

（1）辅助驾驶类　汽车可在行驶过程中，通过 V2X 通信收集获取道路交通信息。驾驶人在辅助驾驶信息的提示下，可提高驾驶行为的准确性与安全性，同时降低汽车能源消耗，提升整体的交通效率。辅助驾驶阶段可分为安全类、效率类、信息服务类等几类应用场景。

1）安全类应用。在驾驶过程中，对驾驶人进行危险信息告警，紧急情况预警可以有效降低交通事故的发生率，提高交通的安全性。汽车利用 V2X 通信，可收集周边汽车的状态信息、交通基础设施信息及慢速行人等状态信息，提前获取安全类预警提示信息。典型的安全类应用如前车碰撞预警、弯道限速预警、行人横穿预警等。

2）效率类应用。汽车通过 V2X 通信，可在十字路口、施工路段等易造成拥堵的地区提前获知交通信息，结合辅助驾驶的策略建议，进行合理避让通行。汽车间还可利用 V2X 通信交互驾驶信息，协作驾驶行为，提高复杂路段的汽车通过率，有效提高交通效率。典型的效率类应用如协同式自适应巡航、道路施工预警、十字路口交通优化等。

3）信息服务类应用。服务商可通过 V2X 通信向车内用户提供导航定位、软件更新等服务类应用，满足用户的信息服务需求，提升驾驶人的出行感受。该类应用相对安全类和效率类对通信要求较低。典型场景如停车场入口控制、远程汽车诊断等。

（2）自动驾驶及智能交通类　随着通信技术的演进及汽车技术的更新换代，汽车与周边事物的信息交互不再只是辅助驾驶人完成汽车操控，越来越精准的信息可保证汽车能够在无人驾驶的情况下实现自主操控，这就需要信息传输的超高可靠性，超低时延，同时也要满足视频、图片等大容量信息的输出。自动驾驶阶段的场景可主要分为远程驾驶、汽车编队及传感器信息共享等。

1）远程驾驶。远程驾驶是指汽车由驾驶人或云计算程序实现汽车的远程操控，即实现人车分离。自动驾驶需要大量的传感器和复杂的算法，但是远程驾驶由于有人类操作，所以规避了这些复杂的传感器和算法。如果车载摄像头将现场的视频传给远程驾驶人，在不需要任何复杂计算的帮助下，驾驶人可以很容易地感知汽车的潜在危险。基于该视频，远程驾驶人可向汽车发送驾驶命令。

2）汽车编队。编队行驶是指一组汽车以非常靠近的方式行驶。为保持车队内汽车间距，汽车间需要分享状态信息，如速度、行驶方向、制动加速度等信息。利用编队行驶，车辆间的距离可以稳定地保持在一个相对较低的状态，总体上油耗降低，驾驶人的数量也会大大减少。

3）传感器信息共享。传感器信息共享是指汽车同周围汽车、路侧基础设施或云端实现实时信息交互（包括图片、视频等大容量信息），该类信息的获取可以辅助汽车更好地避免安全事故，同时也可以帮助汽车构建整体态势感知，即动态地图，从而提升汽车对于周围环境的感知能力。

单元 2　车载自组织网络技术

随着城市化进程的加快，道路交通状况越来越复杂，车载自组织网络作为智能交通系统的基础应用将是缓解交通拥堵、快速处理交通事故、提高交通安全、优化城市汽车流量及实现无人驾驶的重要方式。

一、车载自组织网络的定义

无线自组织网络是一种不同于传统无线通信网络的技术，它是由一组具有无线通信能力移动终端节点组成的、具有任意和临时性网络拓扑的动态自组织网络系统，其中，每个终端节点既可作为主机，也可作为路由器使用。作为主机，终端具有运行各种面向用户的应用程序的能力；作为路由器，终端可以运行相应的路由协议，根据路由策略和路由表完成数据的分组转发和路由维护工作。

车载自组织网络是一种自组织、结构开放的汽车间通信网络，能够提供汽车之间以及汽车与路边基础设施之间的通信，通过结合全球定位系统（GPS）及无线通信技术，如无线局域网、蜂窝网络等，可为处于高速移动状态的汽车提供高速率的数据接入服务，并支持汽车之间的信息交互，已成为保障汽车行驶安全，提供高速数据通信、智能交通管理及车载娱乐的有效技术，如图 5-4 所示。车载自组织网络是智能交通系统未来发展的通信基础，也是智能网联汽车安全行驶的保障。

图 5-4　车载自组织网络

二、车载自组织网络的类型

车载自组织网络结构主要分为三种,即 V2V(车辆与车辆)通信、V2I(车辆与路侧基础设施)通信、V2P(车辆与行人)通信,如图 5-5 所示。车辆与车辆通信是通过 GPS(全球定位系统)定位辅助建立无线多跳连接,从而能够进行暂时的数据通信,提供行车信息、行车安全等服务;V2I 通信能够通过接入互联网获得更丰富的信息与服务;V2P 通信的研究刚刚起步,目前主要通过智能手机中的特种芯片提供行人和交通状况,以后会有更多通信方式。

根据节点间通信是否需要借助路侧单元,可以将车载自组织网络的结构分为车间自组织型、无线局域网/蜂窝网络型和混合型。

图 5-5 车载自组织网络结构

1. 车间自组织型

汽车之间形成自组织网络,不需借助路侧单元,这种通信模式也称为 V2V 通信模式,也是传统移动自组织网络的通信模式。

2. 无线局域网/蜂窝网络型

在这种通信模式下,汽车节点间不能直接通信,必须通过接入路侧单元互相通信,这种通信模式也称为 V2I 通信模式,相比车间自组织型,路侧单元建设成本较高。

3. 混合型

混合型是前两种通信模式的混合模式,汽车可以根据实际情况选择不同的通信方式。

三、车载自组织网络的路由协议类型

路由协议是一种指定数据包转送方式的网上协议。

车载自组织网络路由协议有很多种,图 5-6 所示为一种车载自组织网络路由协议。

车载自组织网络路由协议根据接收数据包的节点数量可分为单播路由、广播路由和多播路由。

(1)单播路由 单播路由是指数据包源节点向网络中一个节点转发数据。
(2)广播路由 广播路由是指数据包源节点向网络中的所有其他节点转发数据。

图 5-6 一种车载自组织网络路由协议

（3）多播路由　多播路由是指数据包源节点向网络中多个节点转发数据。

车载自组织网络路由协议还可以分为基于拓扑结构的路由、基于地理位置的路由、基于移动预测的路由、基于路侧单元的路由和基于概率的路由。

1）基于拓扑结构的路由。初期的移动自组织网络的路由基本上都是基于拓扑结构的路由协议，网络中的节点通过周期性的广播路由信息得到其他节点的位置信息，从而选择下一跳进行数据包转发。

2）基于地理位置的路由。基于地理位置的路由协议通过位置服务方式实时准确地获取自身汽车和目的汽车的位置信息，同时，通过路由广播的方式获得广播范围内邻居节点的位置信息，根据分组转发策略择优选择下一跳进行数据包转发。

3）基于移动预测的路由。由于节点的移动性，通过节点速度、加速度、距离和时间等参数，预测通信链路的生命周期，即可预测该路由路径的有效期。

4）基于路侧单元的路由。借助于道路的路侧单元，可以解决汽车在稀疏情况下，导致节点链路中断。路侧单元为路边可靠的固定节点，具有高带宽、低误码率和低延迟传输特点，并作为主干链路，当汽车节点出现链路中断时，路侧单元将采用存储转发策略来发送数据包。

5）基于概率的路由。用概率描述汽车节点在某一段时间内该链路还未断开或存在的可能性。在该路由协议中，需要建立相关的模型，并且这些模型的建立是基于某些网络特性的前提下，这样才能统计相关变量的分布信息。

四、车载自组织网络的特性

车载自组织网络特性主要包括节点速度、运动模式、节点密度、节点异构性和可预测的运动性等。

1. 节点速度

在移动的车载自组织网络中，最重要的特性就是节点的速度。汽车和道路两侧的路侧单元都可能成为节点，节点的可能速度为 0～200km/h。对于静态的路侧单元或汽车处于堵车路段时，其车速为零。在高速公路上，汽车的最高速度可能会达到 200km/h 左右。这两种极端情况对于车载自组织网络中的通信系统构成了特殊的挑战。当节点速度非常高时，由于几百米的通信半径相对较小，会造成共同的无线通信窗口非常短暂。例如，如果两辆车以 90km/h 的速度朝相反的方向行驶，假定理论上无线通信范围为 300m，通信只能持续 12s。不过，同方向行驶的汽车，如果相对速度较小或中等，则这些同向汽车间的拓扑变化相对较少。如果同向行驶汽车的相对速度很大，那么接收发机就得考虑诸如多普勒效应等物理现象。链路层难以预测连接的中断，容易导致频繁的链路故障。对于路由或多跳信息传播，汽车间短暂的相遇以及一般的汽车运动导致拓扑高度不稳定，使基于拓扑的路由在实际中毫无用处。节点速度很大时对应用程序的影响也很大，如由于速度太快，导致即时环境变化太快，使对环境感知的应用变得困难。在另外一种极端情况下，即节点几乎不移动，网络拓扑相对稳定。然而，汽车的缓慢移动意味着汽车密度很大，这会导致高干扰、介质接入等诸多问题。

2. 运动模式

汽车是在预定义的道路上行驶的，一般情况下有两个行驶方向。只有在十字路口时，汽车的行驶方向才具有不确定性。将道路分为高密度城市道路、高速公路和乡村道路三种类型。

（1）高密度城市道路　在城市中，道路密度相对较高，有大街也有小巷，许多十字路口将道路分割成段，道路两边的建筑物也会影响无线通信，汽车的运动速度较慢。

（2）高速公路　高速公路一般是多车道的，路段也很长，并且存在出口和匝道。汽车的运动速度较快，行驶方向能够较长时间保持不变。

（3）乡村道路　乡村道路通常很长，十字路口比城市环境要少得多。在这种环境下，由于路面汽车过少，一般很难形成连通的网络。道路的方向变化频率明显高于高速公路。

这些运动场景造成了很多挑战，尤其是路由问题。城市场景下，交通流非常的无序，与此相反，高速公路上的车流却形成了另外一个极端，几乎整个运动都处于一维情况。

3. 节点密度

除了速度和运动模式外，节点密度是车载自组织网络节点移动性的第三个关键属性。在共同的无线通信范围内，可能存在零到几十，甚至上百的汽车。假设在某四车道的高速公路上遇到交通阻塞，并且每20m存在一辆装备汽车，通信半径假定为300m，则在理论上其通信范围内有120辆汽车。当节点密度非常小时，几乎不可能完成瞬时消息转发。在这种情况下，需要更复杂的消息传播机制，可以先存储信息，并在汽车相遇时转发信息。这样可能导致一些信息被同一汽车重复多次。当节点密度很大时，情况则不同。消息只可能被选定的节点重复，否则会导致重载信道。

节点密度与时间也相关。在白天，高速公路和城市中节点密度较高，足以实现瞬时转发，有足够的时间使路由处理分段网络。但在夜间，无论哪种类型的道路，汽车都很少。

4. 节点异构性

在车载自组织网络中，节点有许多不同种类。首先是汽车和路侧单元的区别。汽车可以进一步分为城市公交、私家车、出租车、救护车、道路建设和维修车辆等，并不是每辆车都要安装所有的应用。例如，救护车需要安装能够在其行驶路线上发出警告的应用。对于路侧单元也类似，基于自身的能力，路侧单元节点可以简单地向网络发送数据，或拥有自组织网络的完整功能。此外，路侧单元节点可以提供对背景网络的访问，如向交通管理中心报告道路状况。路侧单元与汽车节点不同，其性能较强。对于各种应用，它们不像汽车节点拥有相同的传感器，也不处理传输给驾驶人的消息，或对汽车采取措施。路侧单元节点是静态的，与个人或公司无关，不需要太多的信息保护。

5. 可预测的运动性

尽管汽车节点的运行规律比较复杂，但汽车的运动趋势在一定程度上仍然是可以预测的。在高速公路场景，根据汽车所处的车道、实时的道路状况以及汽车自身的速度和方向，就可以推测汽车在随后短时间内的运动趋势。在城市场景中，不同类型的汽车具有不同的运动趋势。公交车的行驶平均速度缓慢且具有间隔性静止状态,因此根据公交节点的速度大小和道路特点就可以推测出短时间内的运动趋势。

单元 3 V2X 通信技术

V2X 是新一代无线电通信技术,它可以实现车辆与其环境要素之间的实时通信,如其他车辆、道路基础设施、行人、摩托车、骑自行车的人,以及使用道路的任何人或任何其他物品。V2X 的主要目标是拯救生命,这可以通过在紧急情况下控制车辆移动来实现。另一个涉及车辆控制的重要目标是通过与周围车辆的协调,来提高交通效率。V2X 技术允许车辆在半径近 1000m 的范围内与其周围的车辆和基础设施交换信息。如果将 V2X 的交换信息与当前先进驾驶辅助系统(ADAS)输入数据相结合,能有效扩大实际可视性并防止事故。

一、V2X 通信的定义

1. V2X 通信技术

V2X 是指车用无线通信技术,它是将汽车与一切事物相连接的新一代信息通信技术,其中,V 代表汽车,X 代表任何与汽车交互信息的对象,当前,X 主要包含汽车、行人、路侧基础设施和网络。

V2X 交互的信息模式包括车辆与车辆、车辆与路侧基础设施、车辆与行人、车辆与网络(V2N)之间的交互,如图 5-7 所示。

图 5-7 V2X 通信技术

(1)V2V V2V 通信是指通过车载终端进行汽车间的通信。车载终端可以实时获取周围汽车的车速、位置和行车情况等信息,汽车间也可以构成一个互动的平台,实时交换文字、图片和视频等信息。V2V 通信主要应用于避免或减少交通事故、汽车监督管理等。

(2)V2I V2I 通信是指车载设备与路侧基础设施(如交通信号灯、交通摄像头、路侧单元等)进行通信,路侧基础设施也可以获取附近区域汽车的信息,并发布各种实时信息。V2I 通信主要应用于实时信息服务、汽车监控管理、不停车收费等。

(3)V2P V2P 通信是指弱势交通参与者(包括行人、骑行者等)使用用户设备(如手机、穿戴设备等)与车载设备进行通信。V2P 通信主要应用于避免或减少交通事故、信息服务等。

(4)V2N V2N 通信是指车载设备通过接入网/核心网与云平台连接,云平台与汽车之间进行数据交互,并对获取的数据进行存储和处理,提供汽车所需要的各类应用服务。

V2N 通信主要应用于汽车导航、汽车远程监控、紧急救援、信息娱乐服务等。

V2X 将"人、车、路、云"等交通参与要素有机地联系在一起，不仅可以支撑汽车获得比单车感知更多的信息，促进自动驾驶技术创新和应用；还有利于构建一个智慧的交通体系，促进汽车和交通服务的新模式新业态发展，对提高交通效率、节省资源、减少污染、降低事故发生率、改善交通管理具有重要意义。

2. V2X 技术分类

V2X 技术分类如图 5-8 所示。

图 5-8　V2X 技术分类

3. C-V2X 通信技术

C-V2X 是基于蜂窝的 V2X 通信技术，它是基于 4G/5G 等蜂窝网通信技术演进形成的车用无线通信技术，包含了两种通信接口：一种是车、人、路之间的短距离直接通信接口（PC5）；另一种是终端和基站之间的蜂窝通信接口（Uu），可实现长距离和更大范围的可靠通信，如图 5-9 所示。

图 5-9　C-V2X 通信技术

C-V2X 是基于 3GPP 全球统一标准的通信技术，包含 LTE-V2X（LTE-V）和 5G-V2X，从技术演进角度讲，LTE-V 支持向 5G-V2X 平滑演进。

LTE-V 可支持 L1～L3 级别的智能网联业务，包含红绿灯车速引导、交通事故提醒、远程诊断、紧急制动提醒等应用场景。

5G-V2X 相比 LTE-V 将在时延、可靠度、速率、数据包大小等方面有大幅度提高，可支持 L4/L5 级别的自动驾驶业务，包含汽车编队行驶、自动驾驶、远程控制、传感器信息共享等应用场景。

二、专用短程通信（DSRC）技术

1. DSRC 技术的定义

DSRC 技术是一种高效的短程无线通信技术，它可以实现在特定小区域内对高速运动下的移动目标的识别和双向通信，如 V2V、V2I 双向通信，实时传输图像、语音和数据信息，将汽车和道路有机连接。

DSRC 系统的参考架构如图 5-10 所示。车辆与车辆之间,以及车辆与路侧基础设施之间,通过 DSRC 技术进行信息交互。

图 5-10 DSRC 系统的参考架构

DSRC 系统包含物理层、媒介访问控制层、网络层和应用层。

(1)物理层　物理层是建立、保持和释放专用短程通信网络数据传输通路的物理连接的层,位于协议栈的最底层。

(2)媒介访问控制层　媒介访问控制层是提供短程通信网络节点寻址及接入共享通信媒体的控制方式的层,位于物理层之上。

(3)网络层　网络层是实现网络拓扑控制、数据路由,以及设备的数据传送和应用的通信服务手段的层,位于媒介访问控制层之上。

(4)应用层　应用层是向用户提供各类应用及服务手段的层,位于网络层之上。

车载单元的媒介访问控制层和物理层负责处理汽车与汽车之间,汽车与路侧基础设施之间的专用短程无线通信连接的建立、维护和信息传输;应用层和网络层负责把各种服务和应用信息传输到路侧基础设施及车载单元上,并通过车载子系统与用户进行交互;管理和安全功能覆盖专用短程通信整个框架。

2. DSRC 系统的组成

DSRC 系统主要由车载单元(OBU)、路侧单元(RSU)以及 DSRC 协议三部分组成,如图 5-11 所示。路侧单元通过有线光纤的方式连入互联网。蓝车代表 V2V/V2I 类安全业务,绿车代表远程信息处理广域业务。汽车与汽车之间的信息交换通过 RSU 和 OBU 之间通信实现,远程通信处理业务通过 802.11p+RSU 回程的方式实现。可以看到 DSRC 技术架构中需要部署大量的 RSU 才能较好地满足业务需要,建设成本较高。

图 5-11 DSRC 系统

DSRC 技术在智能网联汽车上可实现 V2X 通信。DSRC 技术的有效通信距离为数百米,汽车通过 DSRC 技术以 10 次 /s 的频率向路上其他汽车发送位置、车速和方向等信息;

当汽车接收到其他汽车所发出的信号，在必要时（如马路转角有其他汽车驶出，或前方汽车紧急制动、变换车道）车内装置会以闪烁信号、语音提醒或座椅和转向盘振动等方式提醒驾驶人注意，如图5-12所示。

图5-12　DSRC技术应用于V2X通信

三、LTE-V通信技术

1. LTE-V通信技术的定义

LTE-V是基于LTE的智能网联汽车协议，由3GPP主导制定规范，主要参与厂商包括华为、大唐电信、LG等。

LTE是指长期演进；LTE-V是指基于LTE网络的V2X通信技术，是C-V2X现阶段的主要解决方案。

LTE-V按照全球统一规定的体系架构及其通信协议和数据交互标准，在V2V、V2I、V2P之间组网，构建数据共享交互桥梁，助力实现智能化的动态信息服务、汽车安全驾驶、交通管控等，如图5-13所示。

图5-13　LTE-V通信技术

2. LTE-V通信系统的组成

LTE-V系统由用户终端、路侧单元和基站三部分组成，如图5-14所示。LTE-V针对汽车应用定义了两种通信方式，即蜂窝链路式（LTE-V-Cell）和短程直通链路式（LTE-V-Direct），其中，LTE-V-Cell通信通过Uu接口承载传统的车联网Telematics业务，操作于传统的移动宽带授权频段；LTE-V-Direct通信通过PC5接口实现V2V、V2I直接通信，促进实现汽车安全行驶。在LTE-V-Direct通信模式下，汽车之间的信息交互基于广播方式，可采用终端直通模式，也可经由 RSU 来进行交互，大大减少了 RSU 需要的数量。

图 5-14 LTE-V 通信系统的组成

四、5G 通信技术

1. 5G 通信技术的定义

5G 是第 5 代移动通信系统。5G 是 4G 的延伸，是对现有无线接入技术（包括 3G、4G 和 Wi-Fi）的技术演进，以及一些新增的补充性无线接入技术集成后解决方案的总称。

5G 网络将融合多类现有或未来的无线接入传输技术和功能网络，包括传统蜂窝网络、大规模多天线网络、认知无线网络、无线局域网、无线传感器网络、小型基站、可见光通信和设备直连通信等，并通过统一的核心网络进行管控，以提供超高速率和超低时延的用户体验及多场景的一致无缝服务。

2. 5G 网络的特点

5G 移动通信技术具有以下特点：

（1）高速度　对于 5G 的基站峰值要求不低于 20Gbit/s，用户可以每秒钟下载一部高清电影，也可能支持 VR 视频。高速度给未来对速度有很高要求的业务提供了机会和可能。

（2）泛在网　泛在网有两个层面的含义：一是广泛覆盖，二是纵深覆盖。

（3）低功耗　5G 要支持大规模物联网应用，就必须要有功耗的要求。如果能把功耗降下来，让大部分物联网产品一周充一次电，甚至一个月充一次电，就能大大改善用户体验，促进物联网产品的快速普及。

（4）低时延　5G 时延降低到 1ms，5G 的一个新场景是无人驾驶汽车，需要中央控制中心和汽车进行互联，车与车之间也应进行互联。在高速行驶中，需要在最短的时延中，把信息送到车上，进行制动与车控反应。

（5）万物互联　5G 时代，终端不是按人来定义的，因为每个人、每个家庭都可能拥有数个终端。通信业对 5G 的愿景是每平方千米可以支撑 100 万个移动终端。

（6）重构安全　在 5G 基础上建立的是智能互联网，智能互联网不仅要实现信息传输，还要建立起一个社会和生活的新机制与新体系。智能互联网的基本精神是安全、管理、高效、方便，这就需要重新构建安全体系。

3. 5G 在智能网联汽车上的应用

5G 网络本身具有的超大带宽、超低时延特性，可以实时收集传输更多更精确的环境信息，使用云化的计算能力用以汽车本身自动驾驶的决策。5G 能够加速推进 C-V2X 在智能网联汽车上的应用，可以增强安全性、减少行车时间/提高能源效率、加速网络效应，如图 5-15 所示。

图 5-15　5G 在智能网联汽车上的应用

1）增强安全性，包括实时情境感知、全新类型传感器数据共享以及安全性提升至更高水平。5G 速率更快，可支持汽车与汽车之间传感器数据的分享。

2）减少行车时间 / 提高能源效率。5G 引入协作式驾驶，不仅有 AI 支持的单车智能，还可以通过车联网以及汽车与汽车之间的协作式驾驶提高整体行驶效率。

3）加速网络效应。5G 相比 4G 在网络容量、网络速率上有很大的提升，5G 支持的 C-V2X 技术也在 4G 基础上有很大提升。传感器共享及路侧基础设施部署可在 5G C-V2X 部署初期即带来众多效益。

五、V2X 通信系统安全风险

V2X 通信系统安全风险主要来源于网络通信、业务应用、车载终端、路侧设备等。

1. 网络通信

（1）蜂窝通信接口　在蜂窝通信接口场景下，V2X 通信系统面临的安全风险主要有假冒终端、伪基站、信令 / 数据窃听、信令 / 数据篡改 / 重放等，危害 V2X 智能网联业务安全。

（2）直连通信接口　在短距离直连通信场景下，V2X 通信系统面临着虚假信息、假冒终端、信息篡改 / 重放、隐私泄露等安全风险，直接威胁着用户的安全。

2. 业务应用

V2X 业务应用包括基于云平台的业务应用以及基于 PC5/V5 接口的直连通信业务应用。基于云平台的业务应用以蜂窝通信为基础，在流程、机制等方面与移动互联网通信模式相同，存在假冒用户、假冒业务服务器、非授权访问、数据安全等安全风险；直连通信应用以网络层 PC5 广播通道为基础，在应用层通过 V5 接口实现，该场景下主要面临着假冒用户、消息篡改 / 伪造 / 重放、隐私泄露、消息风暴等安全风险。

3. 车载终端

车载终端除了传统的导航能力，未来更是集成移动办公、汽车控制、辅助驾驶、自动驾驶等功能。功能的高度集成也使车载终端更容易成为黑客攻击的目标，造成信息泄露、汽车失控等重大安全问题。因此，车载终端面临着比传统终端更大的安全风险。

4. 路侧设备

路侧设备是 V2X 智能网联系统的核心单元，它的安全关系到汽车、行人和道路交通的整体安全。它面临非法接入、运行环境风险、设备漏洞、远程升级风险和部署维护风险等。

六、V2X通信的应用场景

借助人、车、路、云平台之间的全方位连接和高效信息交互，V2X正从信息服务类应用向交通安全和提高效率应用发展，并将逐步向支持实现自动驾驶的协同服务类应用演进。

1. 辅助驾驶应用场景及技术需求

（1）辅助驾驶应用场景　辅助驾驶应用场景见表5-1，这些应用场景基于V2X信息交互，实现汽车、路侧基础设施、行人等交通参与者之间的实时状态共享，辅助驾驶人进行决策。

表5-1　辅助驾驶应用场景

序号	类别	应用名称
1	安全	前向碰撞预警
2		交叉路口碰撞预警
3		左转辅助
4		盲区预警/变道辅助
5		逆向超车预警
6		紧急制动预警
7		异常汽车提醒
8		汽车失控预警
9		道路危险状况提示
10		限速预警
11		闯红灯预警
12		弱势交通参与者碰撞预警
13	效率	绿波车速引导
14		车内标牌
15		前方拥堵提醒
16		紧急汽车提醒
17	信息服务	汽车近场支付

图5-16所示为基于V2V的交叉路口碰撞预警。交叉路口碰撞预警是指主车驶向交叉路口，与侧向汽车在交叉路口存在碰撞危险时，应对主车驾驶人进行预警，避免或减轻侧向碰撞。其中，交叉路口包括十字路口、丁字路口、环岛、高速匝道等交叉路口。

图5-17所示为基于V2P的弱势交通参与者碰撞预警。弱势交通参与者碰撞预警是指汽车在行驶过程中，若发现与弱势交通参与者存在碰撞危险时，则对驾驶人进行预警，避免或减轻碰撞危险。其中，P可为行人、自行车等，P具备短程无线通信能力，若P不具备通信能力，则路侧单元可通过雷达、视觉传感器检测周边P，并广播P的相关信息。

（2）辅助驾驶应用场景技术要求　辅助驾驶应用场景对通信网络、数据处理和定位等提出了具体的要求。

1）在通信网络方面，时延要求小于100ms，在特殊情况下小于20ms，可靠性需满足90%～99%，典型数据包大小为50～300B，最大1200B。

图 5-16　基于 V2V 的交叉路口碰撞预警　　　　图 5-17　基于 V2P 的弱势交通参与者碰撞预警

2）在数据处理方面，据统计，单车产生的数据每天约为 GB 级，对大量汽车、道路、交通等数据的汇聚，需要满足海量数据存储的需求，同时对这些数据提出实时共享、分析和开放的需求。

3）在定位方面，定位精度满足车道级定位，即米级定位，并且汽车需要获取道路拓扑结构。

2. 自动驾驶应用场景及技术需求

（1）自动驾驶应用场景　5G 技术的更大数据吞吐量、更低延时、更高安全性和海里连接等特性，极大地促进了智能驾驶和智慧交通发展。产业各方开始了面向自动驾驶的增强型应用场景的研究与制定，一方面从基础典型应用场景的实时状态共享过渡到车辆与车辆、车辆与路侧基础设施、车辆与云端的协同控制，增强信息交互复杂程度，可实现协同自动驾驶与智慧交通的应用；另一方面，基于通信与计算技术的提升，交通参与者之间可以实时传输高精度视觉传感器数据，甚至是局部动态高精度地图数据，提高感知精度与数据丰富程度。

自动驾驶应用场景见表 5-2。

表 5-2　自动驾驶应用场景

序号	类别	应用名称
1	安全	协作式变道
2		协作式匝道汇入
3		协作式交叉口通行
4		感知数据共享 / 车路协同感知
5		道路障碍物提醒
6		慢行交通轨迹识别及行为分析
7	效率	车辆编队
8		协作式车队管理
9		特殊车辆信号优先
10		动态车道管理
11		车辆路径引导
12		场站进出服务
13		基于实时网联数据的交通信号配时动态优化
14		高速公路专用道柔性管理
15		智能停车引导

(续)

序号	类别	应用名称
16	信息服务	浮动车数据采集
17		差分数据服务
18		基于车路协同的主、被动电子收费
19		基于车路协同的远程软件升级

（2）自动驾驶应用场景技术要求　自动驾驶应用场景对通信网络、信息交互、数据处理和定位等提出新的要求。

1）在通信网络方面，单车上下行数据速率需求大于 10Mbit/s，部分场景需求 50Mbit/s，时延需求为 3～50ms，可靠性需大于 99.999%。

2）在信息交互方面，需实时交互汽车、道路、行人的全量数据，利用多传感器融合技术获取实时动态交通高精度地图。

3）在数据处理方面，单车每天将产生上千 TB 级的数据，对数据的存储和分析等计算能力提出更高的要求。

4）在定位方面，需达到亚米级甚至厘米级的定位精度。

单元 4　车路协同控制技术

车路协同系统是以路测系统和车载系统为基础进行构建，通过无线通信设备实现车路信息交互和共享的系统，是推动自动驾驶步入 L3 及以上更高等级的必要系统。自动驾驶发展初期，我国就坚持走 C-V2X 技术发展路线，从 5G、新基建、智慧道路、智能网联等方向出发持续布局，全面推进车路协同等技术，为自动驾驶商业化进程提速。

5.4　车路协同控制技术

一、车路协同控制的定义

车路协同控制是指基于无线通信、传感探测等技术进行车路信息获取，通过 V2V、V2I 信息交互和共享，实现汽车和基础设施之间智能协同与配合，达到优化利用系统资源、提高道路交通安全、缓解交通拥堵的目标，如图 5-18 所示。

图 5-18　车路协同控制

车路协同控制已成为智能交通发展的新方向，而新一代的通信技术是车路协同控制的关键，它为智能交通提供 V2V、V2I 之间高速可靠的智能传输通道。

二、车路协同控制的架构

智慧交通车路协同控制的架构如图 5-19 所示。车路协同通过"端""管""云"三层架构实现环境感知、数据融合计算、决策控制，从而提供安全、高效、便捷的智慧交通服务。

图 5-19　智慧交通车路协同控制的架构

（1）端　端是指交通服务中实际参与的实体元素，包括通信功能的 OBU 和 RSU 等，感知功能的摄像头、雷达等，以及路侧交通设备包括红绿灯、电子公告牌等。

（2）管　管是指实现交通各实体元素互联互通的网络，包括 4G/5G、C-V2X，网络支持根据业务需求的灵活配合，同时保障通信的安全可靠。

（3）云　云是指实现数据汇集、计算、分析、决策以及基本运维管理功能的平台，根据业务需求可部署在边缘侧或中心云。

在"端-管-云"新型交通架构下，车端和路端将实现基础设施的全面信息化，形成底层和顶层的数字化映射；5G 与 C-V2X 联合组网构建广覆盖蜂窝通信与直联通信协同的融合网络，保障智慧交通业务连续性；人工智能和大数据实现海量数据分析与实时决策，建立智慧交通的一体化管控平台。

三、车路协同控制应用场景

多接入边缘计算（MEC）是一种网络架构，为网络运营商和服务提供商提供云计算能力以及网络边缘的 IT 服务环境。

MEC 与 C-V2X 融合是将 C-V2X 业务部署在 MEC 平台上，借助 Uu 接口或 PC5 接口支持实现"人-车-路-云"协同交互，可以降低端到端数据传输时延、缓解终端或路侧智能设施的计算与存储压力，减少海量数据回传造成的网络负荷，提供具备本地特色的高质量服务。MEC 与 C-V2X 融合的场景如图 5-20 所示。

图 5-20　MEC 与 C-V2X 融合的场景

　　MEC 与 C-V2X 融合场景可按照"路侧协同"与"车辆协同"的程度进行分类。无须路侧协同的 C-V2X 应用可以直接通过 MEC 平台为车辆或行人提供低时延、高性能服务；当路侧部署了能接入 MEC 平台的路侧雷达、摄像头、智能红绿灯、智能化标志标识等智能设施时，相应的 C-V2X 应用可以借助路侧感知或采集的数据为车辆或行人提供更全面的信息服务。在没有车辆协同时，单个车辆可以直接从 MEC 平台上部署的相应 C-V2X 应用获取服务；在多个车辆同时接入 MEC 平台时，相应的 C-V2X 应用可以基于多个车辆的状态信息，提供智能协同的信息服务。

　　依据是否需要路侧协同以及车辆协同，将 MEC 与 C-V2X 融合场景分为"单车与MEC 交互""单车与 MEC 及路侧智能设施交互""多车与 MEC 协同交互""多车与 MEC 及路侧智能设施协同交互"，如图 5-21 所示。

图 5-21　MEC 与 C-V2X 融合场景分类

1. 单车与 MEC 交互场景

　　在 C-V2X 应用中，本地信息分发、动态高精度地图服务、车载信息增强、车辆在线诊断等功能通过单车与 MEC 进行交互即可实现，其应用场景如图 5-22 所示。

（1）本地信息分发　MEC 作为内容分发的边缘节点，实现在线分发和流量卸载的功能；可为车辆提供音视频等多媒体休闲娱乐信息服务、区域性商旅餐饮等信息服务，或提供软件/固件升级等服务。

（2）动态高精度地图服务　MEC 可以存储动态高精度地图和分发高精度地图信息，减少时延并降低对核心网传输带宽的压力。在应用中，车辆向 MEC 发送自身具体位置以及目标地理区域信息，部署在 MEC 的地图服务提取相应区域的高精度地图信息发送给车辆。当车辆传感器检测到现实路况与高精度地图存在偏差时，可将自身传感信息上传至 MEC 用于对地图进行更新，随后 MEC 的地图服务可选择将更新后的高精度地图回传至中心云平台。

（3）车载信息增强功能　MEC 提供车载信息增强功能，车辆可将车载传感器感知的视频/雷达信号等上传至 MEC，MEC 通过车载信息增强功能提供的视频分析、感知融合、AR 合成等多种应用实现信息增强，并将结果下发至车辆进行直观显示。

（4）车辆在线诊断功能　MEC 可支持自动驾驶在线诊断功能。车辆可将其状态和决策等信息上传至 MEC，利用在线诊断功能对实时数据样本进行监控分析，用于试验、测试、评估或应对紧急情况处理。同时，MEC 可定期将样本及诊断结果汇总压缩后回传中心云平台。

在单车与 MEC 交互场景中，车辆与部署在 MEC 上的服务进行交互，无须路侧智能设施及其他车辆参与。

2. 单车与 MEC 及路侧智能设施交互场景

在 C-V2X 应用中，危险驾驶提醒、车辆违章提醒等功能可通过单车、路侧智能设施及 MEC 进行交互实现，其应用场景如图 5-23 所示。

图 5-22　单车与 MEC 交互场景示意图　　图 5-23　单车与 MEC 及路侧智能设施交互场景示意图

（1）危险驾驶提醒　MEC 部署危险驾驶提醒功能后，可结合路侧智能设施，通过车牌识别等功能分析车辆进入高速的时间，定期为车辆提供疲劳驾驶提醒；或在夜间通过视频分析，提醒车辆正确使用灯光；或在感知到突发车辆事故时，提醒附近车辆谨慎驾驶；或在天气传感器感知到高温"镜面效应"、雨雪大雾等恶劣天气时，提醒车辆安全驾驶。此外，MEC 可阶段性地将危险驾驶信息汇总后上传中心云平台。

（2）车辆违章预警　MEC 部署车辆违章预警功能后，可结合路侧智能设施，通过视频识别、雷达信号分析等应用实现车牌识别，并对超速、逆行、长期占据应急车道等违章行为判定,并将违章预警信息下发对应车辆,提醒车辆遵守交通规则行驶。此外,MEC可阶段性将违章信息汇总后上传至中心云平台。

在单车与 MEC 及路侧智能设施交互的场景中,车辆、路侧智能设施与部署在 MEC 上的服务进行交互,无须其他车辆参与。

3. 多车与 MEC 协同交互场景

在 C-V2X 应用中,V2V 信息转发、车辆感知共享等功能可通过多车与 MEC 协同交互实现,其应用场景如图 5-24 所示。

(1)V2V 信息转发 MEC 部署 V2X 信息转发功能后,可作为桥接节点,以 V2N2V 的方式实现车与车之间的通信,实时交流车辆位置、速度、方向及制动、开启双闪等车辆状态信息,提高道路安全。

(2)车辆感知共享 MEC 部署车辆感知共享功能,可将具备环境感知车辆的感知结果转发至周围其他车辆,用于扩展其他车辆的感知范围。也可以用于"穿透"场景,即当前车遮挡后车视野时,前车对前方路况进行视频监控并将视频实时传输至 MEC,MEC 的车辆感知共享功能对收到的视频进行实时转发至后方车辆,便于后方车辆利用视频扩展视野,有效解决汽车行驶中的盲区问题,提高车辆的驾驶安全。

在多车与 MEC 协同交互场景中,多个车辆与部署在 MEC 上的服务进行交互,无须路侧智能设施参与。

4. 多车与 MEC 及路侧智能设施协同交互场景

在 C-V2X 应用中,匝道合流辅助、智慧交叉路口、大范围协同调度等功能可通过多车、路侧智能设施及 MEC 进行协同交互实现,其应用场景如图 5-25 所示。

图 5-24 多车与 MEC 协同交互场景示意图

图 5-25 多车与 MEC 及路侧智能设施协同交互场景示意图

(1)匝道合流辅助 MEC 部署匝道合流辅助功能,在匝道合流汇入点部署监测装置(如摄像头)对主路车辆和匝道车辆同时进行监测,并将监测信息实时传输到 MEC,同时相关车辆也可以将车辆状态信息发送至 MEC,MEC 的匝道合流辅助功能利用视频分析、信息综合、路况预测等应用功能对车、人、障碍物等的位置、速度、方向角等进行分析和预测,并将合流点动态环境分析结果实时发送相关车辆,提升车辆对于周边环境的感知能力,减少交通事故,提升交通效率。

(2)智慧交叉路口 MEC 部署智慧交叉路口功能,交叉路口处的路侧智能传感器(如摄像头、雷达等)将路口处探测的信息发送至 MEC,同时相关车辆也可以将车辆状态信息发送至 MEC。MEC 的智慧交叉路口功能通过信号处理、视频识别、信息综合等应用功能对交叉路口周边内的车辆、行人等位置、速度和方向角等进行分析和预测，并将分析结果实时发送至相关车辆，综合提升车辆通过交叉路口的安全性和舒适性；同时 MEC 可以通过收集和分析相关信息，对交通信号灯各相位配时参数进行优化，提高交叉路口的通行效率。

（3）大范围协同调度　MEC 部署大范围协同调度功能，可在重点路段、大型收费口处借助视频传感信息，通过 MEC 进行路况分析和统一调度，实现一定范围内大规模车辆协同、车辆编队行驶等功能。或在城市级导航场景中，MEC 根据区域车辆密度、道路拥堵严重程度、拥堵节点位置以及车辆目标位置等信息，利用路径优化的算法对车辆开展导航调度，避免拥堵进一步恶化。

在多车与 MEC 及路侧智能设施交互场景中，多个车辆、路侧智能设施与部署在 MEC 上的服务进行交互。

复习思考题

1. 什么是车联网？车联网体系架构是怎样的？
2. 车联网有哪些特点？
3. 什么是车载自组织网络？车载自组织网络有哪些类型？
4. 什么是 C-V2X 通信、DSRC 和 L-TEV 通信？
5. 5G 网络有哪些特点？
6. V2X 通信系统安全风险主要来源有哪些？
7. V2X 通信的应用场景主要有哪些？
8. 什么是车路协同控制？车路协同控制的架构是怎样的？

模块 6
典型汽车车载网络系统

【学习目标】

通过对本模块的学习，学生能够掌握比亚迪汽车、长安汽车、宝马汽车和奥迪汽车的车载网络架构，了解 CAN 总线、LIN 总线、FlexRay 总线、MOST 总线和以太网的应用和典型先进驾驶辅助系统的网络。

通过对本模块的学习，培养学生敬业精神和服务意识；培养学生沟通、协调、合作的能力，逐步养成良好的心理素质。

【教学要求】

知识要点	能力要求	参考学时
比亚迪汽车典型车载网络	掌握比亚迪唐汽车整车车载网络和特点	2
长安汽车典型车载网络	掌握长安汽车整车车载网络和特点	2
宝马汽车典型车载网络	掌握宝马汽车整车车载网络和特点	2
奥迪汽车典型车载网络	掌握奥迪汽车整车车载网络和特点	2

【导入案例】

图 6-1 所示为某奔驰汽车的车载网络，图中，CAN A 为车载智能信息系统，CAN C 为发动机控制器区域网络，CAN C1 为传动系统控制器区域网络，CAN D 为诊断控制器区域网络，CAN HMI 为用户界面控制器区域网络，CAN I 为传动系统传感器控制器区域网络，CAN L 为混合动力控制器区域网络，CAN PER 为外围设备控制器区域网络，Ethernet 为以太网，Flex E 为底盘 FlexRay，LIN E2 为座椅承载识别区域互联网，LIN G1 为左侧前照灯局域互联网，LIN G2 为右侧前照灯局域互联网，MOST 为多媒体传输系统。网络节点代表汽车上的各种控制单元。

比亚迪汽车、长安汽车、宝马汽车和奔驰汽车的车载网络是怎样的？使用了哪些总线？通过对本模块的学习，读者可以得到答案。

单元 1　比亚迪汽车典型车载网络

比亚迪唐插电式混合动力电动汽车网络拓扑结构如图 6-2 所示，它主要包括动力网、ECM 网、ESC 网、舒适网 1、舒适网 2、启动子网、防夹系统子网、记忆系统子网、蓄电池子网、BIC 子网、空调系统子网、雷达和 MPC 子网、盲区监测子网等。可以看出，比亚迪唐插电式混合动力电动汽

6.1 比亚迪汽车典型车载网络

车整车网络有自己的划分方法。网关上连接 5 个主网（动力网、ECM 网、ESC 网、舒适网 1、舒适网 2），动力网下面有蓄电池子网和 BIC 子网，舒适网 1 下面有启动子网、防夹系统子网和记忆系统子网，舒适网 2 下面有空调系统子网，ESC 网下面有雷达和 MPC 子网、盲区监测子网。

图 6-1 某奔驰汽车的车载网络

图 6-2 比亚迪唐插电式混合动力电动汽车网络拓扑结构

图 6-2 中的符号意义见表 6-1。

表 6-1　图 6-2 中的符号意义

符号	意义	符号	意义
RCM	继电器控制模块	ALS	前照灯自动高度调节系统
DSPZZY	第三排左座椅 ECU（预留）	DSPYZY	第三排右座椅 ECU（预留）
BCM	车身控制模块	SRS	安全气囊控制单元
DMCU	电驱动控制单元（电机控制器）	DCU-FL	前左域控制器
ZJSECU12	主驾驶人腰撑调节模块 1 和 2	FJSECU12	副驾驶人腰撑调节模块 1 和 2
ZZDJ12	主驾驶人座椅调节开关 1 和 2	FZDJ12	副驾驶人座椅调节开关 1 和 2
脚踢 ECU	脚踢控制器	四合一	四合一传感器
TCFJDJ	天窗防夹电动机	TCZYDJ	天窗遮阳帘电动机
ZQFJDJ	左前防夹电动机	YQFJDJ	右前防夹电动机
ZHFJDJ	左后防夹电动机	YHFJDJ	右后防夹电动机
ZJSECU34	主驾驶人腰撑调节模块 3 和 4	PTECU34	座椅加热模块
ZZDJ34	主驾驶人座椅调节开关 3 和 4	FZDJ34	副驾驶人座椅调节开关 3 和 4
FJSECU34	副驾驶人腰撑调节模块 3 和 4	DCU-FR34	前右域控制器
ECM-487QA	发动机控制单元	SCU	档位控制器
TCU-BYDT75	变速器控制单元	DC/DC	DC/DC 变换器
DYYBKZMK	低压油泵控制模块	低压 BMS	辅助蓄电池管理系统
DCJRQ（预留）	电池加热器（预留）	BIC 子网	动力蓄电池信息采集子网
PAD	旋转电机	EPB	电子驻车制动
ESP	车身电子稳定系统	MPC	多功能视频控制器
SAS	转角传感器	R-EPS	齿条式电动助力转向系统

单元 2　长安汽车典型车载网络

长安 CS75 PLUS 汽车整车网络拓扑结构如图 6-3 所示。

6.2　长安汽车典型车载网络

图 6-3　长安 CS75 PLUS 汽车整车网络拓扑结构

图 6-3 中的符号意义见表 6-2。

表 6-2　图 6-3 中的符号意义

符号	意义	符号	意义
GW	网关控制器	AT/DCT	变速器控制模块
EPBi	电子驻车制动控制器总成	SRS	安全气囊控制器
EPS	电动助力转向控制器	SAS	安全预警模块
ACC	自适应巡航控制模块	ACM	电子换档控制模块
ESL	电子变速杆控制模块	EMS	发动机管理
GR	智能发电机	IBS	智能电池传感器
ALCU	氛围灯控制模块	RLS	雨量光线传感器
IBCM	智能车身控制模块	AC	空调控制器
FCP_AC	空调前控制面板	PTS	电动行李舱门控制器
DSM	主驾驶人座椅模块	IP	仪表控制器
THU	车载娱乐基础终端	FCP_HU	娱乐前控制面板
APA5.0	自动泊车控制器	LCDA L	左侧并线辅助模块
LCDA R	右侧并线辅助模块	LAS	车道偏离控制器
SRCU	天窗控制单元	RLWCU	后左驱动防滑控制单元
DWCU	主驾驶人车窗防夹控制器	RRWCU	后右驱动防滑控制单元
RFBT	射频蓝牙模块	PWCU	副驾驶位车窗防夹控制器

单元 3　宝马汽车典型车载网络

宝马汽车车载网络拓扑结构如图 6-4 所示。宝马汽车使用 FlexRay 总线作为实现行驶动态控制系统与发动机管理系统之间联网的系统总线。在集成于前部电子模块 FEM 的中央网关模块 ZGM 内，装有四个总线驱动器的星形插接器。总线驱动器将控制单元数据通过通信控制器传输给 ZGM。FlexRay 总线控制单元连接在这些总线驱动器上。车身 CAN2 以较高的数据传输率（500kBit/s）实现控制单元之间的通信。通过中央网关模块 ZGM，车身 CAN2 也与其他总线系统相连。动力驱动 CAN2 是动力驱动 CAN 在发动机和变速器控制范围内的冗余装置。FEM/ZGM 负责在汽车内部将电码发送到总线上，并通过车身 CAN2 传输给主控制单元，随后主控制单元将其发送到 MOST 总线上。

6.3　宝马汽车典型车载网络

图 6-4 宝马汽车车载网络拓扑结构

图 6-4 中的符号意义见表 6-3。

表 6-3 图 6-4 中的符号意义

符号	意义	符号	意义
ACSM	高级碰撞和安全模块	IHKA	自动恒温空调
AHM	挂车模块	KAFAS	基于摄像头的驾驶人辅助系统
AMPT	高保音响放大器	KOMBI	组合仪表
COMBOX	紧急呼叫，多媒体	OBD	车载诊断（诊断插座）
CON	控制器	PDC	驻车距离监控系统
DDE	数字式柴油机电子系统	PMA	驻车操作辅助系统
DME	数字式发动机电子系统	RAD	收音机
DSC	动态稳定性控制系统	RDC	胎压控制单元
DVDC	DVD 换碟机	REM	后部电子模块
EGS	变速器电子控制系统	REMALI	左侧可逆电动势自动卷盘
EKPS	电子燃油泵控制系统	REMARE	右侧可逆电动势自动卷盘
EPS	电子助力转向系统	SMFA	驾驶人座椅模块
FEM	前部电子模块	SWW	变道警告装置
FLA	远光灯辅助系统	TRSVC	全景摄像头控制单元
FZD	车顶功能中心	VM	视频模块
GWS	选档开关	VDM	垂直动态管理系统
HEADUNIT	主控制单元	ZGM	中央网关模块
ICM	仪表盘模块		

单元 4 奥迪汽车典型车载网络

奥迪 A4 车载网络拓扑结构如图 6-5 所示。可以看出，奥迪 A4 车载网络使用了 CAN 总线、LIN 总线、FlexRay 总线、MOST 总线、以太网以及 LVDS 导线、FBAS 导线。LVDS 为低压差分信号，用于高速数据传输的接口标准，数据通过相对小的（低压）变化（差分）电平进行传输；FBAS 为彩色图像消隐同步信号，FBAS 由色度信号（F）、亮度信号（B）、消隐信号（A）、同步信号（S）组成，它是一种视频传输形式，所有信号通过一根电缆传输。

6.4 奥迪汽车典型车载网络

图 6-5 奥迪 A4 车载网络拓扑结构

图 6-5 中的符号意义见表 6-4。

表 6-4 图 6-5 中的符号意义

符号	意义	符号	意义
A27	右前 LED 前照灯功率模块 1	J234	安全气囊控制单元
A31	左前 LED 前照灯功率模块 1	J285	组合仪表控制单元
E87	前部空调操纵和显示单元	J345	挂车识别控制单元
E265	后部空调操纵和显示单元	J364	辅助加热控制单元
E380	多媒体系统操纵单元	J386	驾驶人车门控制单元
J104	ABS 控制单元	J387	副驾驶人车门控制单元
J136	带有记忆功能的驾驶人座椅调节和转向柱调节控制单元	J393	舒适系统中央控制单元
J217	自动变速器控制单元	J428	车距调节控制单元

(续)

符号	意义	符号	意义
J492	全轮驱动控制单元	J770	变道辅助控制单元2
J500	转向助力控制单元	J772	倒车摄像头控制单元
J521	带有记忆功能的副驾驶人座椅调节控制单元	J775	底盘控制单元
J525	数字音响控制单元	J792	主动转向控制单元
J527	转向柱电子控制单元	J844	远光灯辅助控制单元
J533	数据总线诊断接口	J850	车距调节控制单元2
J587	变速杆传感器控制单元	J880	还原剂计量系统控制单元
J605	行李舱盖控制单元	J898	抬头显示控制单元
J608	专用车控制单元	J926	左后车门控制单元
J623	发动机控制单元	J927	右后车门控制单元
J648	左后信息显示和操纵控制单元	J928	周围环境摄像头控制单元
J649	右后信息显示和操纵控制单元	J1018	左侧车灯控制单元
J685	MMI 显示屏	J1023	右侧车灯控制单元
J764	电子转向柱锁控制单元	R78	TV 调谐器
J769	变道辅助控制单元	R242	驾驶人辅助系统正面摄像头

复习思考题

1. 比亚迪汽车车载网络使用了哪些总线？
2. 长安汽车车载网络使用了哪些总线？
3. 宝马汽车车载网络使用了哪些总线？
4. 奥迪汽车车载网络使用了哪些总线？
5. 分析比亚迪汽车、长安汽车和宝马汽车、奥迪汽车车载网络的特点。

附录
中英文对照表

序号	英文简称	英文全称	中文
1	ABS	Antilock Brake System	防抱死制动系统
2	ACC	Adaptive Cruise Control	自适应巡航控制系统
3	ASR	Acceleration Slip Regulation	驱动防滑控制系统
4	ADAS	Advanced Driving Assistance System	先进驾驶辅助系统
5	AUI	Attachment Unit Interface	连接单元端口
6	AUTOSAR	Automotive Open System Architecture	汽车开放系统架构
7	B-CAN	Body CAN	车身 CAN
8	BIC	Battery Information Collector	蓄电池信息采集器
9	BRS	Bit Rate Switch	位速率转换
10	BSS	Byte Start Sequence	字节起始序列
11	CAN	Controller Area Network	控制器局域网络
12	CBFF	Classical Base Frame Format	标准帧格式
13	C-CAN	Chassis CAN	底盘 CAN
14	CCM	Central Control Module	中央控制模块
15	CEFF	Classical Extended Frame Format	扩展帧格式
16	CPU	Central Processing Unit	中央处理器
17	D-CAN	Diagnose CAN	诊断 CAN
18	DCC	Dynamic Cruise Control	动态定速巡航控制
19	DCU	Domain Controller Unit	域控制器
20	DLL	Data Link Layer	数据链路层
21	DF	Data Frame	数据帧
22	DP	Data Page	数据页
23	DLC	Data Length Code	数据长度编码
24	DNS	Domain Name System	域名系统
25	DMA	Direct Memory Access	直接存储器存取
26	DSRC	Dedicated Short Range Communication	专用短程通信
27	DTS	Dynamic Trailing Sequence	动态尾部序列
28	DUT	Device Under Test	测试样件
29	ECM	Engine Control Module	发动机控制模块

（续）

序号	英文简称	英文全称	中文
30	ECU	Electronic Control Unit	电子控制单元
31	EDP	Extended Data Page	扩展数据页
32	EEA	Electrical/Electronic Architecture	电子电气架构
33	ESCL	Electrical Steering Colum Lock	电子转向轴锁
34	ESC	Electronic Stability Controller	电子稳定控制
35	ESP	Electronic Stability Program	车身电子稳定系统
36	ESI	Error State Indicator	错误状态指示
37	EPS	Electric Power Steering	电动助力转向
38	EOT	End of Transmission	终止字符
39	EF	Error Frame	错误帧
40	ESI	Error State Indicator	错误状态指示
41	FDF	Flexible Data Rate Format	灵活的数据速率格式
42	FIFO	First In First Out	先进先出的数据缓存器
43	FEM	Front Electronic Modules	前端电子模块
44	FTP	File Transfer Protocol	文件传输协议
45	FBFF	FD Base Frame Format	可变数据速率标准帧格式
46	FEFF	FD Extended Frame Format	FD 扩展帧格式
47	FES	Frame End Sequence	帧结束序列
48	FCS	Frame Check Sequence	帧检验序列
49	FSS	Frame Start Sequence	帧起始序列
50	GPS	Global Positioning System	全球定位系统
51	LVDS	Low-Voltage Differential Signaling	低电压差分信号
52	LIN	Local Interconnect Network	局部互联网络
53	LLC	Logical Link Control	逻辑链路控制
54	LSDU	LLC Service Data Unit	逻辑链接控制子层的服务数据单元
55	L-PCI	LLC-Protocol Control Information	逻辑链接控制子层的特定协议控制信息
56	LSB	Least Significant Bit	最低有效位
57	LTE-V	Long Term Evolution-Vehicle	长期演进的车对外界信息交互
58	HS-PMA	High-speed PMA	高速物理媒介连接
59	HTTP	Hyper Text Transfer Protocol	超文本传输协议
60	HUD	Head Up Display	抬头显示系统
61	ISO	International Organization for Standardization	国际化标准组织
62	I/O	Input/Output	输入 / 输出
63	I-CAN	Infomercial CAN	娱乐 CAN

（续）

序号	英文简称	英文全称	中文
64	IEEE	Institute of Electrical and Electronics Engineers	国际电气与电子工程师协会
65	IP	Internet Protocol	网际互连协议
66	IPX	Internetwork Packet Exchange Protocol	互联网分组交换协议
67	IPT	Information Processing Time	信息处理时间
68	IDE	Identifier Extensiont	标识符扩展
69	MOST	Media Oriented Systems Transport	媒体导向系统传输
70	MAC	Medium Access Control	媒介访问控制
71	MCU	Micro Control Unit	微控制单元
72	MDC	Multi Domain Controller	多域控制器
73	MDI	Medium Dependent Interface	媒介专用接口
74	MEC	Multi-Acess Edge Computing	多接入边缘计算
75	MII	Media Independent Interface	媒体独立接口
76	MSDU	MAC Service Data Unit	媒介访问控制子层的服务数据单元
77	MPDU	MAC Protocal Data Unit	媒介访问控制子层的协议数据单元
78	MPCI	MAC Protocol Control Information	媒介访问控制子层的特定协议控制信息
79	MPC	Media Player Classic	多功能视频控制器系统
80	MPH	MOST High Protocol	MOST 总线网络高层协议
81	MSB	Most Significant Bit	最高有效位
82	NEDC	New European Driving Cycle	新欧洲驾驶循环
83	NRZ	Non Return to Zero	不归零
84	NMT	Network Management	网络管理
85	OBU	On-Board Unit	车载单元
86	OSI	Open System Interconnection	开放式系统互联
87	OSPF	Open Shortest Path First	开放式最短路径优先协议
88	OTA	Over-the-Air Technology	空中下载技术
89	OF	Overload Frame	过载帧
90	OPEN	One Pair Ether Net	单绞线以太网
91	P	Priority	优先级
92	PDU	Protocol Data Unit	协议数据单元
93	PDO	Process Data Object	过程数据对象
94	PG	Parameter Group	参数组
95	PGN	Parameter Group Number	参数组编号
96	P-CAN	Power CAN	动力 CAN
97	PCI	Protocol Control Information	特定协议控制信息

(续)

序号	英文简称	英文全称	中文
98	PCS	Physical Coding Sub-layer	物理编码子层
99	PL	Physical Layer	物理层
100	PLL	Phase Locking Loop	锁相环
101	PMA	Physical Medium Attachment	物理介质连接
102	RCM	Relay Control Module	继电器控制模块
103	RPDO	Receive Process Data Object	接收过程数据对象
104	RTR	Remote Transmission Request	远程发送请求位
105	RRS	Remote Request Substitution	远程请求替换位
106	RF	Remote Frame	远程帧
107	REM	Rear Electronic Modules	后部电子模块
108	RIP	Routing Information Protocol	路由信息协议
109	RSU	Road Side Unit	路侧单元
110	UDP	User Datagram Protocol	用户数据报文协议
111	URL	Uniform Resource Locator	统一资源定位系统
112	SA	Source Address	源地址
113	SCU	Shift Control Unit	档位控制器
114	SDO	Service Data Object	服务数据对象
115	SENT	Single Edge Nibble Transmission	单边半字传输协议
116	SPX	Sequenced Packet Exchange	序列分组交换协议
117	SMTP	Simple Mail Transfer Protocol	简单邮件传输协议
118	SNMP	Simple Network Management Protocol	简单网络管理协议
119	SYN	Synchronizing	同步字符
120	SOH	Start of Heade	起始字符
121	SOF	Start of Frame	帧起始
122	SAP	Service Access Point	服务访问点
123	SDU	Service Data Unit	服务数据单元
124	SRS	Supplemental Restraint System	安全气囊
125	SRR	Substitute Remote Request	替代远程请求
126	SJW	Synchronization Jump Width	再同步补偿宽度
127	SAE	Society of Automotive Engineers	美国汽车工程师学会
128	SCI	Serial Communication Interface	串行通信接口
129	SP	Sample Point	采样点
130	SS	Synchronization Segment	同步段
131	SSP	Secondary Sample Point	二次采样点

（续）

序号	英文简称	英文全称	中文
132	TTL	Transistor-Transistor Logic	晶体管-晶体管逻辑
133	TSS	Transmission Start Sequence	传输起始序列
134	TDMA	Time Division Multiple Access	时分多址
135	TCP	Transmission Control Protocol	传输控制协议
136	TPDO	Transmit Process Data Object	发送过程数据对象
137	V2V	Vehicle to Vehicle	车辆对车辆
138	V2I	Vehicle to Infrastructure	车辆对基础设施
139	V2P	Vehicle to Pedestrian	车辆对行人
140	V2N	Vehicle to Network	车辆与网络
141	WLTC	World Light Vehicle Test Cycle	世界轻型汽车试验循环
142	WUF	Wake-Up Frame	唤醒帧
143	ZCU	Zonal Control Unit	区域控制器平台
144	3GPP	3rd Generation Partnership Project	第三代合作伙伴计划

参 考 文 献

[1] 崔胜民. 智能网联汽车技术 [M]. 北京：机械工业出版社，2021.
[2] 付百学. 汽车车载网络技术 [M]. 2 版. 北京：机械工业出版社，2020.